高等职业教育“十二五”规划教材
汽车专业工作过程导向职业核心课程双证系列教材
人力资源和社会保障部职业技能鉴定中心组编

汽车售后服务实务一体化项目教程

（第二版）

主　编　林月明　郑志中
副主编　翁盛杰　曾国文
主　审　黎亚洲

上海交通大学出版社

内 容 简 介

本书根据汽车维修专业所面向的主要就业岗位调查，组织召开汽车售后服务岗位工作任务分析研讨会，选取汽车售后服务概述、礼仪规范、汽车售后服务流程、客户满意与客户关系的经营与管理、汽车售后5S现场管理、配件管理、汽车保修索赔与保险理赔等典型工作任务，整合为汽车售后服务任务领域，构建了“汽车售后服务实务”课程。本书重点介绍汽车售后服务礼仪规范、服务流程、客户满意与客户关系的经营与管理、汽车保修索赔与保险理赔等方面。重点强调按企业实际工作过程来培养学生的修养，培养售后服务流程操作、汽车售后5S现场管理、配件管理、汽车保修索赔与保险理赔等专业能力和职业核心能力。

本书可作为高职高专、技工院校、普通高校、远程教育和培训机构的汽车售后服务实务教材，也可供广大汽车售后服务人员学习参考和职业鉴定前应试辅导。

为了方便老师教学及学生自学，本书配有多媒体课件，欢迎读者来函来电索取。联系电话(021)61675263。

图书在版编目(CIP)数据

汽车售后服务实务一体化项目教程/林月明，郑志中主编.
—2版. —上海：上海交通大学出版社，2015(2021重印)
汽车专业工作过程导向职业核心课程双证系列教材
ISBN 978-7-313-08140-7

Ⅰ. 汽... Ⅱ. ①林... ②郑... Ⅲ. 汽车—销售管理—商业服务—职业教育—教材 Ⅳ. F724.76

中国版本图书馆CIP数据核字(2012)第016578号

汽车售后服务实务一体化项目教程
(第二版)
林月明 郑志中 **主编**
上海交通大学出版社出版发行
(上海市番禺路951号 邮政编码200030)
电话：64071208
当纳利(上海)信息技术有限公司 印刷 全国新华书店经销
开本：787mm×1092mm 1/16 印张：14.75 字数：345千字
2012年6月第1版 2015年7月第2版 2021年2月第9次印刷
ISBN 978-7-313-08140-7 定价：48.00元

人力资源和社会保障部职业技能鉴定中心组编
汽车专业工作过程导向职业核心课程双证系列教材编审委员会

顾　问

刘　康　人力资源和社会保障部职业技能鉴定中心主任
王建平　中国人才交流协会汽车人力资源分会常务副会长、秘书长
余卓平　中国汽车工程学会常务理事、同济大学汽车学院院长、教授、博导
王优强　教育部高等学校高职高专汽车类专业教学指导委员会秘书长、教授、博导
陈关龙　上海交通大学汽车工程学院常务副院长、教授、博导
鞠鲁粤　上海大学巴士汽车学院院长、教授
徐国庆　华东师范大学职教研究所副教授、博士
荀逸中　上汽集团华域汽车有限公司副总经理
任　勇　东风日产乘用车公司副总经理
阮少宁　广州元丰汽车销售服务有限公司董事长

名誉主任

谢可滔

编委会主任

李孟强　杨　敏　叶军峰　乔本新

委　员

（按姓氏笔画为序）

王文彪　王会明　王秀贞　王　勇　王　锋　卢宜朗　叶军峰　宁建华
冯永亮　吕惠敏　朱德乾　乔本新　孙乃谦　苏小萍　杨　敏　李支道
李孟强　沈文江　林月明　罗雷鸣　郑志中　郑喜昭　胡军钢　钱素娟
徐家顺　谈　诚　黄建文　符　强　梁　刚　梁其续　梁智敏　董　淳
谢兴景　谢忠辉　蔡文创　蔡昶文　谭善茂　黎亚洲　潘向民

本书编写委员会

主　编　林月明　郑志中
副主编　翁盛杰　曾国文
主　审　黎亚洲

序

随着社会经济的高速发展和现代制造业的逐步升级，社会对技能人才地位和作用的认识得到了空前的提高，技能人才的价值越来越得到认可。如何培养符合未来中国经济社会发展需要的技能人才也得到社会的广泛关注。

人力资源和社会保障部职业技能鉴定中心和中国就业培训技术指导中心担负着为我国就业和职业技能培训领域提供技术支持和技术服务的重要任务。在新的形势下，为各类技工院校、职业院校和培训机构提供技能人才培训、培养模式及方法等方面的技术指导尤为重要。在中央相关就业培训政策方针指引下，中心结合国情，开拓创新思路，探索培训方式，研究扩大就业，提供技术支持，为国家就业服务和职业培训鉴定事业的发展，提供了强有力的支撑。与此同时，中心不断深化理论研究，注重将理论转化为实践，成果也十分明显，由中心组编的“汽车专业工作过程导向职业核心课程双证系列教材”便是这种实践成果之一。

我国作为世界汽车生产和消费大国，汽车产业的快速发展和汽车消费的持续增长，为国民经济的增长产生了巨大拉动作用。近年来，我国汽车专业职业教育事业取得了长足发展，为汽车行业输送了大量的人才。随着汽车产业的迅猛发展，社会对汽车专业人才提出了更高的要求。进一步深化人才培养模式、课程体系和教学内容的改革，不断提高办学质量和教学水平，培养更多的适应新时代需要的具有创新能力的高技能、高素质人才，是汽车专业教育的当务之急。

作为汽车专业教育的重要环节，教材建设肩负着重要使命，新的形势要求教材建设适应新的教学要求。职业教育教材应针对学生自身特点，按照技能人才培养模式和培养目标，以应用性职业岗位需求为中心，以素质教育、创新教育为基础，以学生能力培养、技能实训为本位,使职业资格认证培训内容和教材内容有机衔接,全面构建适应21世纪人才培养需求的汽车类专业教材体系。

我热切地期待,本系列教材的出版将对职业教育汽车类专业人才的培养和教育教学改革工作起到积极的推动作用。

人力资源和社会保障部职业技能鉴定中心主任

中国就业培训技术指导中心主任

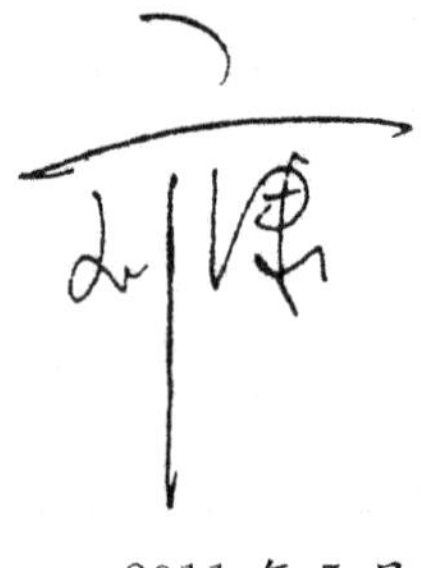

2011年5月

目 录

第一部分

课程整体设计

1. 课程内容设计

本课程选取了汽车售后服务概述、礼仪规范、售后服务流程、客户满意与客户关系的经营与管理、汽车售后“5S”现场管理、配件管理、汽车索赔管理与保险理赔七个教学项目21个典型工作任务，具体教学安排建议如下。

项目名称	工作任务	课时分配
售后服务概述	汽车售后服务概述	2
礼仪规范	礼仪规范	4
售后服务流程	服务流程的概述	2
	预约服务	4
	接待流程	4
	派工与维修作业	4
	维修质量检查	4
	交车结算	4
	客户关系档案整理	4
	跟踪回访	4
客户满意与客户关系的经营与管理	客户满意度管理	4
	客户投诉的处理与持续改进	4
	交际技巧	2
汽车售后“5S”现场管理	汽车售后“5S”现场管理	4
配件管理	识别车型	1
	配件的分类、名称	1
	“4S”店配件的订货流程、仓库管理	1
	“4S”店配件的质量保修与索赔	1
汽车索赔管理与保险理赔	汽车索赔管理	2
	汽车保险与理赔	4

项目一是对汽车售后服务做一个整体的介绍，让读者对汽车售后服务有一个整体的

笔记

认识。

项目二是作为一个售后服务顾问应有的礼仪做一个详细的描述，起一个示范作用。

项目三是整个售后服务的核心部分，对客户和待修汽车做一个全方位服务的描述，本文做出了一个示范性的服务流程，让读者有一个规范的认识，并让自己的服务无懈可击。

项目四是对客户满意度的一个管理，在服务过程当中做到反思、改进、再反思、再改进的管理，促使售后服务质量不断地提高。

项目五是汽车售后"5S"现场管理，服务质量的提高离不开安全生产和提高效率，这就要求严格进行"5S"管理。

项目六是汽车配件管理，汽车维修需要更换配件，作为汽车售后服务顾问必须知道汽车配件的相关知识，让自己的服务没有障碍，让客户满意。

项目七是汽车售后有一个厂家的承诺，就是索赔，而且还需要买车险，汽车售后服务顾问应对汽车索赔、保险理赔的条款十分熟悉，为客户处理一切汽车售后服务上的问题。

2. 课程目标设计

对汽车售后服务有一个整体的认识，知道"4S"店的岗位分配与工作职责。

掌握礼仪规范，提高自身的礼仪修养。

掌握售后服务流程，为客户提供高质量的服务。

知道客户的需求，让自己的服务使客户感到满意。

会"5S"管理，让工作安全有序进行，提高服务质量和效率。

会识别车型，知道汽车配件名称，掌握订货流程、仓库管理、配件索赔业务。

会汽车索赔管理与保险理赔业务，为客户解决问题，为企业增加业务。

在学习或实训过程中一定要注意自己的礼仪规范、按规程办事，提高自身修养，为以后的社会实践打下基础。

3. 课程教学资源要求

师资要求：建议由本科学历、中级以上职称，具有 2 年以上"4S"店工作经验的教师任课。

实训资源

实习场所名称	实习场所要求	设备序号	设备名称	数量	设备功能/技术指标
汽车售后服务前台	面积：50m^2	1	汽车整车	2	售后服务流程实训
		2	办公计算机	5	售后服务流程实训
		3	电视	1	售后服务流程实训
		4	饮水机	1	售后服务流程实训

4. 项目设置与项目能力培养目标分解

项目名称	工作任务	能力(知识、技能、职业素养)目标	课时分配
售后服务概述礼仪规范	汽车售后服务概述	对汽车售后服务有一个整体的认识，知道"4S"店的岗位分配与工作职责	2
礼仪规范	礼仪规范	掌握礼仪规范，提高自身的礼仪修养	4

笔 记

续 表

项目名称	工作任务	能力(知识、技能、职业素养)目标	课时分配
售后服务流程	服务流程的概述	能向客户解说服务流程,让客户知道企业的规范制度	2
	预约服务	会预约服务流程,让汽车维修有序进行,保证服务质量	4
	接待流程	掌握接待流程,让售后服务顺利进行	4
	派工与维修作业	会派工与维修作业,让部门之间、员工之间紧密配合,会跟客户解说维修事项	4
	维修质量检查	会对修后车辆进行质检,并做好记录	4
	交车结算	会交车结算,让客户舒心	4
	客户关系档案整理	会整理客户关系档案,对客户和车辆资料加以保管以备查用	4
	跟踪回访	会根据资料跟踪修后车辆,进行了解,让自己的服务更让人满意	4
客户满意与客户关系的经营与管理	客户满意度管理	知道客户的需求,让自己的服务使客户感到满意,并会整理客户资料	4
	客户投诉的处理与持续改进	会站在客户的立场看问题,能解决客户投诉	4
	交际技巧	让自己在礼仪规范的基础上更懂得客户的内心需求	2
汽车售后“5S”现场管理	汽车售后“5S”现场管理	会“5S”管理,让工作安全有序进行,提高服务质量和效率	4
配件管理	识别车型	会识别车型,第一时间掌握客户待修车辆资料	1
	配件的分类、名称	知道汽车配件分类、名称	1
	“4S”店配件的订货流程、仓库管理	知道配件的订货流程和时间,知道仓库的管理	1
	“4S”店配件的质量保修与索赔	会配件的质量保修与索赔流程	1
汽车索赔管理与保险理赔	汽车索赔管理	会汽车索赔管理,会跟厂家进行沟通	2
	汽车保险与理赔	会保险理赔业务,为客户解决问题,为企业增加业务	4

5. 课程考核方案设计

序号	考核项目	考核任务	考核方案	考核权重/(%)
1	售后服务概述礼仪规范	汽车售后服务概述	过程考核	4
2	礼仪规范	礼仪规范	过程考核	8

笔记

续 表

序号	考核项目	考核任务	考核方案	考核权重/(%)
3	售后服务流程	服务流程的概述	过程考核	6
		预约服务	过程考核	8
		接待流程	过程考核	8
		派工与维修作业	过程考核	6
		维修质量检查	过程考核	6
		交车结算	过程考核	6
		客户关系档案整理	过程考核	8
		跟踪回访	过程考核	8
4	客户满意与客户关系的经营与管理	客户满意度管理	过程考核	3
		客户投诉的处理与持续改进	过程考核	5
		交际技巧	过程考核	2
5	汽车售后“5S”现场管理	汽车售后“5S”现场管理	过程考核	5
6	配件管理	识别车型	过程考核	2
		配件的分类、名称	过程考核	2
		“4S”店配件的订货流程、仓库管理	过程考核	1
		“4S”店配件的质量保修与索赔	过程考核	1
7	汽车索赔管理与保险理赔	汽车索赔管理	过程考核	5
		汽车保险与理赔	过程考核	6

6. 教学建议

本课程是汽车商贸专业必修的技术课程，是基于汽车售后服务顾问工作任务分析而设置的课程。本书的项目按工作过程系统化，先整体认识、重点分述再补充的原则组织编写。让学生循序渐进地认识汽车售后服务顾问的工作，并不断地提高自身的修养和处理问题的能力。

本书建议按工作过程系统化项目教学和任务组织教学，以解决客户的所有问题。通过项目训练，培养学生规范做事的习惯，不断地提高自身的修养和解决问题的能力。在教学过程中，要求体现以教师引导、学生训练为主的现代职业教育理念（职业活动行为导向教学法），培养学生的工作能力。

第二部分

教学内容

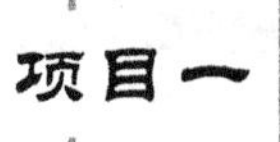

项目一 汽车售后服务概述

Description 项目描述	当客户购买新车后，作为一个汽车售后服务人员，你了解汽车售后服务涉及到哪些方面吗？你知道自己本身的岗位职责是什么吗？
Objects 项目目标	1. 认识汽车售后服务的重要性 2. 了解汽车售后服务的经营模式 3. 了解汽车售后服务组织构架及相关职能
Tasks 项目任务	任务　汽车售后服务概述
Implementation 项目实施	1. 汽车售后服务的经营模式整体布置 2. 汽车售后服务组织构架及相关职能挂板的设置

汽车售后服务是指汽车作为商品销售出去以后，由生产商、销售商、维修商、配件商等服务商为客户及其拥有的汽车提供的各方面服务。汽车售后服务的直接服务对象是客户，间接服务对象是汽车。

一、汽车售后服务的重要性

随着汽车制造技术的不断更新，汽车产品也逐渐成熟，同档次同价位的汽车在技术含量及整车质量上已相差无几，因此，汽车品牌要在汽车市场立足，售后服务就成了竞争的主打战略王牌，提供差异化服务是营销战略核心内容，创造个性化品牌，以产生关联性市场效应。汽车市场已从产品的竞争转向服务的竞争，因此，汽车售后服务起到非常重要的作用。

笔记

二、汽车售后服务的经营模式

汽车售后服务的经营模式如表 1-1-1 所示。

表 1-1-1 汽车售后服务的经营模式

经营模式	实景相片
"四位一体""4S"店形式	 
连锁经营	

笔 记

续 表

经营模式	实景相片
特约服务站	
独立经营	

(1)“四位一体”。即汽车品牌“4S”店形式，源于欧洲。汽车品牌“4S”店是遵循各汽车厂商硬件建设要求与服务标准所建立的集汽车销售、维修、配件和信息服务为一体的销售

笔记

店，是一种以“四位一体”为核心的汽车特许经营模式，包括整车销售(Sale)、零配件供应(Sparepart)、售后服务(Service)、信息反馈(Survey)等。它拥有统一的外观形象、统一的标识、统一的管理标准，只经营单一品牌的特点。汽车“4S”店是一种个性突出的有形市场，具有渠道一致性和统一的文化理念，“4S”店在提升汽车品牌、汽车生产企业形象上的优势是显而易见的。

(2)“连锁经营”。以美国为代表，连锁的发起者不是汽车生产商，而是定位于汽车售后市场的集汽配供应、汽车维修、快速保养为一体的综合性服务商。这种连锁方式就像人们熟悉的麦当劳、肯德基等，这种模式整合了各汽车品牌的维修保养资源，打破了纵向垄断，在价格服务透明化的基础上，提供汽车保养、维修、快修、美容和零配件供应等一条龙服务，客户可以一站式解决问题。

(3)“特约服务站”。只负责给特定品牌的汽车提供服务，由该品牌汽车生产商提供专业的维修设备、零部件和专业技术等。

(4)“独立经营”。即多品牌经营，门店式经营。

三、汽车售后服务组织构架及相关职能

(1) 汽车售后服务组织机构(如图 1-1-1 所示)。

(2) 汽车售后服务质量保证系统图(如图 1-1-3 所示)。

(3) 汽车售后服务主要岗位关系及职责表(如表 1-1-2 所示)。

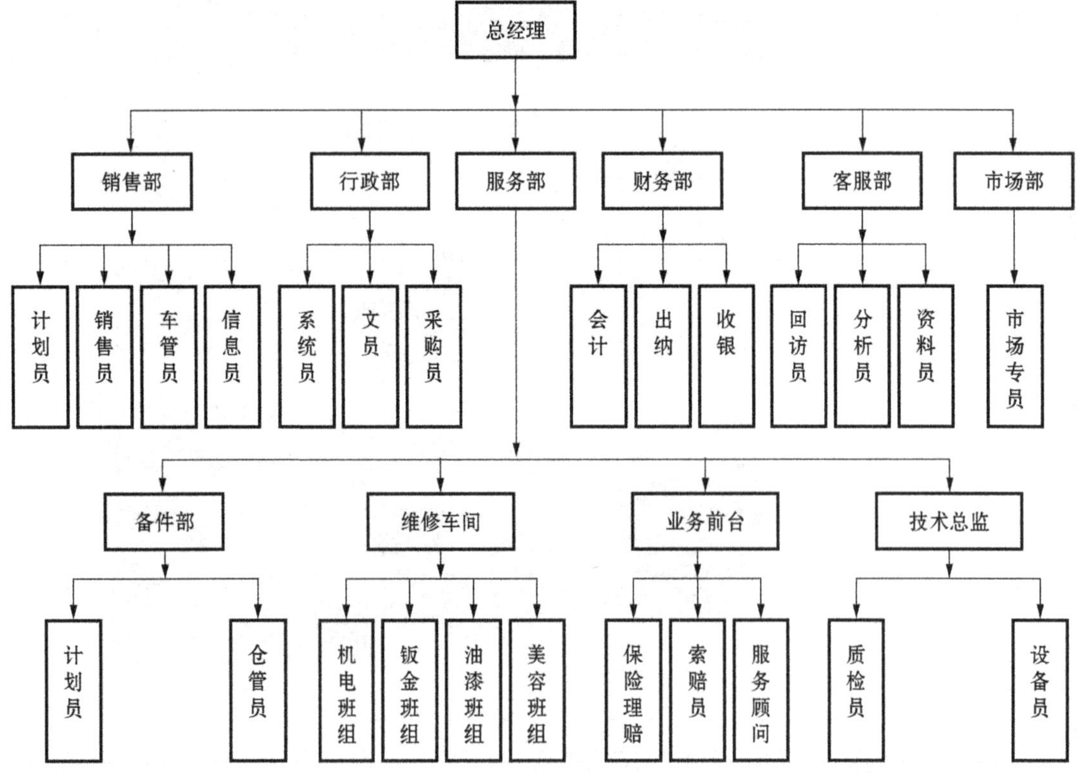

图 1-1-1 “4S”店行政组织机构图

笔记

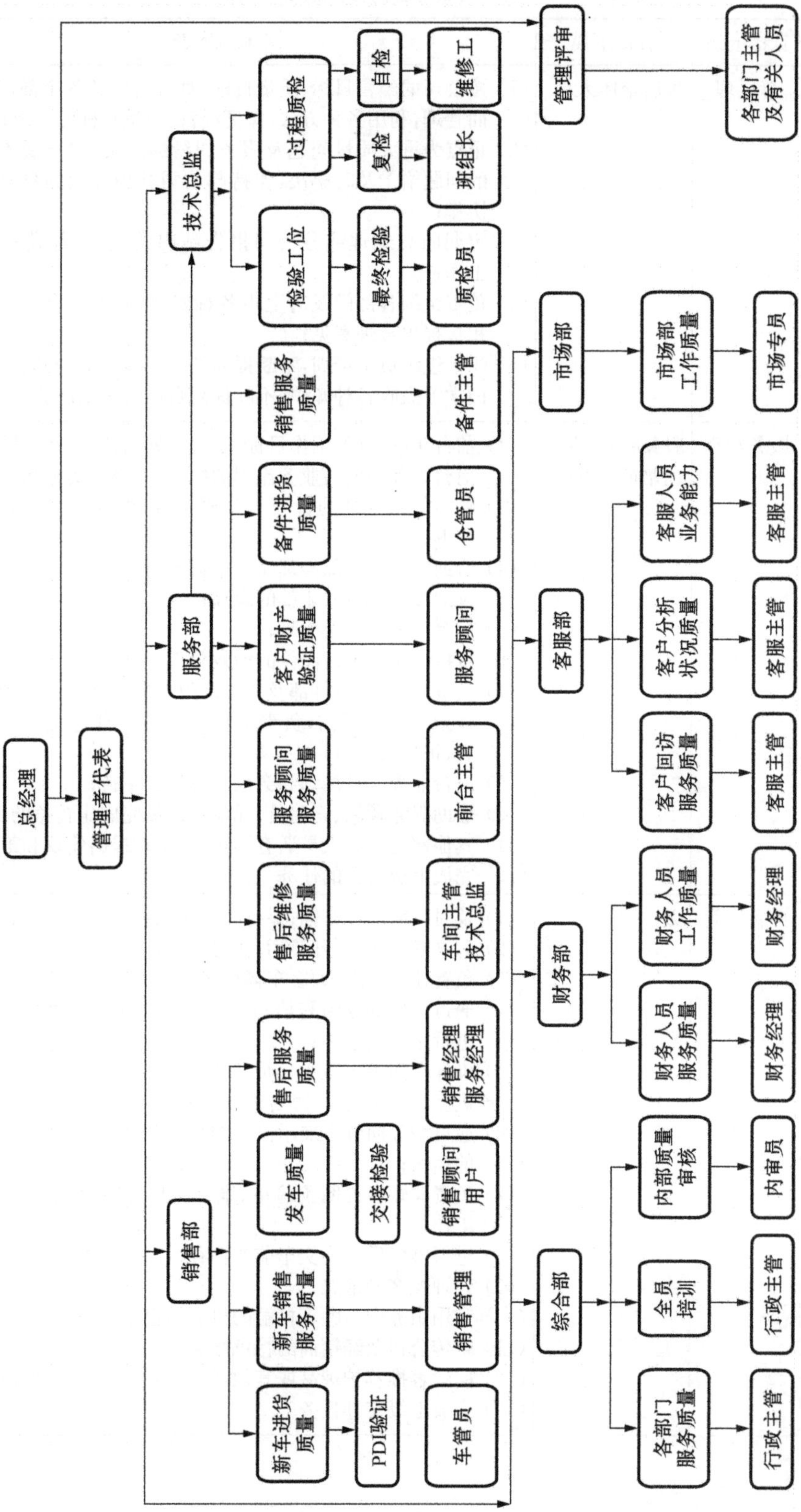

总经理
管理者代表
管理评审
各部门主管及有关人员
销售部
新车进货质量
PDI验证
车管员
新车销售服务质量
销售管理
发车质量
交接检验
销售顾问用户
售后服务质量
销售经理服务经理
服务部
售后维修服务质量
车间主管技术总监
服务顾问服务质量
前台主管
客户财产验证质量
服务顾问
备件进货质量
仓管员
销售服务质量
备件主管
技术总监
检验工位
最终检验
质检员
过程质检
复检
班组长
自检
维修工
综合部
各部门服务质量
行政主管
全员培训
行政主管
内部质量审核
内审员
财务部
财务人员服务质量
财务经理
财务人员工作质量
财务经理
客服部
客户回访服务质量
客服主管
客户分析状况质量
客服主管
客服人员业务能力
客服主管
市场部
市场部工作质量
市场专员

图 1-1-2　质量保证系统图

笔记

表 1-1-2　汽车售后服务各岗位关系及职责表

岗位名称	直接上级	直接下属	岗位职责
服务经理	总经理	售后全体人员	(1) 按公司的经营目标、质量目标，对售后服务各个部门进行全面管理，利用各种方法，保证经营、质量目标的完成； (2) 重点为重大质量问题及服务纠纷的解决，对下属不能解决的问题给予及时解决，保持与公司其他部门的良好沟通及协作； (3) 定期向总经理或分公司报告站内的生产、经营和管理等工作； (4) 负责组织各部门及时上报各种资料，对不符合要求的项目积极提出合理意见； (5) 积极组织员工培训，不断提高员工技能及职业道德素质，全面学习吸收各种知识，不断提高自己的素质修养
前台主管	服务经理	服务顾问、保险理赔员、索赔员	(1) 前台年度、月度工作目标、工作计划的拟订，并督导实施； (2) 前台管理制度与业务流程的拟订，并督导实施和监控； (3) 顾客关系管理的督导与分析报告，处理一般顾客抱怨及投诉； (4) 协助售后服务部经理完成市场分析报告，处理合同单位协议的签定、维护、账款的跟踪； (5) 前台“5S”监控及管理； (6) 直接下属和关键岗位的绩效管理； (7) 负责同车间、备件部及相关部门处理日常业务工作； (8) 在指定的时间内，负责向售后服务经理递交各种业务报表、报告、信息； (9) 前台业务人员培训和会议的策划及主持； (10) 协助服务顾问、索赔员、保险理赔员完成比较急的工作； (11) 其他部门或者人员遇有困难时，主动提出建议和策略； (12) 完成上级交办的任务
服务顾问	前台主管	无	(1) 及时接待顾客车辆；保持与顾客联系，了解顾客的需求； (2) 对维修车辆进行问诊并作出记录； (3) 负责建立、完善顾客车辆档案并及时更新； (4) 通过正确的诊断和填写维修工单确保对顾客的车辆及时进行正确的修理； (5) 确保车间维修班组完成各项工作并及时跟踪车辆维修的进度和质量，保护顾客的利益； (6) 通过服务向顾客展示公司的实力和信誉，使公司赢得顾客的信赖； (7) 负责向顾客说明预检单、维修工单、结算单的填写及解释工作； (8) 进行维修后最终交车前的检查以满足顾客的需求； (9) 处理顾客的抱怨； (10) 利用服务中与顾客接触的机会销售车辆、备件和附件； (11) 宣传公司及经销商的特色服务； (12) 向顾客推荐护理品或其他产品，增加公司营业产值； (13) 完成上级交办任务

笔 记

续 表

岗位名称	直接上级	直接下属	岗 位 职 责
保险理赔员	前台主管	无	(1) 及时接待顾客车辆；保持与顾客联系，了解顾客的需求； (2) 负责建立、完善顾客车辆档案并及时更新； (3) 确保车间维修班组完成各项工作并及时跟踪车辆维修进度和质量，保护顾客的利益； (4) 进行维修后最终交车前的检查以满足顾客的需求； (5) 处理顾客的抱怨； (6) 负责汽车保险业务的办理与出现保险事故时的理赔工作； (7) 建立并不断完善保险理赔的业务内容与业务流程，提高保险理赔的效率与顾客满意度； (8) 负责向顾客解释保险理赔的知识与服务流程，向顾客提供合理的建议； (9) 制作每月保险理赔业务的分析报表。 (10) 利用服务中与顾客接触的机会销售车辆、备件和附件； (11) 掌握车间动态情况，确保车间场地、硬件设施、人员的最优化利用； (12) 在顾客面前，宣传与公司合作保险的优势，配合续保员，增加续保产值； (13) 完成上级交办的任务
索赔员	前台主管	无	(1) 负责本公司内部索赔业务管理工作； (2) 负责故障件的原因分析，作出质量鉴定，按照保修手册规定，判定是否为索赔范围； (3) 按照索赔要求，收集索赔相关资料； (4) 按照营销分公司索赔条例办理索赔申报及相应索赔事务； (5) 与顾客和相关方面进行充分沟通以便掌握与索赔有关的信息，解释厂家的索赔规定及顾客应注意的事项，并认真解答顾客的询问； (6) 主动收集、反馈有关车辆使用质量、技术方面的信息； (7) 索赔旧件存放、回运及相关工作； (8) 索赔业务对账、开票工作。 (9) 注意索赔政策文件的更新，并使相关人员都掌握； (10) 不符合索赔条件时，应充分与顾客沟通，说明情况，取得顾客谅解； (11) 完成上级交代的其他任务； (12) 在必要的情况下，配合服务顾问工作
配件主管	服务经理	备件计划员，备件仓库管理员	(1) 负责组织市场调查，合理调整库存结构和库存量，加快资金周转； (2) 检查备件业务工作，审核订单、反馈各种信息报表及发往备件部门电函，了解备件经营状况，确保备件业务的正常开展； (3) 负责组织备件到货验收、入库、上货架等工作，定期进行备件部位置的合理调整及组织人员进行盘点； (4) 供应商备件款的及时结算； (5) 配合厂家备件部门有关人员的检查、巡访等工作，协助服务经理对特殊合同的评审； (6) 严格内部管理，负责管理、传达备件部发出的有关文件，对备件人员定期进行业务培训、业务考核； (7) 完成公司领导交办的任务； (8) 根据知识和能力，有义务完成的其他任务； (9) 服务经理交办的其他临时性工作

笔记

续　表

岗位名称	直接上级	直接下属	岗 位 职 责
备件计划员	配件主管	无	(1) 随时了解仓库备件情况,根据生产需要编制备件订购计划,按时从厂家进货; (2) 了解市场信息,掌握备件的市场动态,要及时完成备件的采购以满足生产需要; (3) 做好备件结构和库存量的控制; (4) 保持库房整洁,协助做好仓库管理工作; (5) 定期向备件主管汇报工作; (6) 完成备件主管指定的其他方面的工作
备件仓库管理员	配件主管	无	(1) 负责备件的入库管理,入库要严格进行入库验收手续,认真检查核对名称、数量、编号、价格、质量; (2) 负责备件销售及出库管理,要根据维修工单书上的作业项目发料,做到准确无误; (3) 负责备件库存管理,库存情况要及时与备件计划员沟通,按公司要求做好各种形式的库存盘点工作,确保库存备件做到账、物一致; (4) 保持库房环境卫生整洁,备件摆放整齐,符合备件管理的要求,确保先进先出,标识清晰; (5) 负责旧件的回收工作,原则上实行以旧领新; (6) 及时向部门负责人汇报工作情况
车间主管	服务经理	班组长	(1) 负责管理车间内的生产计划落实,生产调度安排(包括节假日值班、加班、外出抢修等),做好车间现场"5S"管理,为顾客提供舒适的修车环境; (2) 依照七步服务核心过程的要求,认真落实各项优质服务举措,为顾客提供一流优质的服务; (3) 严格抓好质量管理,检查并监督车间员工的服务质量和维修质量,对有倾向性的质量问题,必须组织现场分析,及时提出纠正与预防措施,并以书面形式报告服务经理认真贯彻实施方案; (4) 严格按照安全生产操作规程,杜绝员工违章操作,严禁机具设备带病操作,杜绝一切安全和机损事故的发生; (5) 加强自身知识的更新和专业知识的培训,定期对车间生产状况、人员状况以及存在的问题进行分析并提出合理化建议,及时解决矛盾,营造一个良好的工作环境; (6) 员工的能力考核评价情况,员工增项的准确率,增项的实际执行率,交车及时情况,员工的服务态度情况,服务核心流程的执行情况,工作差错率; (7) 完成上级临时交办的工作任务,做好日常的工作记录; (8) 严格按照厂家的管理条款及考核标准,并结合公司奖罚制度对每个员工的工作进行考核
技术总监	服务经理	质检员,设备管理员	(1) 负责车辆维修、保养过程质量控制,确保维修过程处于受控状态,并对维修质量负责; (2) 主持维修站重大质量问题及倾向性问题的研讨分析,及时处理客户一般投诉,参与质量、机损、安全事故的分析,针对存在问题制定纠正与预防措施; (3) 负责对维修站员工进行技术培训或举办专题讲座,编制年度培训计划,提高员工整体质量意识和技术水平;

笔记

续　表

岗位名称	直接上级	直接下属	岗 位 职 责
技术总监	服务经理	质检员，设备管理员	(4) 协同服务经理制定外培人员计划，并报总经理批准； (5) 协助服务经理对重大维修合同进行评审； (6) 负责审核维修站《年度设备维修、保养计划》、《工具和仪检员计划》； (7) 负责维修站监视和测量自行验准设备的工作； (8) 负责维修站的工具、设备仪器的管理和维修站设备、工具、仪器的购置，以及维修、报损的审核工作，负责维修站的质量审核工作，质量目标工作； (9) 负责维修站的技术鉴定工作，负责协调与厂家及有关部门的技术支持工作
质检员	技术总监	无	(1) 对检验不合格或出厂返修车辆进行检验确认后，报技术总监备案，开出《车辆返修处理单》，并在《车辆返修处理单》中确认返工项目及返工后的维修车辆重新检验，做好在修车辆维修过程的巡回检验工作； (2) 负责对重大维修合同(包括大修、中修、安全件维修事故车或维修金额 1 500 元以上)的维修车辆进行最终检验，合格后签名确认，报技术总监确认后出厂； (3) 与技术总监配合，针对维修站容易产生的质量问题进行专题讲座和技术培训，提高员工的质量意识和技术水平； (4) 负责检验《发动机大修、变速箱大修、钣金、油漆作业记录》，并对增加项目及需要更换的配件作出判定
设备管理员	技术总监	无	(1) 负责增购、更换设备可行性计划。论证及申请采购，签订质量保证协议文件； (2) 负责对设备建立技术档案，受技术总监的委托，负责保管设备的原始资料； (3) 负责新增设备的安装，并会同技术总监及有关人员对设备进行验收； (4) 负责各种设备的日常使用管理，各种专用设备及公用设备必须指定由专人管理，特殊设备应指定由相应技术水平的技术人员管理，严禁设备带病运转或超负荷运转； (5) 负责设备的保养及维护，监督管理者必须做到“三好四会”，即：管好、用好、修好，会保养、会检查、会使用、会排除一般故障，管理者无法处理的故障必须立即报告。 (6) 负责设备的修理，对由于非正常原因而损害的设备，必须及时召开事故分析会并追究有关人员责任，修复后的设备应会同技术总监及有关人员进行验收； (7) 无法修复的设备，必须会同技术总监填写报废申请表，经总经理批准后，办理报废手续； (8) 负责量具、仪表等计量用具的定期检验，有合格证后，方可使用
班组长	车间主管	维修工	(1) 确保顾客的车辆能够得到快速、正确的维修； (2) 对本班组维修车辆的质量负全责； (3) 对班组安全生产负全责； (4) 对本班组所使用的设备、工具完好负责，定期进行检查维护； (5) 负责对本班组员工监督、指导按技术操作规程规范进行操作； (6) 负责组织开好两个会：“班前会”“质量分析会”； (7) 检查本班组所有的保养项目和任务委托书中的修理项目，确保正确执行

续 表

岗位名称	直接上级	直接下属	岗 位 职 责
机电工，钣金工	班组长	无	(1) 不得擅自变更维修项目和减少或增加维修内容，不得超越维修项目的范围领取配件。领用配件时，必须以旧换新、验证并签字确认； (2) 必须按照《汽车维修手册》进行维修作业，确保维修质量； (3) 承修人员对已完工的维修项目，必须依据《汽车修理手册》进行自检，合格后，在已维修项目的右边签字(盖章)确认，交组长进行复检。对需进行最终检验的项目，送交质量总检员进行试车检验； (4) 操作中做到油、水、配件、工具不落地。发动机、变速箱的解体，必须在总成修理室进行，并保证室内设施及场地的整洁； (5) 工具车及工具柜内不得存放任何配件及杂物； (6) 遵守本站《安全生产规章制度》、《站内维修车辆移动规定》及设备操作规程，杜绝违章操作，消除事故隐患，防止安全、机损事故的发生； (7) 文明礼貌，热情待客，为顾客提供优质服务； (8) 特殊工种的操作人员需持证上岗，并保持工作服的整洁； (9) 努力提高自身操作能力和维修技术水准，积极参加各项培训和考试，不得无故缺席培训和考试
油漆工	车间主管	无	(1) 必须按照《汽车维修手册》、《油漆作业指导书》进行维修作业； (2) 油漆修复竣工后，承修人员必须在依据《车身油漆检验标准》进行自检合格后，送交检验员实行最终检验； (3) 每月对烤漆房进行一次清洗，定期更换过滤棉。每三天冲洗磨灰排水漕、每天排除油水分离净化器中的水分，保持地面的清洁； (4) 工具车及工具柜内不得存放任何配件及杂物。 (5) 遵守本站《安全生产规章制度》、《站内维修车辆移动规定》及有关设备操作流程，杜绝违章操作，消除事故隐患，防止安全、机损事故发生； (6) 文明礼貌、热情待客，为顾客提供优质服务； (7) 重视安全生产，严格管理易燃易爆强腐蚀等危险物品，分类存放。工段严禁烟火，严格制止闲杂人员进入； (8) 特殊工种的操作人员需持证上岗； (9) 努力提高自身操作能力和维修技术水平，积极参与各项培训和考试，不得无故缺席培训和考试
客服主管	总经理	客服部全体人员	(1) 负责本部门人员、工作的管理及业务水平的提升； (2) 合理划分顾客类型，为公司发展提供战略依据； (3) 及时完成顾客回访、档案管理等日常性工作； (4) 根据周、月满意度报表，对公司相关业务部门工作效果进行验证，提出相应合理化建议； (5) 配合相关部门和厂家支持相关的服务活动
回访员	客服主管	无	(1) 负责售后服务部维修“3DC”电话回访； (2) 能及时妥善处理回访中出现的问题
分析员	客服主管	无	(1) 负责公司新车“7DC”电话回访； (2) 能及时妥善处理回访过程出现的问题； (3) 定期对公司的电话回访工作进行汇总、分析，编制周、月满意度报表
档案员	客服主管	无	(1) 负责部门所有档案资料的收发、管理； (2) 按流程定期对档案进行整理

笔记

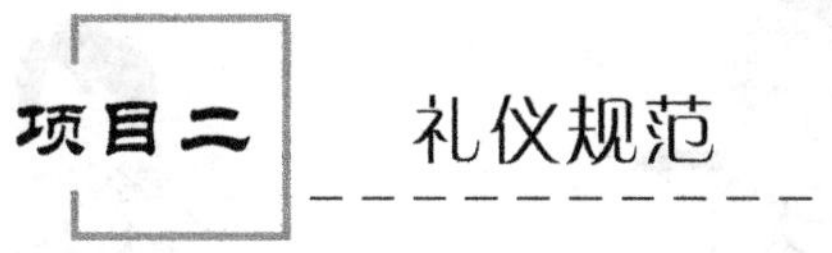

项目二 礼仪规范

Description 项目描述	有一天，李先生第一次将三菱汽车开到维修公司里，他想给他的汽车加装防爆膜，但还没决定，想了解一下再说。 你是一名售后服务顾问，应如何接待李先生，让他认同公司、认同你的服务？
Objects 项目目标	1. 掌握服务礼仪的知识 2. 能规范操作日常礼仪 3. 能规范接待客户
Tasks 项目任务	任务　礼仪规范
Implementation 项目实施	1. 日常礼仪展示 2. 规范接待客户

大家都了解讲究礼仪的重要性，如果你平时多一点温馨的微笑、多一句热情的问候、一个友善的举动、多一副真诚的态度……也许能使你的生活、工作增添更多的乐趣，使人与人之间更容易交往、沟通。我们作为社会生活中的一员，有义务、也有必要把讲求礼仪作为维护公共秩序、遵守社会公德的一个准则，通过自律不断地提高个人自身修养，使我们成为真正社会公德的维护者。

"客户至上、服务至上"，作为任何一家汽车售后服务企业的服务宗旨，它充分地反映了企业对每位员工的期望。作为一名汽车售后服务企业的员工，其一言一行都代表着企业的形象，对客户能否进行优质服务直接影响到企业的声誉，即使企业有再好的商品和维修质量，但却对客户服务不周、态度不佳，也会导致企业的信誉下降、业绩不振。总之，讲求礼仪是任何一家企业对每位员工的基本要求，也是体现企业服务宗旨的具体表现。

以下礼仪是根据汽车售后服务企业的实际情况制订的礼仪行为规范，要求在工作中灵活运用，让它成为与客户增进友谊、加强沟通的桥梁。

一、微笑

人与人相识，第一印象往往是在前几秒钟形成的，而要改变它，却需付出很长时间的努力。良好的第一印象来源于人的仪表谈吐，但更重要的是取决于他的表情。微笑则是表情中最能赋予人好感、增加友善和沟通、愉悦心情的表现方式。一个对你微笑的人，必能体现出他的热情、修养和他的魅力，从而得到人的信任和尊重。那么，大家在日常的生活、工作中是否能面带微笑呢？

以下是几种训练微笑的方式，如图 2-1-1 所示。

笔记

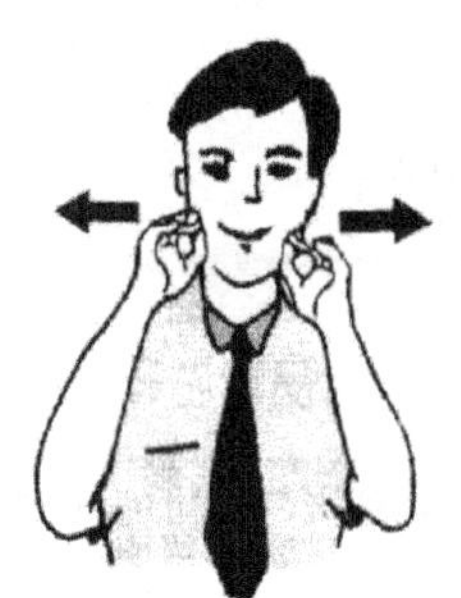

①把手举到脸前

②双手按箭头方向做“拉”的动作，一边想象笑的形象，一边使嘴笑起来

(a)

①把手指放在嘴角并向脸的上方轻轻上提

②一边上提，一边使嘴充满笑意

(b)

①手张开举在眼前，手掌向上提，并且两手展开

②随着手掌上提、打开，眼睛一下子睁大

(c)

图 2-1-1 训练微笑的方式

（一）掌握微笑的要领

主要特征：面含笑意，但笑容不甚显著。

基本方法：先放松自己的面部肌肉，然后使自己的嘴角微微向上翘起，让嘴唇略呈弧形。最后在不牵动鼻子、不发出笑声、不露出牙齿尤其是牙龈的前提下，微微地一笑。

（二）微笑必须发自内心

调整心态：观察自己笑的表现形式，注意进行心理调整，想象对方是自己的兄弟姐妹或

多年不见的朋友。

注意整体配合："眉开眼笑"，即目光柔和发亮，双眼略为睁大，眉头自然舒展，眉毛微微向上扬起。

力求表里如一：渗透着一定情感的微笑，才真正具有感染力。"笑中有情，笑以传情。"

二、仪表要求

清晨起床后充分计算好吃早餐、上班交通所需要的时间，如果你每天早起 5 分钟对自己的仪表进行检查的话，有可能使你一天的工作增加自信，也可使其他人感到轻松、愉快。

（一）男士

男士在仪表方面应注意以下事项，如图 2-1-2 所示。

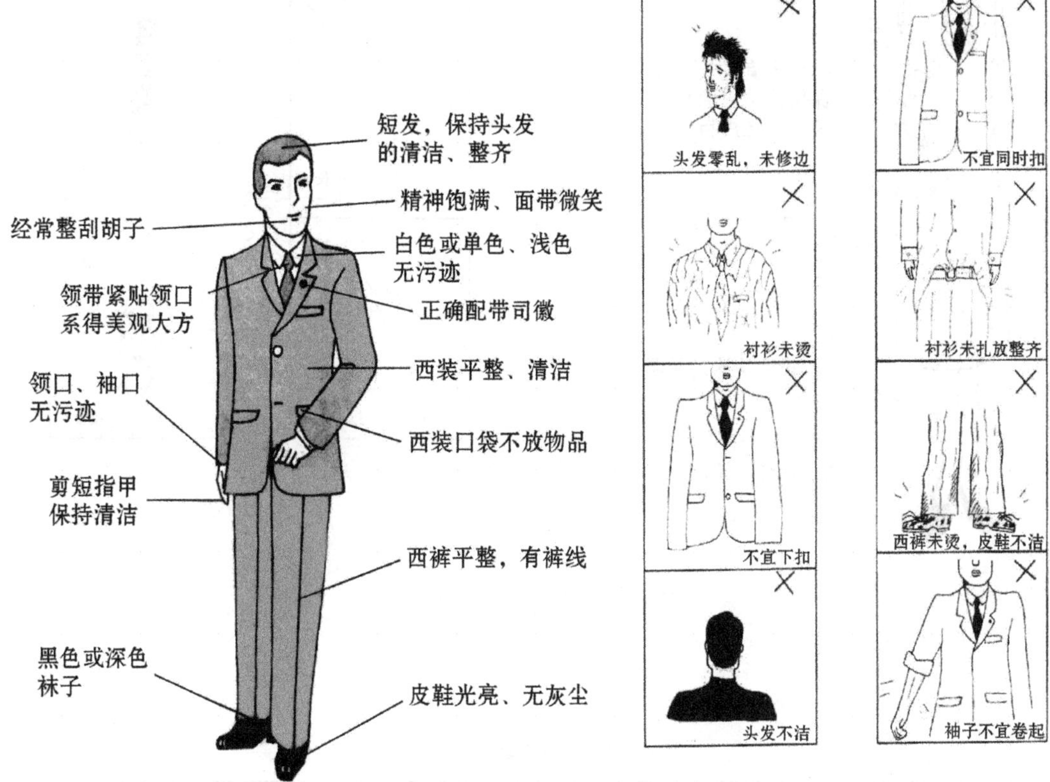

图 2-1-2　男士仪表注意事项

（二）女士

女士在仪表方面应注意以下事项，如图 2-1-3 所示。

笔记

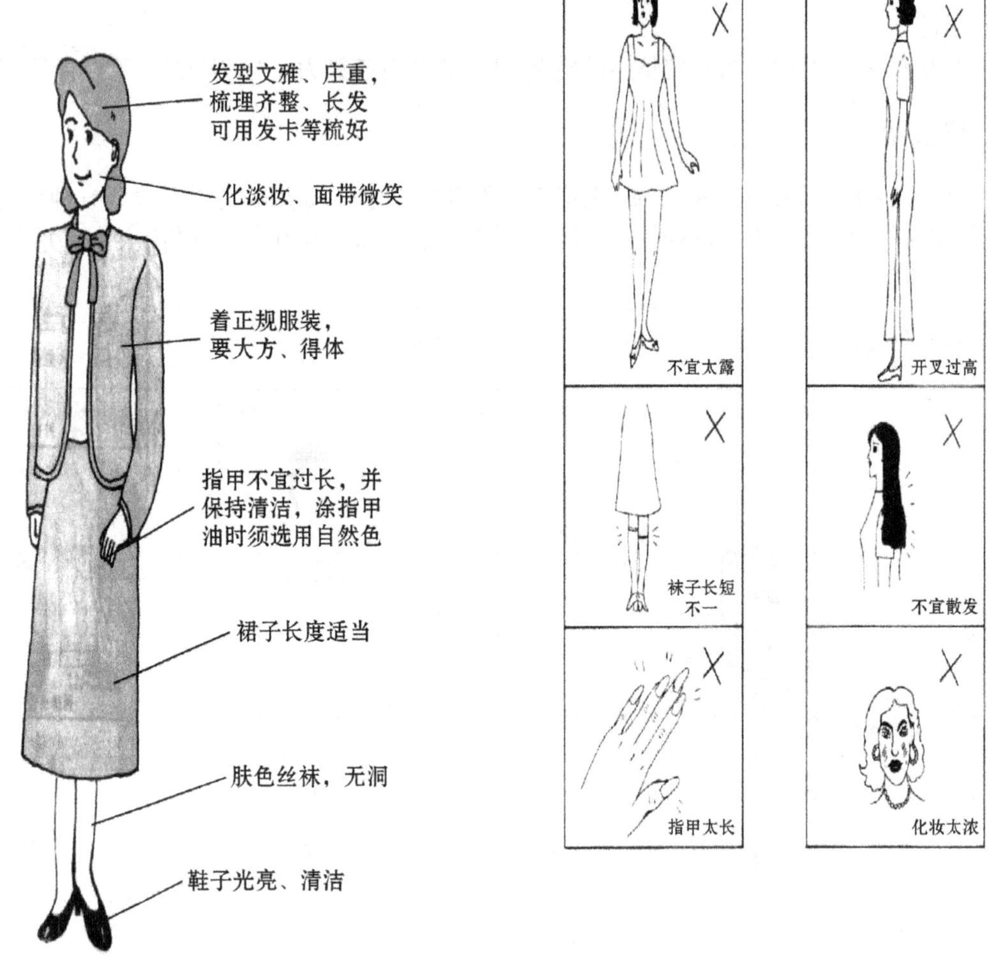

图 2-1-3 女士仪表注意事项

（三）仪表各环节要求

仪表各环节要求如表 2-1-1 所示。

表 2-1-1 仪表各环节要求

仪表部位	规范要求
头发	洁净、整齐，无头屑，不染发，不做奇异发型；男性不留长发，女性不留披肩发，也不用华丽头饰
眼睛	无眼屎，无睡意，眼不充血，不斜视；眼镜端正、洁净明亮；不戴墨镜或有色眼镜；女性不画眼影，不用人造睫毛
耳朵	内外干净，无耳屎；女性不戴耳环
鼻子	鼻孔干净，不流鼻涕；鼻毛不外露
胡子	胡子刮干净或修整齐，不留长胡子，不留八字胡或其他奇形怪状的胡子

笔记

续　表

仪表部位	规范要求
嘴	牙齿整齐洁白，口中无异味，嘴角无泡沫，会客时不嚼口香糖等食物。女性不用深色或艳丽口红
脸	洁净；无明显粉刺；女性施粉适度，不留痕迹
脖子	不戴项链或其他饰物
手	洁净；指甲整齐，不留长指甲；不涂指甲油，不戴结婚戒指以外的戒指
帽子	整洁、端正，颜色与形状符合己的年龄与身份
衬衣	领口与袖口保持洁净；扣上风纪扣，不要挽袖子；质地、款式及颜色与其他服饰相匹配，并符合自己的年龄、身份和公司的个性
领带	端正整洁，不歪不皱；质地、款式与颜色与其他服饰匹配，符合自己的年龄、身份和公司的个性；不宜过分华丽和耀眼
西装	整洁笔挺，背部无头发和头屑；不打皱，不过分华丽；与衬衣、领带和西裤匹配；与人谈话或打招呼时，将第一个纽扣扣上；上口袋不要插笔，所有口袋不要因放置钱包、名片、香烟、打火机等物品而鼓起来
胸饰与女士服装	胸卡、徽章佩带端正，不要佩带与工作无关的胸饰；胸部不宜袒露；服装整洁无皱；穿职业化服装，不穿时装、艳装、晚装、休闲装、透明装、无袖装和超短裙
皮带	高于肚脐，松紧适度，不要选用怪异的皮带头
鞋袜	鞋袜搭配得当；系好鞋带；鞋面洁净亮泽，无尘土和污物，不宜钉铁掌，鞋跟不宜过高、过厚和怪异。袜子干净无异味，不露出腿毛；女性穿肉色短袜或长筒袜，袜子不要褪落和脱丝

三、保持自身良好的仪态

仪态泛指人们的身体所呈现出来的各种姿势，亦即身体的具体造型。又称为体姿，包括人的表情、站姿、坐姿、蹲姿、行姿和身体展示的各种日常行为动作。用优美的仪态表现礼仪，比用语言更让受礼者感到真实、美好和生动。

工作中应注意自己的仪态礼仪，这不但是自我尊重和尊重他人的表现，也能反映出自身的工作态度和责任感。

（一）表情

表情的要求如表 2-1-2 所示。

表 2-1-2　表情的要求

待人谦恭	待人谦恭与否，不仅从表情神态方面可以很直观地看出来，而且也备受服务对象的重视。所以务必要使自己的表情神态于人恭敬、于已谦和
表情友好	对于任何服务对象，皆应友好相待
适时调整	不论是庄重、宽和、活泼、俏皮，还是不满、气愤、悲伤，表情都要与现场的氛围与实际需要相符合
真心实意	表情出自于真心，才能做到表里如一、名副其实之感

眼神是人的表情的主要表现部位，眼神的运用如表 2-1-3 所示。

笔记

表 2-1-3　眼神的运用

注视的部位	眼睛	问候对方、听取诉说、征求意见、强调要点、表示诚意、向人道贺或与人道别皆应注视对方的双眼，并注意时间上不宜过久
	面部	与对方较长时间交谈时，可注视对方的面部，但不要聚集于一点，以散点柔视为宜。常用于接待服务
	全身	与服务对象距离较远时，应注视对方的全身。站立服务时，往往会有此必要
	局部	在实际需要时，对对方身体的某一部分会加多注视。如在递接物品时，应注视对方手部。注意：如没有任何理由，不得注视打量对方的头顶部、胸部、腹部、臀部或大腿，这些都是失礼的表现
注视的角度	正视	与人正面相向，眼光可停留在对方脸部三角区，即眉骨、鼻梁之间
	平视	身体与对方相似高度，正视时往往要求平视对方，可表现出双方地位的平等与本人的不卑不亢
	仰视	本人的位置较对方低，需要抬头向上仰视对方，仰视他人时，可给予对方重视信任之感
兼顾多方	给予每位对象以适当的注视，使其不会产生被疏忽、被冷落之感	

注意：与客户交谈时，两眼视线落在对方的脸部三角区，偶尔也可以注视对方的双眼。恳请对方时，可注视对方的双眼。为表示对客户的尊重和重视，切忌斜视或目光在他人他物，避免让客户感到你非礼和心不在焉。

（二）站姿（如图 2-1-4 所示）

站姿

说明：正确的站姿是抬头、目视前方、挺胸直腰、肩平、双臂自然下垂、收腹、双腿并拢直立、脚尖分开呈 V 字型、身体重心放到两脚中间；也可两脚分开，比肩略窄，将双手合起，放在腹前或腹后。

晨会站姿要求：

除保持正确的站姿外，男士两脚分开，比肩略窄，将双手合起放在背后或合放于腹前且左手在外；女士双腿并拢，脚尖分开呈 V 字型，双手合起放于腹前。

图 2-1-4　站姿

（三）坐姿（如图 2-1-5 所示）

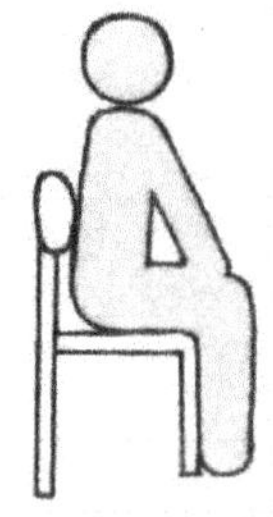

坐姿

说明：入座时要轻，至少要坐满椅子的 2/3，后背轻靠椅背，双膝自然并拢（男士可略分开）。身体稍向前倾，表示尊重和谦虚。

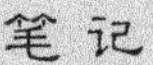

男士

说明：可将双腿分开略向前伸，如长时间端坐，可双腿交叉重叠，但要注意将上面的腿向回收，脚尖向下。

女士

说明：入座前应先将裙角向前收拢，两腿并拢，双脚同时向左或向右放，两手叠放于左右腿上。如长时间端坐可将两腿交叉重叠，但要注意上面的腿向回收，脚尖向下。

图 2-1-5　坐姿

坐姿也有美与不美之分，以下为错误的坐姿，如图 2-1-6 所示。

坐姿忌讳

二郎腿、脱鞋、把脚放到自己的桌椅上或架到别人桌椅上。

注意

如坐在深而软的沙发上，应坐在沙发前端，不要仰靠沙发，以免鼻毛外露。

图 2-1-6　错误的坐姿

入座与离座姿态如表 2-1-4 所示。

表 2-1-4　入座与离座姿态

情景	规 范 标 准
入座	在他人入座后按座席的尊卑，从座位的左侧毫无声息地就座
离座	离开座位前要先向旁边的人表示，离座动作轻缓地从座位左侧离开，不要弄出声响或将椅垫、椅罩等弄掉在地上

笔记

(四) 蹲姿(如图 2-1-7 所示)

蹲姿

说明：一脚在前，一脚在后，两腿向下蹲，前脚全着地，小腿基本垂直于地面，后脚脚跟提起，脚掌着地，臀部向下。

注意

如果你在拾取低处的物件时，应保持大方、端庄的蹲姿。

图 2-1-7 蹲姿

(五) 行姿(如图 2-1-8 所示)

男士

说明：抬头、挺胸、收腹、直腰、步伐稳重摆臂自然，前后摆幅在 30°～40°。步子跨度以一脚半为宜，步位为两条相近的平行线。走路时脚跟先着地。

女士

说明：抬头、挺胸、收腹，表情自然，肩膀往后垂，手轻放两边，轻轻地摆动，前后摆幅在 30°～40°。步子跨度以一脚为宜，两脚内缘落在一条直线上。穿平底鞋走路时是脚跟先着地，穿高跟鞋时则应脚掌先着地。

图 2-1-8 行姿

行姿的变化如表 2-1-5 所示。

表 2-1-5 行姿的变化

情景	规 范 标 准
陪同引导	双方并排行进时居于客人左侧,单行时居于左前方 1 米左右的位置,保持身体侧向客人。与客人保持相同的前进速度,需经过拐角、楼梯、或照明欠佳处等地方之前应及时提醒
上下楼梯	上下楼时尽量保持身体直立,上楼时请客人先行,下楼时主动在前领引。坚持“右上右下”原则,减少在楼梯上的停留
变向行走	一般采用的变向行走包括前行、后退、侧行、前行转身、后退转身
告辞行姿	告辞时要身体略前倾,后退一到两步,再转身告辞

错误的行姿如图 2-1-9 所示。

(1) 横冲直撞 (5) 蹦蹦跳跳
(2) 悍然抢行 (6) 奔来跑去
(3) 阻挡道路 (7) 制造噪声
(4) 不守秩序 (8) 步态不雅

图 2-1-9 错误的行姿

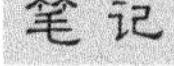

（六）手势

日常工作中最常使用的手势礼仪是握手(如图 2-1-10 所示)

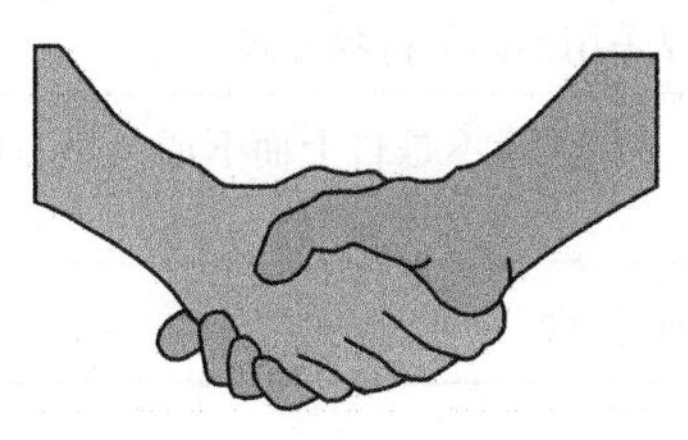

握手

说明：站姿要标准，身体略前倾，两者间取两个半臂左右的距离，手要洁净、干燥和温暖。先问候再握手。伸出右手，手掌呈垂直状态，五指并用，虎口相对，握手 2 秒至 5 秒左右。不要用左手握手。与多人握手时，遵循先尊后卑、先长后幼、先女后男的原则。若戴手套，要先脱手套再握手。切忌戴着手套握手或握完手后擦手。握手时应注视对方并面带微笑，不要旁顾他人他物。用力要适度，不宜过猛或毫无力度。切忌手脏、手湿、手凉。与异性握手时用力要轻、时间短，不可长时间握手和紧握手。掌心应向上，以示谦虚和尊重，切忌掌心向下。

为表示格外尊重和亲密，可以用双手与对方握手。要按顺序握手，不可越过其他人正在相握的手去同另外一个人握手。

图 2-1-10 握手

以下是错误的握手方式，握手时应注意避免如图 2-1-11 所示的情况。

交叉握手　　**与第三者说话（目视他人）**

摆动幅度过大

戴手套或手不清洁

图 2-1-11 错误的握手方式

其他几种常见手势(如表 2-1-6 所示)

笔 记

表 2-1-6 常见手势

手势类别	规范标准
介绍手势	应面向对方伸出手朝向介绍者,伸手时应先伸臂,再五指并拢手掌向上打开做停顿,这是一种十分标准的介绍手势
递物手势	双手从胸前高度把物品交递给对方,身体略向前倾,递文字物品印刷品时应正面朝向对方,递其他物品时要以方便对方接物为宜
接物手势	接取对方递给的物品时,应目视对方,而不能只顾注视物品,要用双手或右手,不能单用左手,接物要平稳、准确。持物要稍加整理,不同的物品要采用不同的持物方式
举手致意	面向对方,掌心向外,手臂轻缓地由下而上地向上伸起,而不是自上而下或向左右两侧来回摆动
挥手道别	身体站直,目视对方,掌心朝外,两臂向左右两侧轻轻挥动

（七）鞠躬

鞠躬是表达敬意、尊重、感谢的常用礼仪。鞠躬时应从内心发出向对方表示感谢、尊重的意念,从而体现于行动,给对方留下诚意、真实的印象。

鞠躬时要注意以下事项,如图 2-1-12 所示)

正确实例

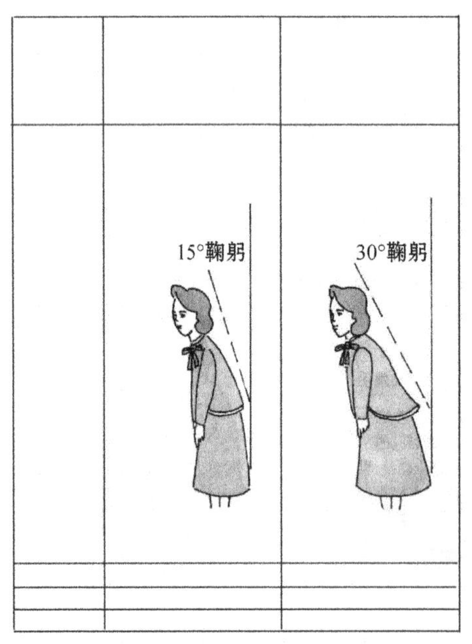

错误实例

① 只弯头的鞠躬

② 不看对方的鞠躬

③ 头部左右晃动

④ 双腿没有并齐的鞠躬

⑤ 驼背式的鞠躬

⑥ 可以看到后背的鞠躬

图 2-1-12 鞠躬示例

相关场景鞠躬标准如表 2-1-7 所示。

笔记

表 2-1-7　鞠躬标准

鞠躬类别	规范标准
欠身礼	面带微笑，头颈背成一条直线，目视对方，身体稍向前倾
15°鞠躬礼	面带微笑，头颈背成一条直线，双手自然放在裤缝两边(女士双手交叉放在体前)前倾 15°，目光约落于体前 1.5 米处，再慢慢抬起，注视对方
30°鞠躬礼	面带微笑，头颈背成一条直线，双手自然放在裤缝两边(女士双手交叉放在体前)前倾 30°，目光约落于体前 1 米处，再慢慢抬起，注视对方

注意：行鞠躬礼一般在距对方 2 米到 3 米的地方，在与对方目光交流的时候行礼，且行鞠躬礼时必须真诚的微笑，没有微笑的鞠躬礼是失礼的。

各种场合的鞠躬礼规范如表 2-1-8 所示。

表 2-1-8　鞠躬礼规范

场景		规范标准
遇见客人	在公司内遇到贵宾	行 15°鞠躬礼
	在贵宾经过你的工作岗位时	问候、行欠身礼
	领导陪同贵宾到你工作岗位检查工作时	起立、问候、行 15°鞠躬礼
	行走时遇到客人问讯时	停下、行 15°鞠躬礼、回答
遇见同事和领导	每天与同事第一次见面	问候、行欠身礼
	与久未见面的同事相遇	问候、行 15°鞠躬礼
	与经常见面的同事相遇	行欠身礼
	到领导办公室请示汇报工作	敲门、听到回应之后进门、行 30°鞠躬礼
	在公司内遇到高层领导	问候、行 15°鞠躬礼
会议	主持人或领导上台讲话前	向与会者行 30°鞠躬礼
	主持人或领导讲完话	向与会者行 30°鞠躬礼，与会者鼓掌回礼
	会议迟到者	必须向主持人行 15°鞠躬礼表示歉意
	会议途中离开者	必须向主持人行 15°鞠躬礼示意离开
迎送客人	迎接客户	问候、行 30°鞠躬礼
	在自我介绍或交换名片时	行 30°鞠躬礼并双手递上名片
	在会客迎接客人时	起立问候，行 30°鞠躬礼，待客人入座后再就坐
	欢送客人时	说“再见”或“欢迎下次再来”，同时行 30°鞠躬礼。目送客人离开后再返回
其他方面	在接受对方帮助时	表示感谢时，行 30°鞠躬礼，并说“谢谢”
	给对方造成不便于工作或让对方久等时	行 30°鞠躬礼，并说“对不起”
	向他人表示慰问或请求他人帮助时	行 30°鞠躬礼

笔 记

续 表

场 景		规范标准
特殊岗位人员礼仪要求	前台接待客人时	当客人到达前台 2～3 米处，前台服务人员应起立行 30°鞠躬礼、微笑问候
	行政前台小姐接待工作客人	当客人走出楼梯口时，前台小姐应起立问候，行 30°鞠躬礼，必要时为客人引路、开门
	送茶水时	双手托盘在客人的右侧上茶后，后退一步行 15°鞠躬礼，转身离开

（八）人际距离

所谓人际距离，一般是指在人与人所进行的正常交往中，交往对象彼此之间在空间上所形成的间隔，亦即交往对象之间彼此相距的远近。

常规人际距离（如表 2-1-9 所示）

表 2-1-9 常规人际距离

场 景	规范标准
服务距离	一般情况下，服务距离以 0.5 米至 1.5 米之间为宜
展示距离	进行展示时，既要使客户看清自己的操作示范，又要防止对方对自己的操作示范有所妨碍，或是遭到误伤，展示距离在 1 米至 3 米之间为宜
引导距离	在行进客人左前方 1.5 米左右最为适当
待命距离	为方便随时为客人提供服务，正常情况下应当在 3 米之内
信任距离	即工作人员不能离开客户而走，不从客户的视线中消失。注意：一是不要躲在附近；二是不要去而不返
交谈距离	两个人交谈的最佳距离为 1 米至 1.5 米，并最好有一定角度，两人可斜站对方侧面，形成 30°角为最佳，避免面对面。这个距离和角度，既无疏远之感，又文明卫生。另外，在交谈中，如偶然咳嗽要用手帕遮住口鼻，不能直对前面，更不能随地吐痰

四、文明用语

（一）礼貌用语如表 2-1-10，如图 2-1-13 所示。

表 2-1-10 礼貌用语

情 景	规范标准
问候语（如图 2-1-13）	早上好、您早、晚上好、您好、大家好……
致谢语	谢谢、非常感谢、谢谢您、十分感谢……
拜托语	请多关照、承蒙关照、麻烦您了、拜托了……
慰问语	辛苦了、受累了……
赞赏语	很好、太好了、真棒……
谢罪语	对不起、劳驾、实在抱歉……
挂念语	身体好吗？近来怎样？……

笔记

续 表

情　景	规范标准
祝贺语	祝您成功、身体健康、一帆风顺……
理解语	只能如此、深有同感……
迎送语	欢迎,欢迎光临、见到您很高兴、再见、慢走、走好、欢迎再来……
征询语	我能为您做些什么？需要帮助吗？您觉得这车怎么样？您是不是很喜欢这种颜色？……
应答语	是的、我会尽量按您的要求去做、没关系、不必客气……
推托语	这件东西其实跟您刚才想要的差不多、很遗憾,不能帮您的忙……

图 2-1-13　礼貌用语

（二）同事之间问候

早晨上班时,大家见面应相互问好(如图 2-1-14 所示)！一天工作的良好开端应从相互

图 2-1-14　同事间问好

笔记

打招呼、问候时开始。公司员工早晨见面时要互相问候“早晨好！”、“早上好！”等(上午10点钟前)。因公外出应向部内或室内的其他人打招呼。

下班时应相互打招呼后再离开。

如“明天见”、“再见”、“Bye-Bye”等。

(三) 客人来访或遇到陌生人时，我们应使用文明礼貌语言

1. 基本用语(如表2-1-11所示)

表2-1-11 基本用语

基本用语	情景
“您好”、“你好”	初次见面或当天第一次见面时使用。清晨(十点钟以前)可使用“早上好”、“您早”等，其他时间使用“您好”或“你好”
“欢迎光临”、“您好，有什么可以帮到您”	前台接待人员见到客人来访时使用
“对不起，请问……”	让客人等候时使用，态度要温和且有礼貌
“让您久等了”	无论客人等候时间长短，均应向客人表示歉意
“麻烦您，请您……”	如需让客人登记或办理其他手续时，应使用此语
“不好意思，打扰一下……”	当需要打断客人或其他人谈话的场合时使用，要注意语气和缓，音量要轻
“谢谢”或“非常感谢”	对其他人所提供的帮助和支持，均应表示感谢
“再见”或“欢迎下次再来”	客人告辞或离开时使用

2. 常用语言

在日常工作中，大家是否留意使用以下语言了呢？

①请　②对不起　③麻烦您……　④劳驾
⑤打扰了　⑥好的　⑦是　⑧清楚
⑨您　⑩某先生或小姐　⑪某经理或主任　⑫贵公司
⑬某某的父亲或母亲(称他人父母)　⑭您好　⑮欢迎
⑯请问……　⑰哪一位　⑱请稍等(候)　⑲抱歉…
⑳没关系　㉑不客气　㉒见到您(你)很高兴　㉓请指教
㉔有劳您了　㉕请多关照　㉖拜托　㉗非常感谢(谢谢)
㉘再见(再会)

3. 介绍(如表2-1-12所示)

表2-1-12 介绍

介绍类型	相应内容	示例
自我介绍(在不妨碍他人工作和交际的情况下进行)	介绍的内容：公司名称、职位、姓名	您好！我是某某公司的服务顾问，我叫某某
	给对方一个自我介绍的机会	请问，我应该怎样称呼您呢？

笔记

续　表

介绍类型	相应内容	示　　例
介绍他人(介绍时不可单指指人,而应掌心朝上,拇指微微张开,指尖向上。避免对某个人特别是女性的过分赞扬。坐着时,除职位高者、长辈和女士外,应起立。但在会议、宴会进行中不必起立,被介绍人只要微笑点头示意即可)	顺序:把职位低者、晚辈、男士、未婚者分别介绍给职位高者、长辈、女士和已婚者	王总,这是我司的服务顾问某某
	国际惯例敬语(姓名和职位)	王总,请允许我向您介绍某某
	被介绍者应面向对方,介绍完毕后与对方握手问候	您好!很高兴认识您!

4. 称呼(如表 2-1-13 所示)

表 2-1-13　称呼

称呼类别	相应内容
国际惯例	称男性为先生,称未婚女性为小姐,称已婚女性为女士、夫人和太太
中国特色	同志、大爷、大叔、大妈、大娘、大哥、大姐(内地与北方)
根据行政职务、技术职称、学位、职业来称呼	王总、吴局长、王教授、刘工、陈博士、曹律师、张医生
称呼随时代而变化	服务业(如酒店、餐饮)人员过去称服务员,现在称先生、小姐

五、接待礼仪(如表 2-1-14 所示)

表 2-1-14　接待礼仪

接待类别	规 范 标 准
迎接礼仪	精神饱满、举止自然、精力集中,做好随时接待的准备
	热情主动、微笑相迎,致以问候并作自我介绍
	了解客户上门原因,若是找人,应引客到休息室,同时通知对方要找的负责人。若是洽谈业务,则需及时递上名片,并为客户办理业务
	有问必答、百问不烦,如遇自己不清楚的问题,不要不懂装懂,而应该诚挚地向客人表示歉意
引客礼仪	双方并排行进时居于客户左侧,单行时居于左前方 1 米左右的位置,保持身体侧向客户
	与客户保持相同的前进速度,需经过拐角、楼梯、或照明欠佳处等地方之前应及时提醒
	客人落坐后,应奉上茶水招待
让客礼仪	与客户正面行进时,需向客户点头致意,走姿改为面向客户侧行
	与客户同向行进时,需放慢脚步,让客户先行,并向客户作出前行示意手势
	进出门口时,要以手开门,让客户先进,出入房门时要为人拉门,牢记“后入后出”。(乘电梯则是“先出后进”)
送客礼仪	客户在前,送客人在后
	服务顾问送客礼仪应注意如下几点:(1)准备好结账。(2)车辆资料准备好
	告别送走客户应向客户道别,祝福旅途愉快,目送客户离去,以示尊重
	如要陪送到车站、机场、码头等,车船开动时要挥手致意,等开远了后才能够离开

笔记

接待客户的一般程序(如表 2-1-15 所示)

表 2-1-15　接待客户的一般程序

接待步骤	使用语言	处理方式
1. 客人来访时	"您好!"; "早上好!"; "欢迎光临"等	马上起立; 目视对方,面带微笑,握手或行鞠躬礼
2. 询问客人姓名	"请问您是……"; "请问您贵姓? 找哪一位?"等	必须确认来访者的姓名; 如接收客人的名片,应重复"您是××公司×先生"
3. 事由处理	在场时,对客户说"请稍候"; 不在时,对客户说"对不起,他刚刚外出公务,请问您是否可以找其他人或需要留言?"等	尽快联系客户要寻找的人; 如客户要找的人不在时,询问客人是否需要留言或转达,并做好记录
4. 引路	"请您到会议室稍候,××先生马上就来。"; "这边请"等	在客人的左前方 2、3 步前引路,让客人走在路的中央
5. 送茶水	"请"; "请慢用"等	保持茶具清洁; 摆放时要轻; 行礼后退出
6. 送客	"欢迎下次再来"; "再见"或"再会"; "非常感谢"等	表达出对客人的尊敬和感激之情; 道别时,招手或行鞠躬礼

六、电话礼仪

服务人员在运用电话进行服务时,应符合服务礼仪的规范要求,做到彬彬有礼,用语得体,声音自然、亲切。

(一) 电话的接听

1. 接听电话的四个基本原则

① 电话铃响在 3 声之内接起;

② 电话机旁准备好纸笔进行记录;

③ 确认记录下的时间、地点、对象和事件等重要事项;

④ 告知对方自己的姓名。

2. 接听电话的规范用语(如表 2-1-16 所示)

表 2-1-16　接听电话的规范用语

	谈话情景	正确的应对	错误的应对
1	询问来电话者姓名	"请问您是哪位" "请问您贵姓"	"你是谁""你叫什么"、 "你是哪个"
2	刚刚接听电话	"我能帮您做什么吗"	"什么事?"、"有什么事"
3	电话中您要中断一下	"请您稍微等候一下好吗""对不起,现有点急事,稍候一下好吗?"	"等一下""又有事找我,以后再打电话联系你"

笔 记

续 表

	谈话情景	正确的应对	错误的应对
4	不能立即答复某事时	“对不起,我得先问一下主管,稍后再给您回电,好吗”	“我不能答复你” “这事我管不了,要问主管”
5	当客户的要求不可能做到时	“很抱歉,我也同情你的想法,但目前我们还只能按规定的办”	“对不起,我们办不到。”
6	当不明白对方意思时	“对不起,请再说一遍,好吗”	“我听不清,你再说一遍”“什么?什么”
7	当电话找人,当事人不在时	“他现在不在办公室,需要留言吗?还是要他回您电话”	“他不在”“他去休息室了”
8	需要客户等待时	“请您等一下,好吗”	“等一会再打过来”
9	电话结束时	“谢谢您的来电”(等对方先挂)	“再见”(“啪”先挂电话)

3. 接听电话流程(如表 2-1-17 所示)

表 2-1-17 接听电话流程

顺 序	基本用语	注意事项
1. 拿起电话听筒,并告知自己的姓名	“您好,××公司,有什么可以帮您!”(直线)“您好,××部,我是×××”(内线); 如上午 10 点以前可使用“早上好”; 电话铃响 3 声以上时“让您久等了,我是××部×××”	电话铃响 3 声之内接起; 在电话机旁准备好记录用的纸笔; 接电话时,不使用“喂……”回答; 音量适度,不要过高; 语速适中,不要过快; 告知对方自己的姓名
2. 确认对方	“×先生,您好!”; “感谢您的关照”等	必须对对方进行确认; 如是客户要表达感谢之意
3. 听取对方来电用意	“是”、“好的”、“清楚”、“明白”等回答	必要时应进行记录; 谈话时不要离题
4. 进行确认	“请您再重复一遍”、“那么明天 9 点钟我在公司等您了”等等	确认时间、地点、对象和事由; 如是传言必须记录下电话时间和留言人
5. 结束语	“清楚了”、“请放心……”、“我一定转达”、“谢谢”、“再见”等	
6. 放回电话听筒		等对方放下电话后再轻轻放回电话机上

接听电话重点注意事项(如表 2-1-18 所示)

表 2-1-18 接听电话重点注意事项

1. 认真做好记录;
2. 使用礼貌语言;
3. 讲电话时要简洁、明了;
4. 注意听取时间、地点、事由和数字等重要词语;
5. 电话中应避免使用对方不能理解的专业术语或简略语;
6. 注意讲话语速不宜过快;
7. 打错电话要有礼貌地回答,让对方重新确认电话号码;

笔记

4. 电话的拨打(如表 2-1-19 所示)

表 2-1-19　电话的拨打

顺　序	基本用语	注意事项
1. 准备		确认拨打电话对方的姓名、电话号码； 准备好要讲的内容、说话的顺序和所需要的资料、文件等； 明确通话所要达到的目的
2. 问候、告知自己的姓名	“您好！我是××公司的服务顾问×××”	自我介绍：依序为公司名称、部门名称及自己的名字； 讲话时要有礼貌
3. 确认电话对象	“请问×××先生在吗？”、“麻烦您，我要找一下×××先生”	必须要确认电话的对方； 如与要找的人接通电话后，应重新问候
4. 电话内容	“今天打电话是想向您了解一下您的车辆使用情况……”	应先将想要说的结果告诉对方； 如果是比较复杂的事情，请对方做记录； 对时间、地点、数字等进行准确的传达； 说完后可总结所说内容的要点
5. 结束语	“谢谢”、“麻烦您了”、“那就拜托您了”等等	语气诚恳、态度和蔼
6. 放回电话听筒		等对方放下电话后再轻轻放回电话机上

拨打电话的重点注意事项(如表 2-1-20 所示)

表 2-1-20　拨打电话的重点注意事项

1. 要考虑打电话的时间(对方此时是否有时间或者方便)； 2. 注意确认对方的电话号码、单位、姓名，以避免打错电话； 3. 准备好需要用到的资料、文件等； 4. 讲话的内容要有次序、简洁、明了； 5. 注意通话时间，不宜过长； 6. 要使用礼貌语言； 7. 外界的杂音或私语不能传入电话内； 8. 避免私人电话

注意：① 讲电话时，如果发生掉线、中断等情况，应由打电话方重新拨打。

② 在用电话进行沟通的时候，一般应该把时间控制在 3 分钟以内，最长也不要超过 5 分钟。如果这一次沟通没有完全表达出你的意思，最好约定下次打电话的时间或面谈的时间，而避免在电话中一次占用的时间过长。

③ 与客户沟通交流时的七项重要内容(也称“七何原则”如表 2-1-21 所示)。

表 2-1-21　七何原则

1. 有何要求(WHAT) 2. 何人来实施(WHO) 3. 何时完成(WHEN) 4. 何处去做(WHERE) 5. 为何要做(WHY) 6. 如何去做(HOW DO) 7. 何价(HOW MUCH)

笔 记

七、名片的使用礼仪

名片是工作过程中重要的社交工具之一。交换名片时也应注重礼节。我们使用的名片通常包含两个方面的意义，一是标明你所在的单位，另一个是表明你的职务、姓名及承担的责任。

总之，名片是自己或公司的一种表现形式。因此，我们在使用名片时要格外注意，如表2-1-22所示。

表 2-1-22 名片的使用及注意事项

名片的使用	注意事项
1、名片的准备	名片不要和钱包、笔记本等放在一起，原则上应该使用名片夹； 名片可放在衬衣左侧口袋或西装的内侧口袋，但不可放在裤兜里； 口袋不要因为放置名片而鼓起来； 要保持名片的清洁、平整； 养成一个基本的习惯：会客前检查和确认名片夹内是否有足够的名片
2. 接名片	必须起身接收名片； 应用双手接收； 接收的名片不要在上面作标记或写字； 接收的名片不可来回摆弄； 接收名片时，要认真地看一遍； 不要将对方的名片遗忘在座位上，或存放时不注意落在地上； 不把对方名片放入裤兜里
3. 递名片	递名片时应右手的拇指、食指和中指合拢，夹着名片的右下部分，使对方好接拿，以弧状的方式递交于对方的胸前； 递名片的次序是由下级或访问方先递名片，如是介绍人时，应由先被介绍方递名片； 递名片时，应说些“请多关照”、“请多指教”之类的寒暄语； 互换名片时，应用右手拿着自己的名片，用左手接对方的名片后，用双手托住； 互换名片时，也要看一遍对方职务、姓名等； 遇到难认字，应事先询问； 在会议室如遇到多数人相互交换名片时，可按对方座次排列交换名片

八、拜访客户礼仪(如表 2-1-23 所示)

表 2-1-23 拜访客户礼仪

步 骤	注 意 事 项
1. 约定时间和地点	事先打电话说明拜访的目的，并约定拜访的时间和地点； 不要在客户刚上班、快下班、异常繁忙、正在开重要会议时去拜访； 也不要在客户休息和用餐时间去拜访
2. 准备工作	阅读拜访对象的个人和公司资料； 准备拜访时可能用到的资料； 注意穿着与仪容； 检查各项携带物是否齐备，如名片、笔和记录本、本公司电话和产品介绍、合同等； 明确谈话主题、思路和话语

笔记

续 表

步 骤	注 意 事 项
3. 出发前	最好与客户通电话确认一下，以防临时发生变化； 选好交通路线，算好时间出发； 确保提前5至10分钟到
4. 到达客户办公楼门前	再整装一次； 如提前到达，不要在被访公司内溜达
5. 进入室内	面带微笑，向接待员说明身份、拜访对象和目的； 从容地等待接待员将自己引到会客室或受访者的办公室； 如果是雨天，不要将雨具带入办公室； 在会客室等候时，不要看无关的资料或在纸上图画； 接待员奉茶时，要表示谢意； 等候超过一刻钟，可向接待员询问有关情况； 如受访者实在脱不开身，则留下自己的名片和相关资料，请接待员转交
6. 见到拜访对象	如拜访对象的办公室关着门，应先敲门，听到“请进”后再进入； 问候、握手、交换名片； 客户请人奉上茶水或咖啡时，应表示谢意
7. 会谈	注意称呼、遣词用语、语速、语气、语调； 会谈过程中，如无急事，不打电话或接电话
8. 告辞	根据对方的反应和态度来确定告辞的时间和时机； 说完告辞就应起身离开座位，不要久说久坐不走； 感谢对方的接待； 握手告辞； 如办公室门原来是关闭的，出门后应轻轻把门关上； 客户如要相送，应礼貌地请客户留步

九、办公室礼仪

在公司的办公场所，接待客人、洽谈业务时，有许多场合需要用到下列礼仪，如果大家能掌握了解它，会使你的工作变得更加自如顺利，客户也产生宾至如归的感觉。

常见办公礼仪情景（如表2-1-24所示）

表2-1-24 常见办公礼仪情景

情 景		注 意 事 项
引路	在走廊引路时	应走在客人左前方的2、3步处； 引路人走在走廊的左侧，让客人走在路中央； 要与客人的步伐保持一致； 引路时要注意客人，适当地做些介绍
	在楼梯间引路时	让客人走在正方向（右侧），引路人走在左侧
	途中要注意引导及提醒客人	拐弯或有楼梯台阶的地方应使用手势，并提醒客人“这边请”或“注意楼梯”等

笔记

续　表

情　景		注 意 事 项
开门次序	向外开门时	先敲门，打开门后把住门把手，站在门旁，对客人说“请进”并施礼； 进入房间后，用右手将门轻轻关上； 请客人入坐，安静退出，此时可用“请稍候”等语言
	向内开门时	敲门后，自己先进入房间； 侧身，把住门把手，对客人说“请进”并施礼； 轻轻关上门后，请客人入坐后，安静退出
搭乘电梯	电梯没有其他人的情况	在客人之前进入电梯，按住“开”的按钮，此时请客人再进入电梯； 如到大厅时，按住“开”的按钮，请客人先下
	电梯内有人时	无论上下都应客人、上司优先
	电梯内	先上电梯的人应靠后面站，以免妨碍他人乘电梯； 电梯内不可大声喧哗或嬉笑吵闹； 电梯内已有很多人时，后进的人应面向电梯门站立
办公室	进入他人办公室	必须先敲门，再进入； 已开门或没有门的情况下，应先打招呼，如“您好”、“打扰一下”等词语后，再进入
	传话	传话时不可交头接耳，应使用记事便签传话； 传话给客人时，不要直接说出来，而是应将事情要点转告客人，由客人与待传话者直接联系； 退出时，按照上司、客人的顺序打招呼退出
	会谈中途有上司到来的情况	必须起立，将上司介绍给客人， 向上司简单汇报一下会谈的内容，然后重新开始会谈

十、自我检查（如表 2-1-25 所示）

表 2-1-25　自我检查表

	序号	检 查 内 容	权重	自评	互评	总评
办公室篇	1	头发是否干净整齐？	5			
	2	衬衫、外套是否清洁？	5			
	3	指甲是否过长，经常修剪？	5			
	4	皮鞋是否光亮、无灰尘？	5			
	5	清晨上班时是否相互打招呼？	5			
	6	上班 5 分钟前是否已到座位上？	5			
	7	在走廊内有无奔跑？	5			
	8	是否佩带胸牌？	5			
	9	办公时有无窃窃私语？	5			
	10	对办公用品和公共物品是否爱护？	5			
	11	离开座位外出时，有无留言、告知去处？	5			

笔记

续 表

	序号	检 查 内 容	权重	自评	互评	总评
办公室篇	12	午休或下班时，有无整理好办公台面？	5			
	13	在茶水间、洗手间、走廊内有无站着闲谈？	5			
	14	有无在办公室进食？	5			
	15	有无向正在计算或写字的人发问？	5			
	16	有无在办公室吸烟？	5			
	17	公共物品有无谁使用谁整理？	5			
	18	发现垃圾等杂物有无主动拾起？	5			
	19	有无按《职员手册》的规定着装？	5			
	20	下班时有无相互打招呼后才离开公司？	5			
电话篇	1	电话机旁有无准备记录用纸笔？	5			
	2	有无在电话铃响 3 声之内接起电话？	5			
	3	是否在接听电话时做记录？	5			
	4	接起电话有无说“您好”或“您好，××××”？	5			
	5	客户来电时，有无表示谢意？	5			
	6	对客户有无使用专业术语，简略语言？	5			
	7	对外部来电是否使用敬语？	5			
	8	是否让客户等候 30 秒以上？	5			
	9	是否打电话时，让对方猜测你是何人？	5			
	10	是否正确听取了对方打电话的意图？	5			
	11	是否重复了电话中的重要事项？	5			
	12	要转达或留言时，是否告知对方自己的姓名？	5			
	13	接到投诉电话时，有无表示歉意？	5			
	14	接到打错电话时，有无礼貌回绝？	5			
	15	拨打电话时，有无选择对方不忙的时间？	5			
	16	拨打电话时，有无准备好手头所需要的资料？	5			
	17	拨打电话时，有无事先告知对方结果、原委？	5			
	18	说话是否清晰，有条理？	5			
	19	是否拨打私人电话？	5			
	20	电话听筒是否轻轻放下？	5			

笔 记

续 表

	序号	检 查 内 容	权重	自评	互评	总评
接待篇	1	对所有的客人是否都是面带微笑?	5			
	2	在走廊遇到客人时,有无让路?	5			
	3	遇到客人后,是否马上接待或引导?	5			
	4	是否用双手接收名片?	5			
	5	接收名片时,是否认真看过一遍?	5			
	6	接待客人时,能否将客人姓名、公司名称、事件正确传达给他人?	5			
	7	引路时是否照顾到客人的感受?	5			
	8	转弯时是否提醒客人注意?	5			
	9	是否了解在电梯内如何引导客人	5			
	10	在电梯内是否告知客人所要去的地方和楼层?	5			
	11	进入会客室时是否敲门?	5			
	12	是否了解开门、引导客人的顺序?	5			
	13	是否保持会客室的清洁?	5			
	14	是否了解会客室主座的位子?	5			
	15	是否让客人入主座?	5			
	16	使用的茶具是否清洁?	5			
	17	客人久等时,是否中途出来向客人表达歉意?	5			
	18	给正在接待客人的人传话时是否使用便条?	5			
	19	进行介绍时是否先由下级开始?	5			
	20	送客人时,是否等到看不见客人背影后才离开?	5			

笔记

项目三 汽车售后服务流程

Description 项目描述	有一天,王先生把他刚买的日产汽车开到维修公司里,原因是汽车需要做首保,并且汽车还有空调不制冷的故障。 你是一名售后服务顾问,应如何帮王先生处理这些问题呢?并且你应如何完成整个流程?
Objects 项目目标	1. 熟悉汽车售后服务流程,制定相关标准流程 2. 能熟练完成各流程的规范操作 3. 能理解和掌握相关的常用术语
Tasks 项目任务	任务 3.1　服务流程的概述 任务 3.2　预约服务 任务 3.3　接待流程 任务 3.4　派工与维修作业 任务 3.5　维修质量检查 任务 3.6　交车结算 任务 3.7　客户关系档案整理 任务 3.8　跟踪回访
Implementation 项目实施	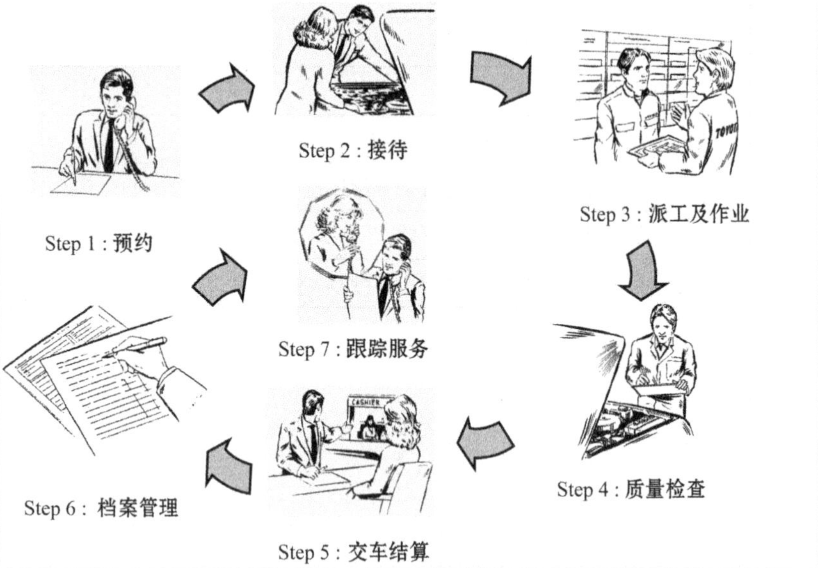 Step 1 : 预约 Step 2 : 接待 Step 3 : 派工及作业 Step 4 : 质量检查 Step 5 : 交车结算 Step 6 : 档案管理 Step 7 : 跟踪服务

任务 3.1　服务流程的概述

一、服务的定义

服务不可能是事先准备好的、也不可能对客户进行示范或以样品邮寄,它是客户接触到

笔记

的直接感受，它是无形的东西，不同人对被服务过程中不同的价值感受，完全取决于当时这个人的心情以及需要，如果没有提供适当的服务，也不能被收回，所以一旦发生不满意时道歉就是首先的弥补策略，接下来应依据不同顾客的需求给予不同程度的对策，使顾客在心情上获得弥补。

明确的客户服务流程是企业经营管理过程中非常重要的部分，企业的任何服务策略都要通过客户服务流程来完成，从而满足客户需求，最终使客户满意且信任。同时企业的经济收益也要通过客户服务流程来体现。

服务就是具有无形特征并可给人带来某种利益或满足感的一系列活动，其特征是：

可靠性：准确可靠地执行所承诺服务的能力。

响应性：帮助顾客及时提供便捷服务的自发性。

安全性：表达专业知识和谦恭态度，使顾客信任。

移情性：给予顾客关心和个性化的服务。

有形性：提供有形的设备、工具、人员和书面材料。

良好的客户服务流程可以使企业有如下的利益：

(1) 在市场中树立专业化的形象。

(2) 有助于平均分配每天的工作量。

(3) 增加每个维修单的销售工时数。

(4) 增加每个维修单所销售的零部件数。

(5) 减少返工修理量。

(6) 提高劳动生产率和效率。

(7) 增加利润。

(8) 最大程度地实现客户满意。

(9) 提高客户的信任度。

任何企业的客户服务流程都要结合企业的实际情况和当地市场的情况来制定，如何在客户服务流程中进行落实，使得企业的每一位员工都能够掌握并且熟练操作，同时增加企业的运作效率和客户满意度，都是任何一家企业的重中之重。

二、核心流程的作用

(一) 目的

规范服务人员的服务行为，确保用户满意。

(二) 范围

适用于车辆维修、保养的全过程。

(三) 职责

服务顾问负责用户接待、开单及与用户交接车辆。

服务经理或维修经理负责维修任务的指派和进度跟踪。

维修技师负责按要求完成维修、保养作业。

技术总监负责维修、保养过程的巡视检验。

笔 记

质量检验员负责车辆维修、保养结束后的终检。

三、服务核心流程

服务核心流程,如图 3-1-1 所示。

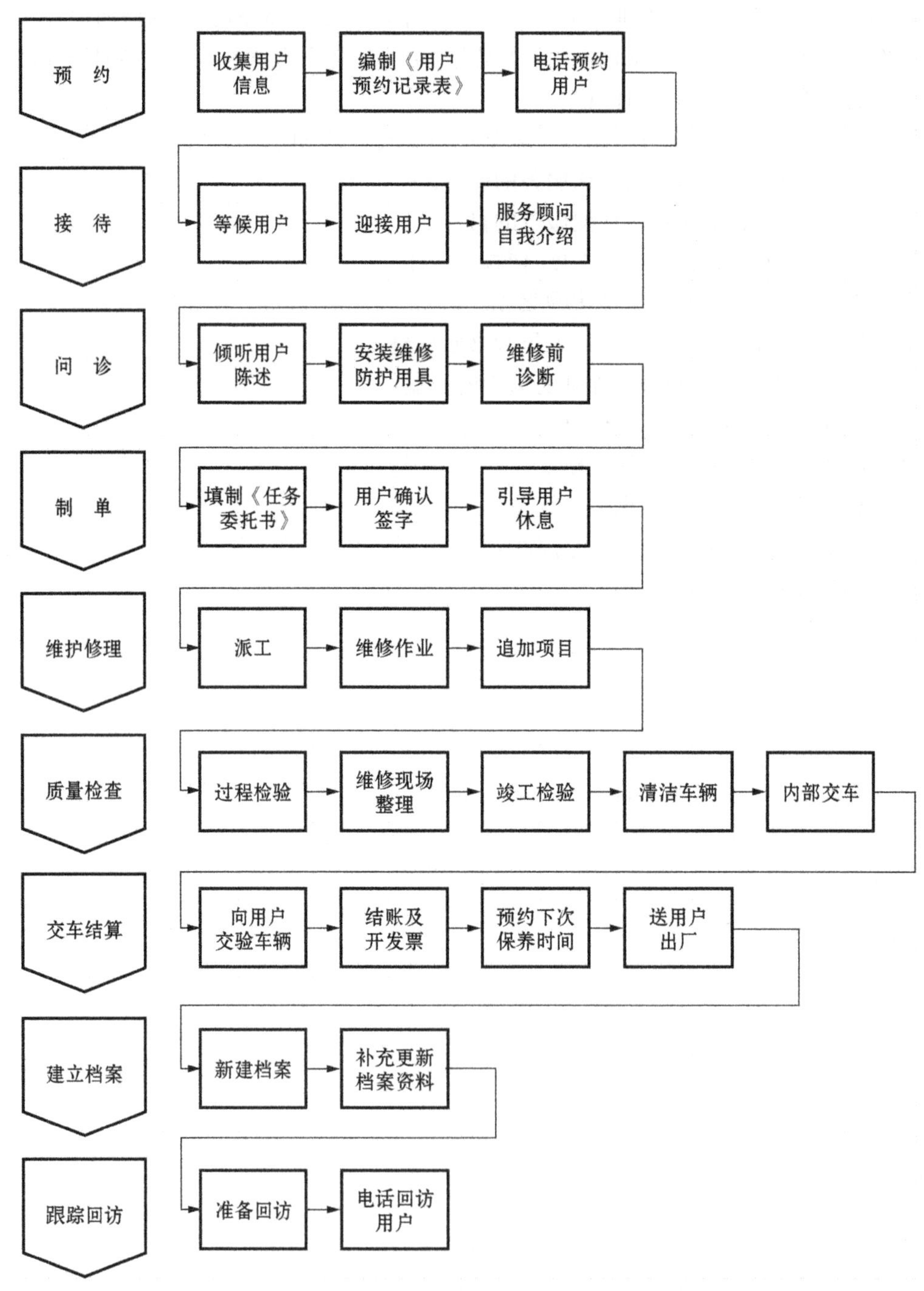

图 3-1-1 服务核心流程图

服务核心流程表,如表 3-1-1 所示。

表 3-1-1　服务核心流程表

序号	步　骤	说　　明
1	预约	包括用户主动预约和服务站预约
2	接待/问诊/制单	迎宾员或服务顾问于入口或大厅门口迎接： 引导用户将车辆停放于待修区； 服务顾问自我介绍，与用户寒暄。 服务顾问引导用户往大厅前台； 当服务顾问处于繁忙状态时，先开一份《任务委托书》，输入用户及车辆信息； 提醒用户出示《使用说明书》或《保养手册》及车辆钥匙并暂留； 引导和耐心倾听用户陈述； 复述用户陈述的故障和委托维修意向； 查询备件库存是否有解决用户车辆问题的备件； 服务顾问引导用户前往待修区： 当面给车辆安装维修防护用具； 与用户一起进行故障检查，确认故障现场，初步说明故障原因及解决方法； 与用户共同核实、记录用户车辆信息及数据； 确认并记录车辆功能、外观及随车物品； 提醒用户取走车中贵重物品； 预估维修费用和交车时间。 服务顾问引导用户回大厅前台： 开具《任务委托书》请用户确认并签字认可，满足用户指定技师维修的需求； 服务顾问引导用户进用户休息室休息，用户不愿在站内等待则送其离厂
3	维护修理	服务顾问将《任务委托书》一联和车辆钥匙交车间维修经理； 车间维修经理向已经完成上次同类作业的维修技师班组分派维修任务； 车间维修经理将车辆移至修理工位； 维修技师班组开始协作作业，并在《任务委托书》上记录各修理项目开工时间； 给车辆装上翼子板维修护垫； 确定维修操作工艺和程序； 领取零部件及辅料； 维修经理适时检查和督促维修进度、处理问题。因备件暂缺或其他原因不能及时完工的，服务顾问应通知责任人采取措施，并在服务系统上选择输入具体原因(举例)： (1) 服务人员、工位不足； (2) 技术能力不足； (3) 暂无解决方案； (4) 必备件缺货； (5) 非必备件缺货； (6) 员工已按时下班； 完工后对车辆座舱、前舱进行清理。 维修中发现新问题：维修技师及时报维修经理；维修经理转服务顾问，当场处理。 服务顾问就追加项目及费用向用户确认并填写《任务委托书》

笔记

续表

序号	步骤	说明
4	质量检验	维修技师自检、互检； 技术总监进行过程检验； 质量检验员进行竣工后终检
5	交车前准备	取下翼子板维修护垫； 清洁车辆； 将车辆停放于竣工区； 向服务经理移交竣工车辆，说明维修过程与结果
6	验车/结算	服务顾问向用户说明维修过程和结果； 给用户查看旧件和维修多余的辅料； 领用户至竣工区交验车辆，必要时试车； 拆卸回收维修防护用具。 服务顾问在服务系统的《任务委托书》上维护完工处签名，注明开工时间、完工时间，若有新增维修项目，补填相关信息； 服务顾问领用户到结算员或索赔员处结算： 结算员开具结算单、发票或索赔员开具索赔卡； 检查、结算清单的内容和说明发票上款项的来由； 收款，挂账处理
7	交车/送别	告知某些零件的剩余使用寿命(如制动摩擦片、轮胎等)； 讲解必要的车辆使用、维修、保养常识； 告知下次定期技术保养的里程和时间； 了解合适的拜访或电话访问时间； 宣传预约的好处； 于门口恭送用户离开； 等到用户远离视线时才转身
8	服务跟踪	在用户离站后3天内进行访问

四、维修任务委托书(如图 3-1-2 所示)

汽车服务站维修任务委托书

	用户姓名:	进厂时间:　年　月　日　时　分
派工单号:	通讯地址:	预计完成:　年　月　日　时　分
		用户希望: 洗车　□是 □否
牌照号:	联系电话:　手机:	旧件带走　□是 □否
车型:	首保日期:　年　月　日	跟踪　□是 □否
VIN号:	行驶里程:　KM	旧件更换确认　□是 □否

笔 记

维修前预检(目视)

外观情况	好	坏	维修
□ 附车门玻璃和风档玻璃状况	□	□	□
□ 前/后灯状况	□	□	□
□ 车身和油漆状况	□	□	□
□ 雨刮片状况	□	□	□
□ 前轮轮胎的状况	□	□	□
□ 后轮轮胎的状况	□	□	□

发动机舱	好	坏	维修
□ 线束的状况(如果可以看见)	□	□	□
□ 胶皮管的状况(如果可以看见)	□	□	□
□ 发动机机油液面	□	□	□
□ 冷却液液面	□	□	□
□ 制动液液面	□	□	□
□ 助力转向液液面	□	□	□
□ 蓄电池状况	□	□	□

外观缺陷：□有　□无

说明：

故障描述(用户反映)：

附件状况：工具□　天线□　点烟器□　备胎□　千斤顶□　轮罩□　灭火器□

检查诊断意见(服务顾问)：

修理项目

		维修内容	工时金额（元）	材料金额（元）	维修类型	完工签名	开工时间	完工时间
序号	1							
	2							
	3							
	4							
	5							
增项	1							
	2							
	3							

用户确认		预计费用合计(元)		贵重物品	

修理过程中的特殊情况

增加项目原因		维修经理		时间	年　月　日　时　分
服务顾问意见		用户确认		时间	年　月　日　时　分
不能按时完工原因		服务顾问		时间	年　月　日　时　分
质量管理员检验确认			维修完工时间		年　月　日　时　分

用户交接车

服务站交车人		交车时间	年　月　日　时　分
服务顾问交车		接车时间	年　月　日　时　分
用户接车签字		接车时间	年　月　日　时　分

此单三联:用户一联(作为接车凭证),服务顾问一联,维修车间一联(维修时此单将跟车)

图 3-1-2　维修任务委托书

笔记

五、基本单据传递流程(如图 3-1-3 所示)

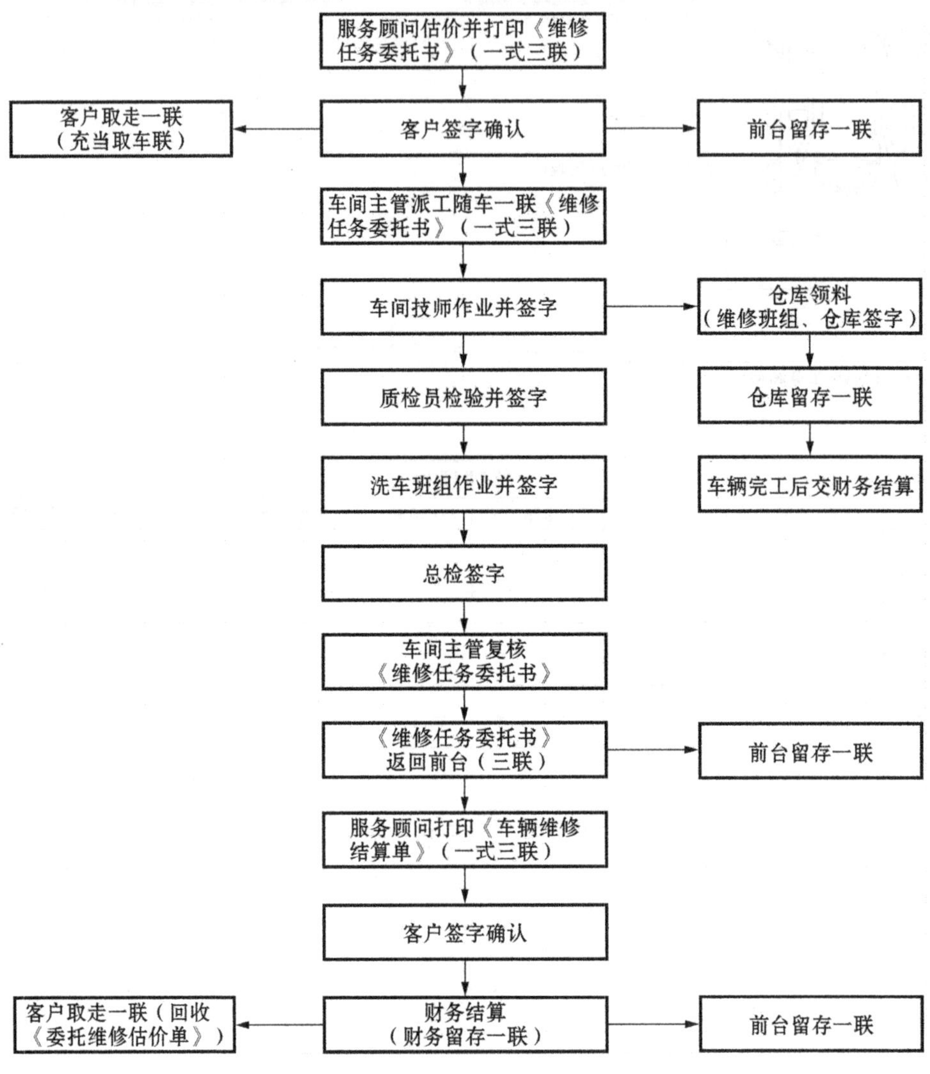

图 3-1-3　基本单据传递流程

笔记

任务 3.2　预约服务

一、预约服务的重要性

预约服务是企业与客户提前约定在某一时间进行的服务，这是汽车维修服务发展的一大趋势，也是有效提高客户满意度的重要手段，它一方面能够合理地安排维修作业工作量，另一方面又能节省客户的维修等待时间，从而能够提高维修企业的快速服务水平，切实体现企业的服务品牌。

完善的预约系统能有效地将维修业务平均分配到各个营业时间段，保证有充足的时间接待每位客户，使各个工作环节更加高效和顺畅，从而提高客户满意度。

(一) 预约服务的好处(如表 3-2-1 所示)

表 3-2-1　预约服务的好处

对象	好　处
对客户	可以方便地根据自己的日程安排服务时间； 减少非维修等待时间； 可以指定专属的服务人员； 快速、优先维修，保证交车时间； 企业事先准备相关事项(备件、专家、工具、资料、维修方案等)； 通过电话诊断，客户能初步了解相关情况(费用，时间等)
对企业	平均分配时间，接待井然有序，减少抱怨； 保证接待时间、质量； 定单尽量错开，保证维修时间、交车时间； 提高车间利用率，避免工作拥挤，维修车间削峰填谷

(二) 实施预约服务的意义

(1) 控制客户入厂时间，防止集中在高峰期入厂。

(2) 提前确认零件库存，提高零件及时供应率。

(3) 有计划地调度车间生产，确保工作效率。

(4) 留出足够的维修能力接待非预约客户。

(三) 预约期待的效果(如图 3-2-1 所示)

二、预约服务的执行

(一) 预约服务系统必须具备的功能

(1) 控制客户进厂时间，避免出现进厂高峰的拥堵现象。

(2) 给每位进厂客户留出足够的接待时间，确认客户需求。

(3) 在客户进厂之前，准备好所需的零部件。

(4) 有计划地安排和管理维修技师工作时间。

笔记

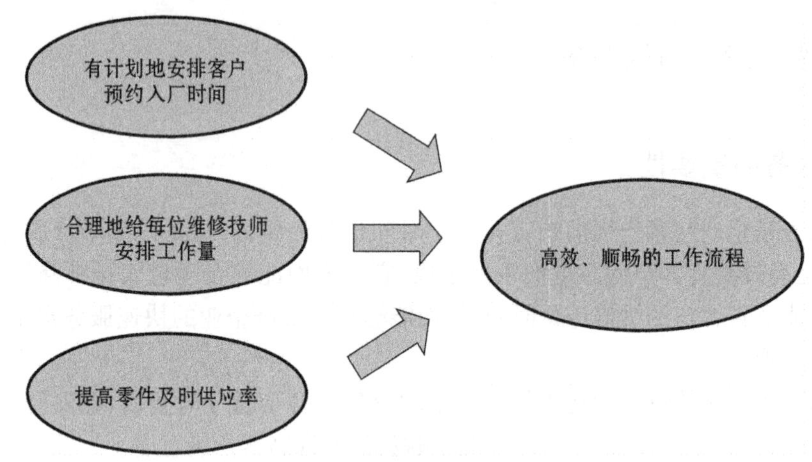

图 3-2-1 预约期待的效果

(5) 合理地安排非预约客户和返修客户的维修。

(6) 适时地提醒客户预约进厂时间,减少已预约而未进厂的客户。

(7) 适时跟进预约未进厂客户,鼓励他们再次预约。

(8) 全方位地宣传已有的预约系统。

(9) 能够基本预测未来的预约率。

(二) 预约服务的系统方式(“目视管理”)

为了更加有效地帮助维修车间组织生产,建议采用“目视管理”的理念。它可以帮助有效地平均分配日常的工作负荷,提高维修车间的生产能力。通过管理看板可以了解当前的业务和生产状况,掌握短期内可能入厂的客户、发生的维修内容和零部件需求等。

1. 预约记录表(如表 3-2-2 所示)

表 3-2-2 预约记录表 年 月 日(1)

客户信息(2)			
客户姓名	①	联系电话	②
车　　型	③	千米数	④
车牌号码	⑤	上次进站日期	⑥
预约情况(3)			
预约进站时间(日期、时间)①		年　月　日　点　分	
听诊内容②			
维修保养或故障内容:		估计需换的配件:	

笔 记

续 表

<table>
<tr><td colspan="3">客户信息(2)</td></tr>
<tr><td>维修费用估价</td><td></td><td></td></tr>
<tr><td colspan="3">电话记录:③</td></tr>
<tr><td>备注</td><td colspan="2">④</td></tr>
</table>

服务顾问签名:(4)＿＿＿＿＿＿

1) 使用和管理方法

(1) 本表由服务顾问负责与客户通过电话,把相关的信息记录在表上。

(2) 通过此表作为预约客户的依据,服务顾问接待时了解客户的情况。

2) 预约记录表填写规范

(1) 填写客户登记预约的日期。

(2) 客户信息。

① 客户姓名:填写车辆维修时的联系人;

② 联系电话:填写客户留给你的联系电话,能够随时找到他;

③ 车型:按照客户档案的车型填写;

④ 千米数:在电话预约时通过与客户沟通得知并要求客户回站的依据;

⑤ 车牌号码:从客户档案获取;

⑥ 上次进站时间:从客户档案中提醒本次项目获取此信息。

(3) 预约情况。

① 预计进站时间:通过电话由客户确定进站时间;

② 听诊内容的填写:听述客户的车辆使用情况,填写客户口述车辆进站维修保养或其他故障的记录及需要更换配件的可能性和价格,建议客户到站检查后再确定;

③ 电话记录:填写客户的其他要求或抱怨;

④ 备注:填写特殊情况注明。

(4) 服务顾问签名:听完电话后服务顾问专员签上名字,以便存档。

2. 月度应回厂保养用户清单(如表 3-2-3 所示)

按照每 60 天(两个月)保养一次的基本规则设定,制作《月度应回厂保养用户清单》,由客户服务专员邀请用户回厂。

笔记

表 3-2-3 月度应回厂保养用户清单

月度应回厂保养用户清单 201 年 月									
序号	客户姓名	车牌号	联系电话	对应服务顾问	上次保养时间/里程	初次预约访问时间	约定保养日期	未流失	回厂保养日期

注：至月末用户回厂，则于"未流失"栏填"×"，否则填"√"，并统计未回厂率即用户流失率：　　%。用户未回厂则"回厂保养日期"栏不填。

3. 预约看板(如表 3-2-4 所示)

由服务顾问负责与客户通过电话后，把相关的信息记录在本看板上。

本看板放在显眼的位置(如门口)，让大家看到凡是预约车辆都应及时给予相关服务。

预约看板填写规范：

① 预约回厂时间：与客户约定的回厂的时间，如 2011.2.8 9:30；

② 客户姓名：填写客户的全名，如张三；

③ 联系电话：完整填写客户联系电话，固定电话要填写城市区号；

④ 车型：完整填写车辆型号；

⑤ 车牌号：完整填写车辆牌号，如粤 A12345；

⑥ 主要维修内容：填写客户同意的维修项目。如果不能确定维修项目，则在此填写"主要故障现象——回厂诊断后确定"字样；

⑦ 预定交车时间：填写与客户约定交车的具体时间，如 2011.2.9 15:30；如果需要诊断而不能预估，则不填写；

⑧ 服务顾问：填写服务顾问的姓名。

笔 记

表 3-2-4　预约看板

预　约　看　板								
序号	预约回厂时间	客户姓名	联系电话	车型	车牌号	主要维修项目	预计交车时间	服务顾问
1	①	②	③	④	⑤	⑥	⑦	⑧
2								
3								
4								
5								
6								
7								
8								
9								
10								
11								
12								
13								
14								
15								

4. 宣传预约服务方式

① 在车辆销售的时候；

② 业务接待的名片；

③ 服务宣传小册子；

④ 经销店内的宣传牌；

⑤ 售后跟进的邮寄品；

⑥ 互联网站；

⑦ 预约窗口；

⑧ 欢迎板；

⑨ 预约享受的优惠政策；

⑩ 接车及交车时向客户介绍；

⑪ 电话回访时介绍；

笔记

⑫ 优惠预约卡。

5. 预约服务中需监控的内容

1) 预约率

预约率是指有预约入厂的施工单数量占所有施工单数量的百分比。

$$预约率(\%)=\frac{预约入厂施工单数}{月度厂总施工单数}$$

预约率参考目标：

成熟系统　60%～80%

新建系统　20%

注：预约率应低于80%，预留20%以上的维修能力，以处理紧急情况或非预约车辆的保养与维修。

2) No-show率

“No-show”率是指提前有预约、但未能如期入厂的顾客的百分比。

$$\text{No-show}率(\%)=\frac{\text{No-show}客户数量}{有预约的客户总数}$$

3) 作业类型构成

有两种主要的作业类型(如表3-2-5所示)：

表3-2-5　作业类型构成

保养作业	维修作业
根据驾驶员手册所要求的常规保养作业。不需要很高的维修技术和技巧。利用标准化的作业程序，通常可以保持较高的劳动生产率	费用高，如：发动机、变速箱和悬挂的大修等。需要高水平的维修技师。通常劳动生产率较低

当确定作业类型混合比时，应该考虑每位维修技师的技能水平，合理安排相应的工作，有效提高劳动力的利用率 。

4) 超时作业比例和原因

当某台车的作业不能按约定时间完成时，就发生了“超时作业”，必须坚持每天记录和监控超时维修车辆。

$$超时率(\%)=\frac{总超时维修台数}{总维修台数}$$

超时率参考目标：低于5%。

6. 如何处理未预约进厂的客户

(1) 确认是否是第一次进厂维修，如系第一次进厂维修视同预约。

(2) 趁维修车进厂高峰而拥堵的机会说明预约重点。

(3) 制作宣导文件提供给客户了解。

(4) 车多时向客户表示抱歉，并找其他的服务人员支持。

笔记

三、电话预约

1. 预约方式

预约以电话方式为主，无论是客户主动来电预约，还是服务顾问根据客户车辆保养情况主动预约客户，至少应包含如下内容：

(1) 服务顾问先自我介绍并问候客户。

(2) 提醒(告知)客户维修方案或聆听用户的维修、保养需求。

(3) 确认所需备件，包括品种、数量和到货的日期。

(4) 约定维修、保养日期，根据《日流量分析表》选定合适的时间段。

(5) 初步约定交车时间及服务价格。

(6) 提醒用户带上相关的资料(随车文件，防盗器等)。

(7) 解答用户所关心的信息。

用户来电咨询或反映最新故障情况，服务顾问在征询技术总监意见后，借此机会主动及时预约用户来站保养或检修。

要求预约电话始终保持通畅状态，用户打来电话，接线员可根据车间的服务空位状态建议用户的来站时间，这有利于客户时间的合理安排。

2. 预约内容

(1) 询问客户及车辆数据(核对老客户数据、登记新客户数据)。

(2) 询问行驶里程。

(3) 询问上次维修时间及是否为重复维修。

(4) 确认客户的需求、车辆故障问题。

(5) 介绍特色服务项目及询问客户是否需要这些项目。

(6) 确定服务顾问的姓名。

(7) 确定接车时间(留有准备时间，主动控制)。

(8) 暂定交车时间(留有余地)。

(9) 提供价格信息(既准确又留有余地)。

(10) 告诉客户带齐相关的资料(保修手册、驾驶证、行驶证、防盗器等)。

预约人员要求：服务顾问或客服专员，要具备基本维修常识、熟悉服务核心流程、懂沟通技巧、受过接听电话技巧训练。

预约硬件支持：预约登记表、预约计划表、车间能力安排计划表

3. 预约过程中不得出现以下情况

(1) 对客户使用过多的语气词，如“喂”、“吧”、“哦”等。

(2) 未兑现对预约客户的所有承诺。

(3) 未从保养客户及提醒服务开始开展主动其预约工作。

(4) 未提前一小时与客户电话确定其是否能如约维修，如果客户不能来，马上取消这次预约工位、人员等，可重新预约。如超过预约时间 30 分钟可以取消预约。

(5) 因企业原因不能执行预约，但未提前通知客户说明原因，应表示道歉，重新预约。

(6) 为提高维修服务的计划性，如未对预约服务的比例及预约服务的执行情况进行分

笔记

析，应查找原因，不断改进。

4. 拟工作定单包括

(1) 记录目前为止已了解的内容，可以节约接待时间。

(2) 检查是否为重复维修，如果是，在定单上做记录以便特别关注。

(3) 查阅用户车辆资料，检查上次维修时发现但未纠正的问题，记录在本次定单上，以便再次提醒用户。

5. 履约准备

(1) 每日下班前应将次日的《预约服务看板》放置于接待大厅办公区醒目处。

(2) 提前一天通知能够解决问题的或客户指定需求的人员做准备。

(3) 向配件计划员预订所需的备件。

(4) 要求配件计划员在所需数目的配件上贴上标签，至少说明客户车牌号、姓名和预约日期。

(5) 在车间工作任务分配板上登记。

(6) 再次确认客户预约时间及车辆情况。

注：如准备工作出现问题，预约不能如期进行，应尽快告知客户，表示道歉，重新预约。

6. 履约核实

用户如期进厂后，优先派工及安排维修工位，服务顾问在相应预约记录上记录。否则，则在必要时于约定日期后 3～10 天内安排第二、三次预约。

7. 主动预约示例(如表 3-2-6 所示)

表 3-2-6 主动预约示例

主动预约示例			
	程序步骤	步骤要点	主要用语
1	拿起听筒(如这时正接待客户，应先请原谅)	准备好记事本和笔，不要让电话铃响 3 声以上。注意力集中	对面前的客户说“对不起，我先接个电话好吗?”
2	问候、自我介绍	先问候，再报公司名、本人职务及姓名，告诉对方你已准备为他服务	“您好！××公司。我是××。能为您做点什么吗?”
3	辩认对方	如不能辩认，应主动询问	“对不起，请问先生(小姐)怎样称呼您(贵姓)?”
4	仔细听对方讲话	务必作笔记。按照 5W1H 原则”要求引导谈话。不时插入“是的”、“我明白”以示在倾听	“是的”“请接着讲” “请告诉车牌号、车型”
5	复述客户讲话要点	及时归纳客户诉求重点，并加以复述，以示记下重点	“××先生，我们确认一下，我们定在×年×月为您的车作检修，您的电话是××对吧”
6	挂电话前，再次告诉自己的姓名	再次告诉客户姓名，可使客户产生受到重视的心理	“××先生，我是××，有事可随时叫我”“随时等候您的到来”
7	挂上电话	不要在对方挂电话之前挂电话，挂电话前要先致谢	“谢谢您来电”

四、预约服务工作流程(如表 3-2-7、表 3-2-8 所示)

表 3-2-7　经销商主动预约工作流程

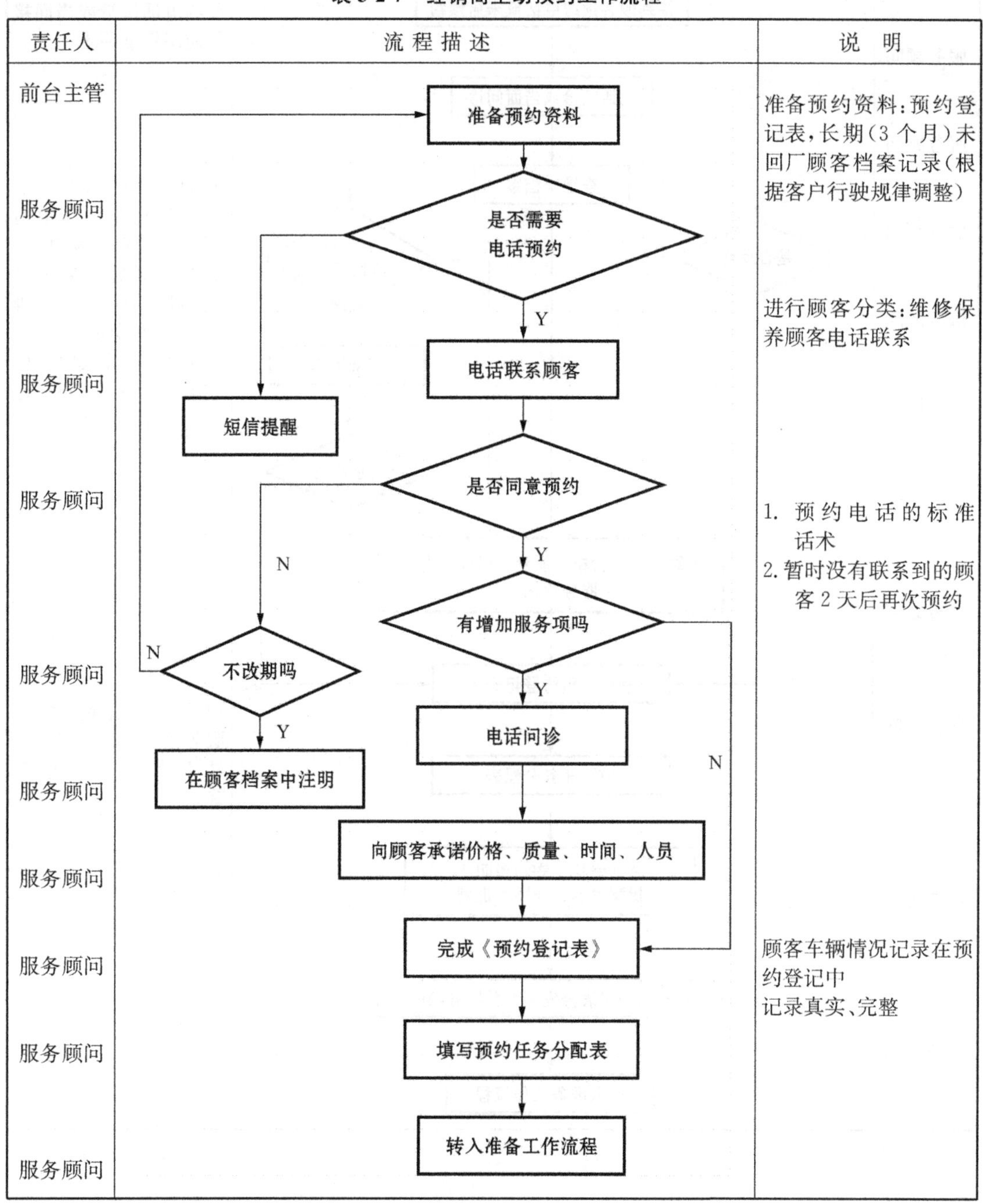

责任人	流程描述	说　明
前台主管	准备预约资料	准备预约资料:预约登记表,长期(3 个月)未回厂顾客档案记录(根据客户行驶规律调整)
服务顾问	是否需要电话预约(Y:电话联系顾客;否:短信提醒)	
服务顾问	电话联系顾客 / 短信提醒	进行顾客分类:维修保养顾客电话联系
服务顾问	是否同意预约(Y:有增加服务项吗;N:不改期吗)	1. 预约电话的标准话术 2. 暂时没有联系到的顾客 2 天后再次预约
服务顾问	有增加服务项吗(Y:电话问诊;N:完成《预约登记表》) / 不改期吗(Y:在顾客档案中注明;N:准备预约资料)	
服务顾问	电话问诊 / 在顾客档案中注明	
服务顾问	向顾客承诺价格、质量、时间、人员	
服务顾问	完成《预约登记表》	顾客车辆情况记录在预约登记中 记录真实、完整
服务顾问	填写预约任务分配表	
服务顾问	转入准备工作流程	

笔记

表 3-2-8 被动预约工作流程

责任人	流程描述	说明
服务顾问	接到顾客预约电话或来店预约	预约电话接听或当面接待使用标准话术
服务顾问	电话问诊或当面问诊	
服务顾问	查维修档案	① 将顾客需求及车辆信息初步诊断填写在预约登记表中 ② 根据顾客车辆信息调用系统中长期维修历史数据 ③ 返修车辆，如有“建议维修项目”则应记入顾客预约登记表
服务顾问	是否返修；有建议维修项吗	
服务顾问	提醒顾客；同意修吗	
服务顾问	向顾客承诺价格、质量、时间、人员服务营销	
服务顾问	登记《预约登记表》	记录真实、完整。需经服务顾问、车间主管、备件主管、技术总监等确认
服务顾问	填写任务分配表	
服务顾问	总结概括、守约说明、提醒顾客、与顾客道别	
服务顾问	将预约登记表分发到相关服务顾问 转入准备工作流程	

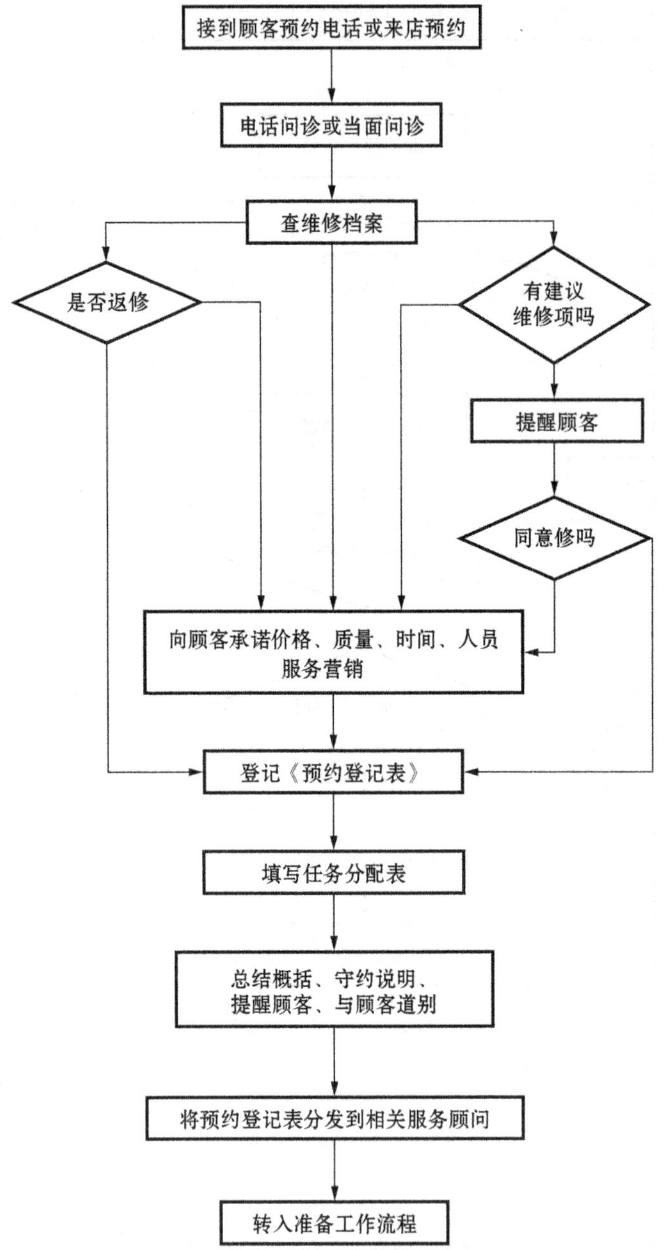

笔记

任务3.3 接待流程

一、接待服务的重要作用

客户来站修车,第一步迈进的是企业服务接待厅,第一个接触的是服务顾问,可见服务接待厅、服务顾问给客户的第一印象至关重要。

服务顾问对外是给客户第一印象的部门,对内是与车间、班组、备件仓库联系的中枢,在维修企业管理中处于指挥的中心,占有十分重要的地位,是非常关键的工作。

(一) 服务顾问的重要性表现在以下四个方面

服务顾问是企业形象、面貌、文明的窗口。服务顾问的语言、衣着、举止,服务接待厅的布置,决定着客户的最初印象和信赖度。

服务顾问是企业技术水平高低的集中体现。服务顾问的工作作风,处理问题、解答问题、分析问题的能力,技术面的宽广,经验的多少全部在接车、估价交谈中体现出来。

服务顾问是企业服务水平、管理水平的缩影。进站的交接,出厂的交车,钥匙的保管,车上的清洁卫生,追加项目的联系,备件的请示,出厂的跟踪,拯救服务等等,反映着一个企业管理水平的高低。

服务顾问是企业创收的窗口。服务水平的高低,估价项目的合理程度,结算折扣等等,这一切都会影响企业的信誉、收入、效益。

(二) 服务顾问应具备的条件

(1) 良好的价值观和自律能力。

(2) 掌握广泛的理论知识。

(3) 具有综合的工作能力。

(4) 具有较强的求知欲。

(5) 熟练掌握公司和行业的相关标准。

(6) 乐观的工作进取精神。

(三) 服务顾问是维修站与顾客的桥梁

服务顾问这个角色之所以重要在于他或她是顾客进入维修站第一个碰到的人,如果服务好、顾客信赖度就高,此人也可能是顾客在维修站唯一接触的人,因为顾客的时间有限、专业知识不足,所以,很容易将爱车交给服务顾问后就放心等待结果,一直到结账时取到发票付款,因此,理论上来厂服务应该都是由服务顾问从头包到尾的整体工作。

另外在顾客的信任下,只要服务顾问的专业能力强,其所扮演的角色就是如何建议顾客做最好的维修项目,以保障长期的车辆使用,因此,服务顾问的专业性更是顾客的依赖,同时只要说服力强,就可以对顾客做最适合的建议,这将有助于维修站业绩的稳定提升,更是维修站重要的业绩来源。

再者服务顾问需掌握维修站的工作流程及工作进度,其目的是在于确保顾客的车辆维修进度,能在顾客认知的时间内顺利完成,或者提前告知顾客车辆状况,使车主能提早有心

笔记

理准备。

最后服务顾问还必须站在顾客的立场，为顾客检查爱车，使顾客的交修项目能逐项完成，并在结账时为顾客说明发生的费用，使顾客从进站到交车能有完整的服务，以使得顾客满意。

二、服务顾问的工作及职责

（一）服务顾问的工作

服务顾问将顾客车辆的问题诊断后交给技师，并且在最后确认技师已经完全解决车辆的问题后，将完整修复的车辆交给车主，在能力范围内满足顾客的各项需求。

（二）服务顾问的职责

（1）积极主动地推行双向预约工作。

（2）及时热忱地接待客户，努力了解客户需求。

（3）认真执行公司制定的各项服务流程、规定，热情向客户宣传公司政策及品牌形象。

（4）正确提示、判断客户汽车故障并做出估价。

（5）负责建立并完善客户服务档案。

（6）积极协调各部门关系，做好客户服务工作，努力提高客户满意度。

（7）做好交车后的跟踪服务，努力了解客户反馈信息，根据客户需求不断改进工作。

三、接待前的准备

（一）服务顾问仪表的基本要求

（1）容貌：端庄大方、亲切热情、友好体贴，淡妆。注重容貌情态美。

（2）服饰：上班要着工作服，正确佩戴标牌。

（3）个人修饰：注意行业特点，符合健康向上充满活力的基调。

（二）仪态的基本要求

（1）站姿：身形挺拔；两眼平视；不要双手环抱胸前，不要叉腰，不要手插衣袋。

（2）坐姿：坐要端正。

（3）走姿：步伐雄健轻稳，行走线迹成直线，步幅不宜过大，步速不宜过快。

（4）与客户同行：服务顾问陪同客户同行时，一般靠右行。行走时，遇到客户，应自然注视对方，主动点头致意或问好；同时，放慢步速，以示礼让客户先行。如有急事需越前先走，应先表示歉意。

（5）与客户交谈：双目自然注视客户，保持适当的站位。不要喋喋不休，不抢客户话头，不连续发问，不随意解释不熟悉的问题，不强调与主题无关的细节，不进行人身攻击，不用贬称，不随便改变客户有兴趣的话题。要插入讲话时，应先说“对不起，暂时打断一下可以吗？”

（三）基础设施准备

（1）每天开始营业前，保持维修站出入口、服务接待区、客户休息室、洗手间（含车间卫生间）和车间的卫生；整理客户休息室、同时检查饮水机里是否有水。

（2）按工作计划检查《客户预约登记表》、《派工单》及相关资料是否准备好。

笔 记

(3) 准备好维修保护的五件套(座椅罩、方向盘罩、脚垫、手刹柄套、波杆套)并摆放整齐。

(4) 准备好必要的文件资料和工具，如维修价目表/常见维修估价参考表、零件目录、价格目录、及质量保修工作指南等。

(四) 准备工作流程(如表 3-3-1 所示)

表 3-3-1　准备工作流程

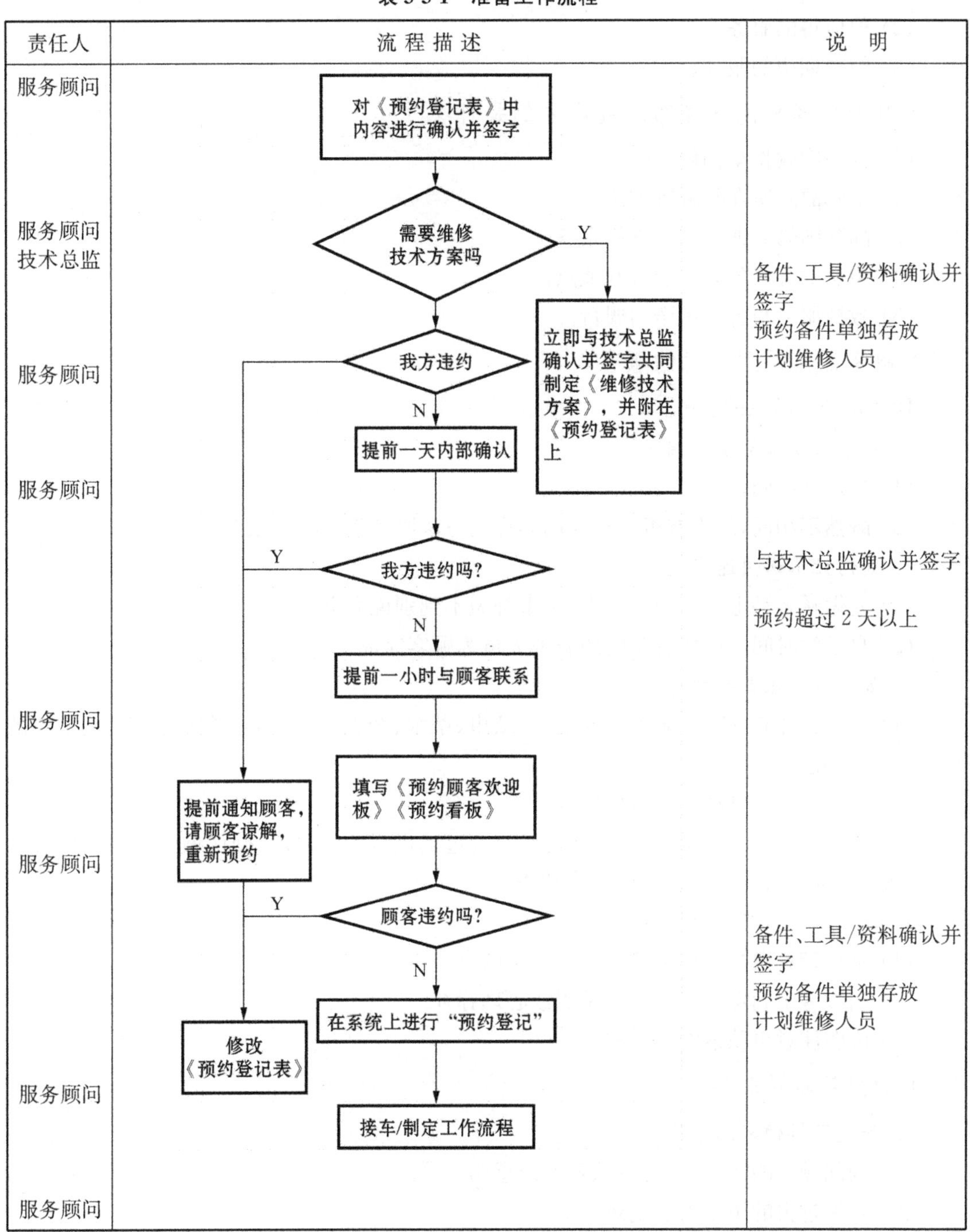

笔记

四、掌握顾客在接待时的心态

(一) 如果你是顾客,在接受接待服务时你会希望得到怎样的服务?

顾客最希望得到的服务:

(1) 符合期望的服务。

(2) 他应得的服务。

(3) 超越期望的服务。

(二) 对于顾客来说维修部门最重要的是什么

(1) 第一次就将车辆修理好。

(2) 了解故障所在与解决方法。

(3) 随到随修立即完成的维修服务。

(4) 免费的维修与方便的维修地点。

(5) 救援服务与各项承诺的履行。

(三) 顾客如何得到满意的服务

什么是顾客满意的服务:

1. 每个人要求的服务相同吗?

(1) 肯定不相同。

(2) 既然不相同,那你有否一直在用同样的方法服务于不同的顾客。

2. 如何让承诺快速实现

(1) 先做顾客马上需要做的小事,小事都做不到别说大事了。

(2) 自己没时间可以找有时间的服务人员为顾客完成。

3. 如何符合基本的期待

(1) 公司已经有的基本服务先满足(如纸巾、茶水、杂志、礼物等),顾客随口提起期望的事情,尽量满足。

(2) 先说或先做已经说过的事情。

(3) 接待时先说将要做的,结账前再针对说过的进行确认,最后确认做到后再向顾客说明,最重要的是站在顾客的立场为顾客检查。

4. 让顾客安心消费的经验

(1) 永远带着微笑先讲清楚服务及费用的事。

(2) 当顾客不确定时要立即做说明或心理弥补。

(3) 说明注意事项请顾客了解。

(四) 如何超越顾客期待

1. 如何了解顾客的期待

(1) 询问顾客的需求、注意听顾客不经意的言语。

(2) 掌握过去的历史需求纪录。

(3) 找出以往最在意或曾不满意的事。

笔记

(4) 当顾客四处张望或频频看表时,应主动表示关心。

2. 先立即满足顾客的需要

(1) 知道有能力做的先去做。

(2) 做完后不要忘了再次询问是否还有需求。

3. 关心顾客随行的人

(1) 注意顾客的家人或朋友的感受及需求,并适时满足。

(2) 必要时要关心随行人员的安全及向其提供的基本服务。

(3) 设立儿童或其他基本的娱乐设施。

4. 注意顾客的反应及现在最急迫的需求

(1) 所有人都要注意了解顾客目前的需求。

(2) 立即有人前往处理目前最需要做的事项。

5. 随时问候及示意,让顾客知道我们一直在关心

(1) 需有人记录及知道目前顾客的位置及姓名。

(2) 随时微笑点头面对顾客。

6. 告诉顾客目前的维修进度及预计时间

(1) 接待人员要注意顾客对目前的维修进度与预期差异的反应。

(2) 对每个顾客至少汇报一次目前的车辆维修进度。

7. 对于顾客的需求无法满足时的处理

(1) 致歉并说明。

(2) 必要时主管需主动出面。

(3) 好的建议但是无法马上执行时,可说明并用其他方式替代。

8. 让顾客有惊喜的服务

(1) 由接待或主管个别向顾客说明。

(2) 主动的服务将是最好的礼物。

(3) 赠送生日礼物或敬祝生日快乐。

五、接待工作

(一) 迎接客户行为规范

(1) 当客户来到维修站时,要迅速出迎并问候客户,一分钟内要有人员出去迎接。

(2) 引导客户到指定的接车区停车。

(3) 问候客户时要用眼睛看着客户并面带微笑,态度和蔼,并向客户说:

您好! 欢迎光临,很荣幸为您服务。

(4) 向客户问好并作自我介绍,询问客户是否进行过预约。

(5) 引导客户到维修接待前台并按快速保养、正常维修、事故车三种类型进行登记。

① 建立或查询客户和车辆信息——了解客户车辆的历史记录、及客户预约登记表;

② 在《派工单》上清晰描述客户反映最关心的问题并记录好;

③ 检查车辆,确认客户指出的问题,并检查车辆是否还存在其他的隐患故障;

笔记

④ 检查车身及内饰是否有损伤、是否有贵重物品；

⑤ 根据车况和维修历史对车辆进行检查，以判断车辆是否还需要其他维修；

⑥ 判断要进行维修的工作是否在保修范围内，并向客户解释发现的问题，同时在《派工单》上进行记录。

(6) 如有特殊情况，确实需要客户等待一定时间的情况下，应向客户进行说明，并安排客户到休息室里安心等待。

(7) 如果预约客户在预定时间未能如约而来，应进行电话联系，并婉转询问原因。如果客户仍希望预约，则按预约流程要求进行再次预约。

(二) 迎接客户的用语规范

服务顾问的谈吐要文雅大方，语调亲切，音量适中，语句流畅，回答问题简明、准确、规范，要学会适用语言类型。

常用工作用语：

(1) 见面语："××先生(小姐或当地尊称、本人爱听的称呼，如老板、大姐，或问怎样称呼)，您好！""欢迎光临"(初次)，"好久未见"等礼貌用语，体现热情、关心、不忘客户。

(2) 工作用语(寒暄之后)："您的车是保养，还是维修?"、"需要我们为您做些什么?"

熟客要记住保养期。"用语"上要用："您的车到保养期了，及时保养对您的车有好处"。

(3) 工作用语(检查前)："为您仔细地检查一下""请您稍候，很快就好！"

(4) 工作用语(检查后)："这是检查结果，请您过目"，"您需估价的话，我们即刻就办，只需多等几分钟"。

(5) 工作用语："这是您的估价单，请过目"、"这是维修单，请过目"。

(6) 工作用语："您的车我们已接下、请您放心，我们会按期把您的车维修(保养)好"。

(7) 工作用语："××先生，请问车上物品需要我们代为保管吗?""好，一定妥善保管，麻烦您在物品单上签个名"。

(8) 增加维修项目用语："××先生(小姐)对不起，关于您的车有点事向您请教"。

对方答完话后，应说"谢谢您，添麻烦了"。

(三) 接待问诊技巧

1. 接待故障问诊流程(如表 3-3-2 所示)

表 3-3-2　接待故障问诊流程

步骤	内　容	操 作 方 法	使用工具
询问故障现象	确认用户所述的故障现象，或者用户所要求的作业内容	用户所述的故障现象，或者要求保养的内容，都必须逐一记入问诊表	问诊表
	确切掌握故障的具体情况	对于再现性低异常声音等问题，应通过问诊表按 5W1H 的方法，详细了解发生时的具体情况	问诊表
故障再现确认	再现用户所述的故障现象，做进一步确认。如有必要应与用户同乘进行试车，以确认故障现象	故障现象的确认，要在用户陪同下进行，以便正确掌握情况。根据需要，使用检测器进行测试	问诊表

笔记

续　表

步骤	内　容	操作方法	使用工具
推测故障原因	现象判断其正常或异常，向用户耐心细致地询问真实情况。通过诊断结果，推测发生故障的原因。根据对故障原因的判断，具体开列作业内容和所需备件	遇到原因难以判明的问题，可请用户留下车辆，以便进一步深入调查故障原因	故障实例集，维修手册，备件目录

2. 如何做到明确客户的问题——听、问、说（如图 3-3-1 所示）

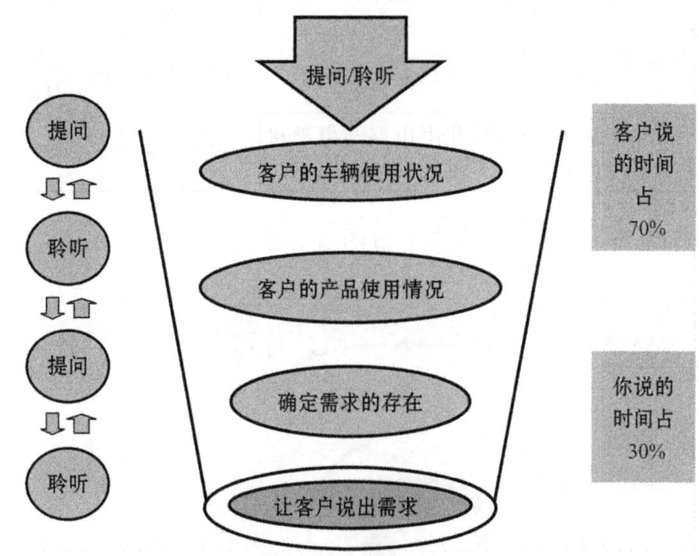

图 3-3-1　明确客户的问题

3. 与客户沟通交流时的六项重要内容（也称“5W1H”，如表 3-3-3 所示）

表 3-3-3　与客户沟通交流时的六项主要内容

1. Who(谁) 2. Where(哪里) 3. What(什么) 4. When(何时) 5. How(怎样) 6. Why(为什么)

诊断问答示例（如表 3-3-4 所示）

表 3-3-4　诊断问答示例

症状例举		有异味	没关窗户	方向盘振动	制动器发出刺耳的声音
5W1H	常用对话	回答范例			
谁 Who	发生这种情况是谁在开车？	我（驾驶员是本人）	我女儿	我（驾驶员是本人）	我（驾驶员是本人）

笔 记

续 表

症状例举		有异味	没关窗户	方向盘振动	制动器发出刺耳的声音
5W1H	常用对话	回答范例			
哪里 Where	这种现象在什么地方出现?	到处	到处	在高速公路上	到处
什么 What	你认为这一现象的原因是什么呢?	空调	乘客侧电动车窗电动机	方向盘 轮胎	我觉得是制动器
何时 When	何时发生的?	空调工作时	要关窗时	以时速 80 至 100 千米行驶时	仅在踩下制动踏板时
怎样 How	怎么会出现这种现象呢?	底板侧	窗户未完全关闭	方向盘振动颠簸	长时间制动时会出现刺耳的声音
为什么 Why	你觉得为什么出现这一现象呢?	通风孔可能有问题	供电电路与电动机的连接可能有问题	车轮失去平衡?	制动衬块损坏?

(四) 与客户进行环车检查待修车辆(如图 3-3-2 所示)

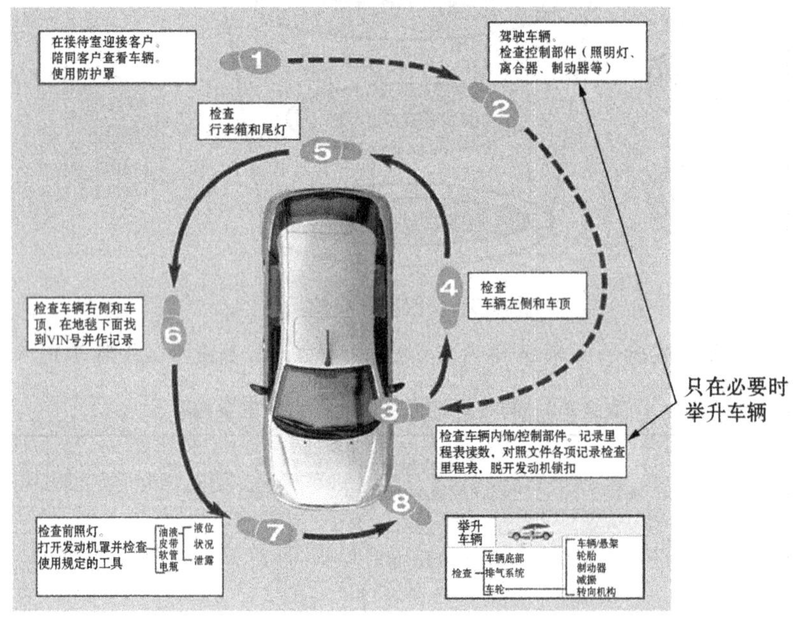

图 3-3-2 环车检查图

1. 检查车辆基本性能项目(如表 3-3-5 所示)

表 3-3-5 检查车辆起步性能项目

序号	步 骤	位 置	检 查 项 目
1	驾驶室(在维修单上记下里程数和燃油量,并拉起发动机罩和行李箱盖)	离合器踏板 制动器踏板	踏板高度、行程、回位效果、游隙
		仪表运作 发动机运转 发动机异响	温度表、机油压力表、伏特表、转速表、燃油表、警告灯 不正常声音(挺杆噪声、风扇皮带尖叫声等)

笔 记

续 表

<table>
<tr><th>序号</th><th>步 骤</th><th>位 置</th><th>检查项目</th></tr>
<tr><td rowspan="3">1</td><td rowspan="3">驾驶室(在维修单上记下里程数和燃油量,并拉起发动机罩和行李箱盖)</td><td>驻车制动器</td><td>行程、回位情况</td></tr>
<tr><td>方向盘</td><td>轴向及径向游隙</td></tr>
<tr><td>车内</td><td>私人物品(尤其是贵重物品)</td></tr>
<tr><td>2</td><td>左前车门</td><td>左前车门
左前翼子板</td><td>开启是否平顺
外部损坏</td></tr>
<tr><td rowspan="2">3</td><td rowspan="2">左前轮</td><td>轮毂盖</td><td>损坏、遗失</td></tr>
<tr><td>轮胎</td><td>损坏、轮胎花纹深度、不均匀磨损、压力</td></tr>
<tr><td>4</td><td>车辆前部</td><td>所有车灯
保险杠、前护栅、发动机罩
前挡风玻璃</td><td>损坏
车姿</td></tr>
<tr><td rowspan="4">5</td><td rowspan="4">发动机室</td><td>机油、自动变速箱油、制动和离合器油</td><td>油位、油质、泄漏</td></tr>
<tr><td>冷却液
挡风玻璃喷洗液</td><td>液位</td></tr>
<tr><td>蓄电池</td><td>电解液液位、接线柱腐蚀情况</td></tr>
<tr><td>皮带、软管</td><td>皮带张力、皮带和软管劣化或破裂</td></tr>
<tr><td rowspan="2">6</td><td rowspan="2">右前轮</td><td>轮毂盖</td><td>损坏、遗失</td></tr>
<tr><td>轮胎</td><td>损坏、轮胎花纹深度、不均匀磨损、压力</td></tr>
<tr><td>7</td><td>右前挡泥板、右前门、右后门</td><td>右前翼子板
右前车门
右后车门
右后翼子板</td><td>开启是否平顺
外部损坏</td></tr>
<tr><td rowspan="2">8</td><td rowspan="2">右后轮</td><td>轮毂盖</td><td>损坏、遗失</td></tr>
<tr><td>轮胎</td><td>损坏、轮胎花纹深度、不均匀磨损、压力</td></tr>
<tr><td>9</td><td>车辆后部</td><td>所有车灯
保险杠
后挡风玻璃</td><td>损坏
灯罩破裂
车姿</td></tr>
<tr><td rowspan="2">10</td><td rowspan="2">行李箱</td><td>备用胎
千斤顶
随车工具</td><td>是否齐全</td></tr>
<tr><td>其他</td><td>行李(高尔夫球袋等)、漏水</td></tr>
</table>

笔记

续 表

序号	步　骤	位　置	检查项目
11	左后轮	轮毂盖	损坏、遗失
		轮胎	损坏、轮胎花纹深度、不均匀磨损、压力
12	左前挡泥板、左后门	左后车门 左后翼子板	开启是否平顺 外部损坏

（五）故障诊断——初检

1. 故障诊断工作流程(如图 3-3-3 所示)

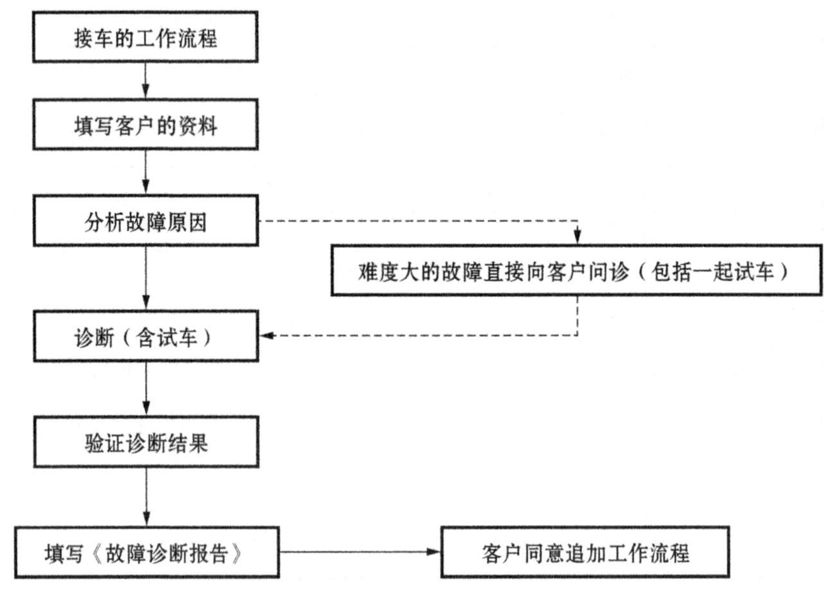

图 3-3-3　故障诊断工作流程图

2. 故障诊断工作标准(如表 3-3-6 所示)

表 3-3-6　故障诊断工作标准

诊断步骤	工作标准	管理工具	责任人
安装维修防护用具	在上车检查前,必须当着客户的面,安装维修防护用具:方向盘套、座椅套、脚垫、排挡套		服务顾问
分析故障原因	确认客户对故障现象的描述及故障发生时的情境和车辆状态	故障诊断报告	维修技师
	难度大的故障,直接向客户问诊及一起试车,与客户共同确认故障现象	故障诊断报告	维修技师
诊　断	按照维修手册上的诊断程序进行故障诊断	《维修手册》	维修技师

笔记

续　表

诊断步骤	工作标准	管理工具	责任人
诊　断	利用检测设备/仪器对可能导致故障的部位进行检查，并将检查结果记录在《故障诊断报告》上；如果检查结果由电脑打印出来，则应将结果附于《故障诊断报告》上	检测电脑 故障诊断报告	维修技师
	如果需要路试验证故障现象和判断故障原因，应邀请客户一起参加路试；同时将结果记录在《故障诊断报告》上	故障诊断报告	维修技师
	如果需要分解总成才能查明故障部位，应事先向客户说明分解总成的原因，并取得客户的同意	故障诊断报告	维修技师 服务顾问
验证诊断结果	将诊断结果和故障原因及维修项目（包括更换零件）等处理方法记录在《故障诊断报告》上	故障诊断报告	维修技师
	向服务顾问详细报告《故障诊断报告》的结果及处理方法	故障诊断报告	维修技师 服务顾问
	根据诊断结果，向客户就故障原因、维修项目和需要更换零件等进行详细说明	故障诊断报告	车间主管 维修技师
	必要时维修技师和服务顾问一起向客户说明	故障诊断报告	维修技师 服务顾问
	请客户签名确认《故障诊断报告》	故障诊断报告	维修技师 服务顾问
确认客户的维修要求	详细了解客户的愿望和需求并确定客户的需求类别： A. 定期保养、快速维修。 B. 显而易见的维修工作，如：某些零件损坏、褪色、分离或脱落。 C. 客户对诸如零部件不工作或工作不正常、噪声/振动、驾驶性能等问题的抱怨		服务顾问
	A与B将客户的维修要求及问题记录在《委托书》上	委托书	服务顾问
	在C类情况下，根据《故障诊断报告》详细询问客户，了解问题的真实情况（故障的现象和情况），了解准确的信息并确认是否有必要试车	故障诊断报告	服务顾问
	客户反映其它车辆问题，经核实后记录在《委托书》上	委托书	服务顾问
是否有必要试车	由维修技师试车：对那些不易描述的现象，如噪声、振动或驾驶性能等，由服务顾问、维修技师和客户一起进行试车	故障诊断报告	服务顾问 维修技师
	验证车辆问题：由服务顾问将验证结果记录在《故障诊断报告》上	故障诊断报告	服务顾问

笔记

续 表

诊断步骤	工 作 标 准	管理工具	责任人
是否有必要试车	向客户说明验证结果:必须向客户清楚、详细地说明车辆检验结果。并说明故障产生的原因和处理方法	故障诊断报告	服务顾问
确定维修是否在保修范围内	根据企业的保修政策,向客户说明车辆的维修项目和客户的需求是否属于保修范围内	保修卡	服务顾问 鉴定员
	如果当时很难确定是否属于保修范围,应向客户说明原因,待进一步进行诊断后做出结论。如仍无法断定,将情况上报公司待批准后做出结论	保修卡	服务顾问 鉴定员

3. 维修估价——分三种方式:现象估价、系统估价、项目估价(如表 3-3-7 所示)

表 3-3-7 维修故障方式

维修估计方式	说 明
现象估价	按故障发生的现象一次性收费,适用于疑难杂症、其他厂修过但未修好的故障。风险在于判断要绝对准确,否则会发生亏本或影响信誉
系统估价	按故障牵连的系统进行估价的方法,使用最多,质量也有保障
项目估价	按故障维修实际工时来收费,适用于个别的、车主指定要做的、非电控项目的维修估价

以上讲到三种估价方式在实际运用中要求灵活掌握。

4. 写下修理要求,估算修理费用

(1) 尽量准确地对维修费用进行估算,并将维修费用按工时费和零件费进行细化。

(2) 如果不能立即准确地估计出维修费用,应告诉客户,总费用要在对车辆进行详细诊断后给出。

(3) 告诉客户在维修过程中如果发现新的维修项目将会与其联系,以便能够得到授权进行维修。

(4) 向客户说明付费方式。

5. 向客户解释估算维修费用和承诺交车时间,并记录在提供给客户的《派工单》上

(1) 根据备件库存情况、工作次序、维修工作负荷、车辆维修作业时间,估算车辆的交付时间。如果备件缺货,则应立即通知备件部进行紧急采购,并了解到货时间。

(2) 在尽量满足客户要求的前提下商定交车时间。

6. 征得客户同意

(1) 用《委托书》向客户详细地说明每个维修项目的内容及费用的明细和承诺的交车时间。

(2) 请客户确认并在《委托书》上签字。

(3) 将《委托书》提供给客户。

笔 记

7. 安排客户休息或送别客户

(1) 客户需要等待时，送客户到休息室休息。

(2) 如果客户不需等待，则热情礼貌地送走客户。

六、接车/制单工作流程表(如表 3-3-8 所示)

表 3-3-8　接车/制单工作流程表

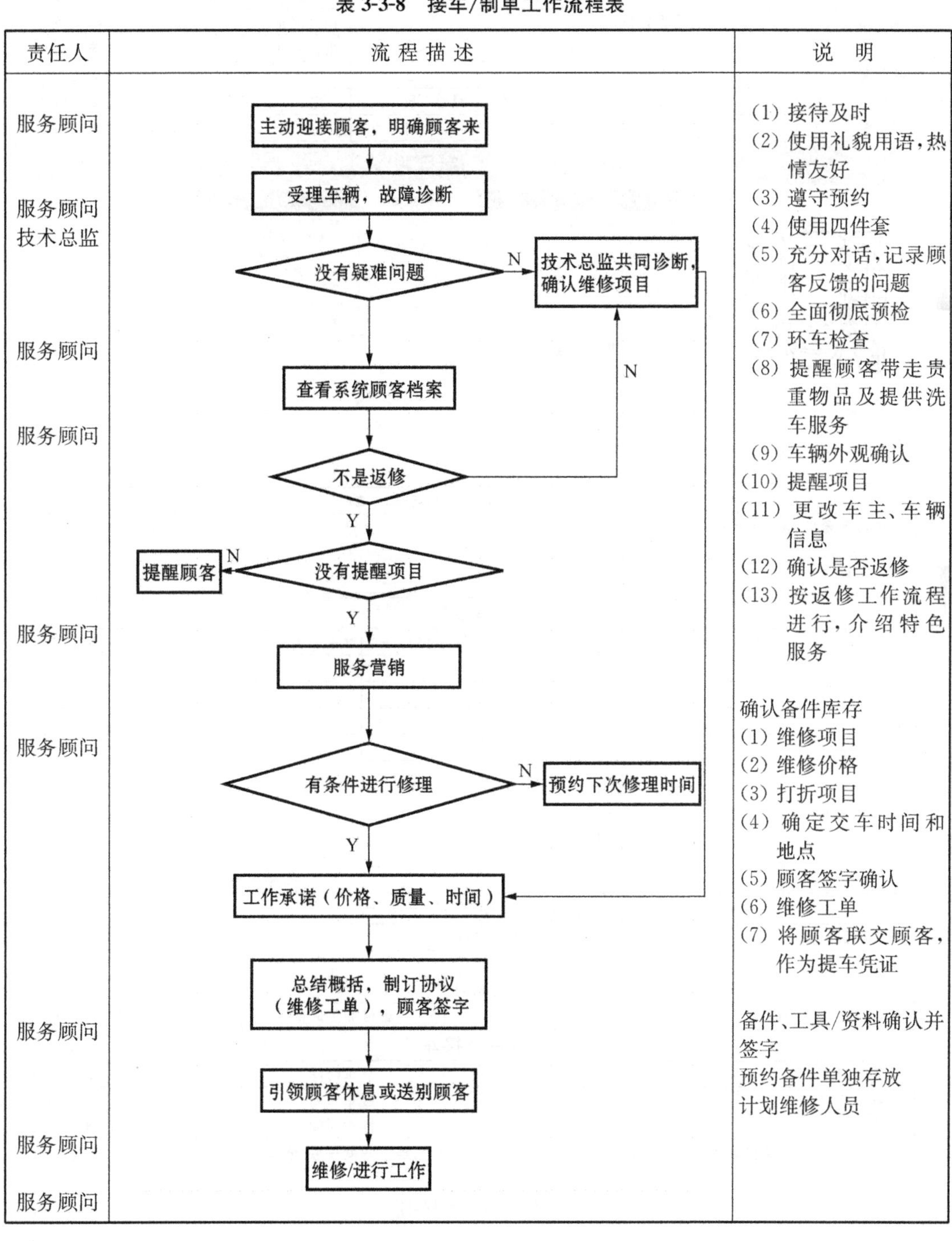

责任人	流程描述	说明
服务顾问	主动迎接顾客，明确顾客来	(1) 接待及时 (2) 使用礼貌用语，热情友好 (3) 遵守预约 (4) 使用四件套 (5) 充分对话，记录顾客反馈的问题 (6) 全面彻底预检 (7) 环车检查 (8) 提醒顾客带走贵重物品及提供洗车服务 (9) 车辆外观确认 (10) 提醒项目 (11) 更改车主、车辆信息 (12) 确认是否返修 (13) 按返修工作流程进行，介绍特色服务
服务顾问 技术总监	受理车辆，故障诊断 没有疑难问题 —N→ 技术总监共同诊断，确认维修项目 → 工作承诺（价格、质量、时间）	
服务顾问	查看系统顾客档案	
服务顾问	不是返修 —N→ 技术总监共同诊断，确认维修项目 Y ↓ 没有提醒项目 —N→ 提醒顾客 Y ↓	
服务顾问	服务营销	
服务顾问	有条件进行修理 —N→ 预约下次修理时间 Y ↓ 工作承诺（价格、质量、时间）	确认备件库存 (1) 维修项目 (2) 维修价格 (3) 打折项目 (4) 确定交车时间和地点 (5) 顾客签字确认 (6) 维修工单 (7) 将顾客联交顾客，作为提车凭证
服务顾问	总结概括，制订协议（维修工单），顾客签字	备件、工具/资料确认并签字 预约备件单独存放 计划维修人员
服务顾问	引领顾客休息或送别顾客	
服务顾问	维修/进行工作	

笔记

七、接待所使用的表格

(一) 委托书(如图 3-3-4 所示)

汽车服务站维修任务委托书

	用户姓名:	进厂时间:　　年　月　日　时　分
派工单号:	通讯地址:	预计完成:　　年　月　日　时　分
		用户希望: 洗车　□是 □否
牌照号:	联系电话:　　手机:	旧件带走　□是 □否
车型:	首保日期:　　年　月　日	跟踪　□是 □否
VIN号:	行驶里程:　　KM	旧件更换确认　□是 □否

维修前预检(目视)

外观情况	好	坏	维修
□ 附车门玻璃和风档玻璃状况	□	□	□
□ 前/后灯状况	□	□	□
□ 车身和油漆状况	□	□	□
□ 刮水器状况	□	□	□
□ 前轮轮胎的状况	□	□	□
□ 后轮轮胎的状况	□	□	□

发动机舱	好	坏	维修
□ 线束的状况(如果可以看见)	□	□	□
□ 胶皮管的状况(如果可以看见)	□	□	□
□ 发动机机油液面	□	□	□
□ 冷却液液面	□	□	□
□ 制动液液面	□	□	□
□ 助力转向液液面	□	□	□
□ 蓄电池状况	□	□	□

外观缺陷: □有 □无

说明:

故障描述(用户反映):

附件状况: 工具□ 天线□ 点烟器□ 备胎□ 千斤顶□ 轮罩□ 灭火器□

检查诊断意见(服务顾问):

修理项目

		维修内容	工时金额(元)	材料金额(元)	维修类型	完工签名	开工时间	完工时间
序号	1							
	2							
	3							
	4							
	5							
增项	1							
	2							
	3							

用户确认		预计费用合计(元)		贵重物品	

修理过程中的特殊情况

增加项目原因		维修经理		时间	年 月 日 时 分
服务顾问意见		用户确认		时间	年 月 日 时 分
不能按时完工原因		服务顾问		时间	年 月 日 时 分
质量管理员检验确认			维修完工时间		年 月 日 时 分

用户交接车

服务站交车人		交车时间	年 月 日 时 分
服务顾问交车		接车时间	年 月 日 时 分
用户接车签字		接车时间	年 月 日 时 分

此单三联:用户一联(作为接车凭证),服务顾问一联,维修车间一联(维修时此单将跟车)

图 3-3-4　委托书

笔记

(二) 车辆维修进度管理看板(如表3-3-9所示)

表3-3-9　车辆维修时间管理看板　　年　月　日

序号	客户姓名	车牌号	服务顾问	维修班组	承诺交车时间和作业时间										车辆状态						
					9	10	11	12	13	14	15	16	17	18	维修	配件	返工	待同意	终检	清洁	交车
1																					
2																					
3																					
4																					
5																					
6																					
7																					
8																					
9																					
10																					

笔记

任务 3.4 派工与维修作业

一、派工的基本要求

(1) 服务接待过程中所确定的服务项目，以《委托书》形式交车间主管，安排车辆维修工作。

(2) 确保班组维修任务分配均衡。合理利用维修时间，不应出现同工种不同班组工作量差异过大现象。

(3) 以下工作应该予以优先安排：

① 返修车辆；

② 预约进厂服务车辆；

③ 质量保修内的车辆。

(4) 车间主管必须掌握维修车间总体可有效地利用维修工作时间；掌握各维修班组可利用的维修工作时间，保证生产均衡地安排工作；掌握相关维修班组及个人的技术水平进行派工。

(5) 了解维修工作类别、工作复杂程度及标准作业时间进行妥善地派工。

二、派工作业流程

修车的时候用户就可以坐在专用休息室边喝茶边等了。如果不放心，还可以通过休息室与车间之间的橱窗看着车辆修理过程。车辆在修理时，都装备了“三垫一套”，即坐垫、脚垫、翼子板垫和方向盘护套等，防止修理时被沾上油污。

服务顾问将《委托书》一联和车辆钥匙交车间主管，车间主管向有能力完成修理任务的维修技师班组分派维修任务；车间主管将车辆移至维修班组所在的维修工位上；维修技师班组开始协作作业，并在《委托书》上记录各修理项目的开工时间；确定维修操作工艺和程序；领取零部件及辅料。

车间主管适时检查和督促维修进度、处理问题因备件暂缺或其他原因不能及时完工的，服务顾问通知责任人采取措施，并在服务系统上选择输入具体原因：

(1) 维修企业人员、工位不足。

(2) 技术能力不足。

(3) 暂无解决方案。

(4) 必备件缺货。

(5) 非必备件缺货。

完工后对车辆座舱、前舱进行清理。

维修中发现新问题：

(1) 维修技师及时报车间主管。

(2) 车间主管转服务顾问。

(3) 服务顾问就追加项目及费用向用户确认并填写《车辆追加项目单》。

笔记

三、派工的工作标准(如表 3-4-1 所示)

表 3-4-1　派工的作业标准

操作步骤	服务内容和标准	管理工具	责任人
确认服务项目	服务顾问通知车间主管提车进入工场维修		服务顾问 车间主管
	车钥匙交车间主管,车间主管将车辆开至待修区		服务顾问 车间主管
	查看《委托书》,了解具体的服务项目及每项工作所需要的作业时间	委托书	车间主管
	查看计算机系统里的配件储存情况,了解需要在仓库领用的零件	领料单	车间主管
判断是否属于优先工作	优先工作:对优先工作优先派工 (1) 返修车辆 (2) 预约进厂车辆 (3) 质量保修期内的保养车辆	委托书	车间主管
	一般工作:按照与客户商定的时间安排工	委托书	车间主管
确定维修类别	根据《委托书》的服务项目确定每项工作的维修类别	委托书	车间主管
	维修类别分为: (1) 维修大类:一般维修、保修、返修、其他 (2) 维修小类:PDI、一保、二保(以上 3 种仅适用于保修类别)、定期保养、年检、机电维修、油漆、钣金	委托书	车间主管
初步判定工作难度	根据经验,初步判定每一服务项目的作业难度	委托书	车间主管
了解承诺交车时间	把按时交车作为派工考虑的重点之一	委托书	车间主管
	根据客户同意的交车时间和工作时间,安排工作,确保按时交车	委托书	车间主管
了解维修班组的技术水平	综合上述,确认能够完成具体维修项目的班组	委托书	车间主管
	车间主管应清楚掌握车间每位维修技师的技能,合理地安排工作		车间主管
车间有效地利用工作时间	查看《预约服务管理表》,了解当天的预约情况	预约服务管理表	车间主管
	查看《维修进度管理看板》了解车间总体已经分配的工作时间(工时)、剩余的工作时间	维修进度管理看板	车间主管
	查看《每日工作分配记录表》了解各维修班组当日已经分配的工作时间、剩余的工作时间、可分配工作的时间	每日工作分配记录表	车间主管

续 表

操作步骤	服务内容和标准	管理工具	责任人
派工	优先车辆，优先安排	委托书	车间主管
	判断维修工作难、易度	委托书	车间主管
	了解承诺交车时间	委托书	车间主管
	衡量维修班组员工的技术能力		车间主管
	把工作安排给有能力完成、在客户要求的时间范围内有可分配工作时间的维修班组	委托书	车间主管
	将安排的维修班组记录在《委托书》上	委托书	车间主管
	将《委托书》交由承担车辆维修作业的班组	委托书	车间主管 班组长
领料	填写《领料单》，交由承担车辆维修作业的班组领料	领料单	车间主管 维修班组
填写维修进度管理表	完成派工后，维修车辆分配状况填写在《维修车辆进度管理表》中的“维修”栏	维修进度管理表	车间主管
跟踪维修进度	根据每个《委托书》的完工时间，向维修班组长了解工作进展情况	委托书	车间主管
	根据每个待料的到货时间，向备件部了解零件进货情况	委托书	车间主管
	根据每个外加工项目的完工时间，向外加工公司了解工作进展情况	委托书	车间主管
	根据每个洗车班组（包括清洁车内）的完工时间，向洗车班组长了解工作进展情况	委托书	车间主管
	在终检时发生返工的情况	委托书	车间主管
	由于其它原因造成影响维修进度的情况	委托书	车间主管
	了解上述 1～5 项的实施情况，填写在《维修车辆进度管理表》的相应栏中	维修时间管理表	车间主管
	如果上述 1～6 项有延误的可能性时，及时向服务顾问报告。待服务顾问征得客户同意后，重新测算完成时间，并更新《委托书》	委托书	车间主管 服务顾问

四、派工使用的表格

1. 每日工作分配记录表（如表 3-4-2、表 3-4-3 所示）

表 3-4-2　每日工作分配记录表(一般维修保养)　　　年　　月　日

序号	维修班组	工位号	车牌号	客户姓名	工作类别					工作时间											预计交车时间	完成时间
										上午					下午							
					保养	保修	年检	机修	电工	8	9	10	11	12	13	14	15	16	17	18		

笔记

续 表

序号	维修班组	工位号	车牌号	客户姓名	工作类别					工作时间											预计交车时间	完成时间
					保养	保修	年检	机修	电工	上午					下午							
										8	9	10	11	12	13	14	15	16	17	18		

表 3-4-3 每日工作分配记录表(钣金油漆维修)

序号	维修班组	工位号	车牌号	客户姓名	工作类别		工作时间											预计交车时间	完成时间
					钣金	油漆	上午					下午							
							8	9	10	11	12	13	14	15	16	17	18		

笔记

续 表

序号	维修班组	工位号	车牌号	客户姓名	工作类别		工作时间											预计交车时间	完成时间
					钣金	油漆	上午					下午							
							8	9	10	11	12	13	14	15	16	17	18		

五、车辆维修作业的基本要求

（1）车辆保护：

① 车辆进站维修前(服务顾问的责任)：确认已安装方向盘罩、前排座椅已安装座椅罩、脚垫(左、右共两张)、排挡套及手刹柄套。

② 车辆进站后(维修技师的责任)：如果需要打开发动机舱进行检查、维修，必须在发动机罩前、左、右三面安装汽车保护垫，以避免划伤车身油漆。

（2）维修项目的确认：

① 按照《委托书》的指示内容，进行修复作业；对一般维修的车辆，须按照《维修手册》的程序进行维修作业。

② 对所有定期保养车辆，按《定期保养检查项目表》进行检查。

（3）维修作业完成后，检查并记录《委托书》、《定期保养检查项目表》的每一项维修工作的结果。

（4）如有泥、水、油渍落在地面上，应立即清理。

（5）如拆卸蓄电瓶，应在完工后，将汽车音响、时钟等设备回复。

（6）如需拆卸内饰，必须保持双手清洁。

（7）如车辆使用液压千斤顶举升，须使用马凳支撑牢靠。

笔记

六、车辆维修工作流程(如表 3-4-4 所示)

表 3-4-4　车辆维修工作流程

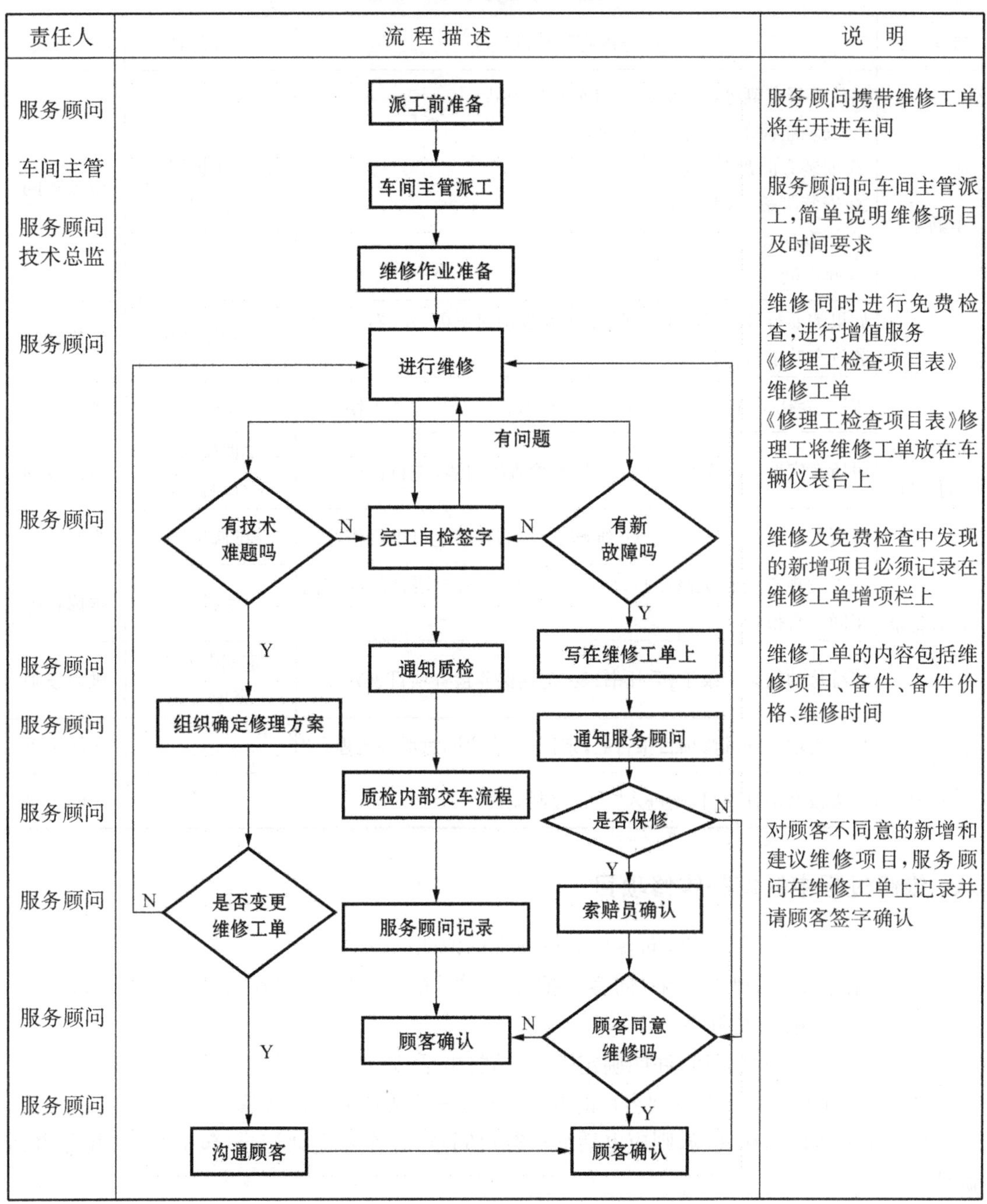

责任人	流程描述	说　明
服务顾问		服务顾问携带维修工单将车开进车间
车间主管		服务顾问向车间主管派工,简单说明维修项目及时间要求
服务顾问 技术总监		
服务顾问		维修同时进行免费检查,进行增值服务 《修理工检查项目表》 维修工单 《修理工检查项目表》修理工将维修工单放在车辆仪表台上
服务顾问		维修及免费检查中发现的新增项目必须记录在维修工单增项栏上
服务顾问		维修工单的内容包括维修项目、备件、备件价格、维修时间
服务顾问		
服务顾问		对顾客不同意的新增和建议维修项目,服务顾问在维修工单上记录并请顾客签字确认
服务顾问		
服务顾问		
服务顾问		

七、维修作业的工作标准(如 3-4-5 所示)

表 3-4-5　维修作业的工作标准

操作步骤	服务内容和标准	管理工具	责任人
车辆保护	确认是否车辆进站前装好了汽车防护用品： ① 安装座椅罩(前排 2 个座椅) ② 安装方向盘套 ③ 安装脚踏垫(前排 2 张) ④ 手刹柄套 ⑤ 排挡套	汽车防护用品(维修用具)	服务顾问
	如果需要打开发动机舱维修,必须在发动机罩前、左、右三面安装汽车叶子板保护垫	汽车保护垫	维修技师
车辆维修的项目	按照《委托书》的指示内容,进行维修前的检查及诊断工作	委托书	维修技师
	对所有定期保养车辆,按《定期保养检查项目表》进行检查	定期保养检查项目表	维修技师
	对所有一般维修车辆,按照《维修手册》的程序进行维修作业	维修手册	维修技师
检查记录维修结果	如果发现有增补维修项目,则停止工作,将需要增补的项目向车间主管报告	委托书	维修技师
	将维修的结果记录于《委托书》及《定期保养检查项目表》	定期保养检查项目表	维修技师
向车间主管报告	接到有增补的维修项目报告后,则执行“客户同意增补流程”		车间主管
	如果没有增补项目,则进入“质量控制流程”		车间主管

八、维修过程中的增补维修项目

(1) 将检查/诊断的结果,向客户进行详细的说明。

(2) 根据检查/诊断的结果,向客户把需要增补的维修项目内容、更换零件、维修费用、交车时间进行详细的说明。

(3) 得到客户的同意后,注明确定签字方式(电话、现场等)。

注意:绝对不允许在未得到客户的同意之前,进行增补项目的维修工作。

(4) 如果客户不在现场,则应电话征求客户同意,并作好电话记录(包括几点、几分电话确认)。

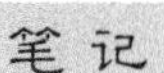

九、维修增补项目的服务流程(如图 3-4-1 所示)

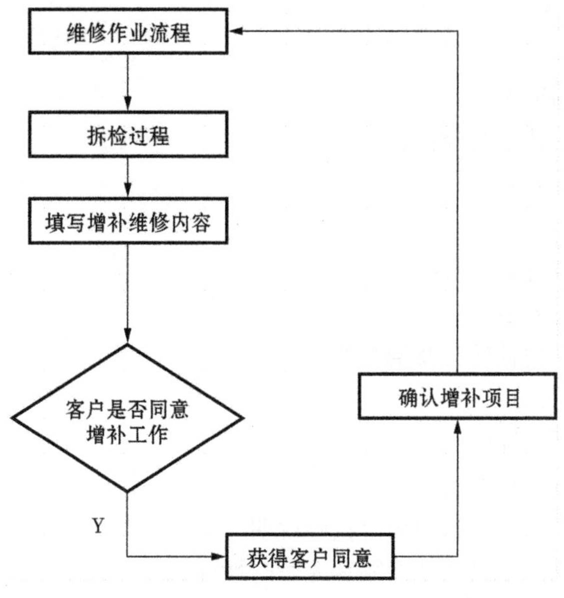

图 3-4-1　维修增补项目的服务流程

十、维修增补项目的服务标准(如表 3-4-6)

表 3-4-6　维修增补项目的服务标准

操作步骤	服务内容和标准	管理工具	责任人
检查诊断结果	将检查/诊断的结果,向客户进行详细的说明 (1) 在检查或维修保养过程中,发现的问题及需要解决的必要性 (2) 通过进行故障诊断所确定的故障原因及其解决方法	委托书	服务顾问 维修技师
增补维修内容	根据检查/诊断的结果,向客户把需要增补的维修项目、更换零件、维修费用、交车时间进行详细的说明 (1) 需要增补的维修项目及内容 (2) 需要更换的零件 (3) 维修费用(工时/零件)的估价 (4) 承诺交车的时间 (5) 如果是属于保修范围,具体按照标准进行	委托书	服务顾问
获得客户同意	获到客户的同意后,填写增补项目内容,并注明确定方式 (1) 获到客户的同意后 (2) 填写增补内容——(维修项目/更换零件/工时费/零件费/交车时间)	委托书 电话记录本	服务顾问

笔记

十一、增补项目的技巧

1. 增补前要做的事(如何避嫌)

(1) 认真执行初检。

(2) 准备好增补的证据。

(3) 准备好增补的话术及分析。

(4) 预估好费用及时间。

2. 增补时要做的事

(1) 确认问题一定可立即解决。

(2) 确认物料准备充足。

(3) 确认顾客同意增补项目及增补费用。

3. 向顾客说明的技巧

(1) 确认问题的严重性。

(2) 确认顾客听到增补的反应。

(3) 专业性高时要让车主到现场由技师说明。

(4) 当金额很高时需要设法帮助顾客先暂时性处理。

(5) 金额很高时要设法做折扣或优惠的思考。

(6) 不论顾客要不要做增补项目都要感谢顾客。

4. 一定要现在处理吗? 顾客若问这个问题时应如何回答

(1) 安全性不高时可建议下次再做。

(2) 安全性高时必须建议做,告诉顾客为什么要现在做。

(3) 若是同一个工作程序需加以说明以节省费用。

5. 可以不处理吗? 顾客若不同意处理时我们如何对待? 若是应处理而未处理,我们要如何应对?

(1) 还是要感谢顾客的选择。

(2) 将检查的结果及我方的建议写在工单上。

(3) 让顾客的决定也记录在工单上。

十二、维修中使用的表格(如表 3-4-7 所示)

表 3-4-7　定期保养作业项目表

车牌号:　　　车型:　　　行驶里程:　　　保养类别:

序号	保养项目	处理方法	处理结果
1	动力转向机、发电机皮带		
2	冷却液(液面高度及渗漏)		
3	更换发动机冷却液		

笔记

续　表

序号	保养项目	处理方法	处理结果
4	冷却系统		
5	发动机机油和机油滤清器		
6	燃料的渗漏		
7	清洁空气滤清器(干式)滤芯		
8	更换空气滤清器(干式)滤芯		
9	空气滤清器(湿式)滤芯		
10	燃油滤清器		
11	火花塞		
12	火花塞(白金)		
13	点火高压线、点火正时、分电器		
14	强制式曲轴箱通风(PCV)系统		
15	各真空管路及接头		
16	加热氧传感器(排气传感器)		
17	防止汽油蒸发系统		
18	动力转向机油(液面高度及渗漏)		
19	电瓶电量及接柱部的松动、腐蚀		
20	进气门和排气门间隙		
21	制动油、离合器油、变速箱油(油位高度及泄漏)		
22	制动油		
23	动力转向机固定部的松动		
24	排气管、消音器固定部的松动、损坏、腐蚀		
25	隔热板固定部的松动、损坏、腐蚀		
26	制动油管、离合器磨损及排气系统劣化检查		
27	转向、驱动、传动系统零件及防尘套		
28	底盘各部漏油及紧固件检查		
29	检查轮胎及紧固状况、气压(含备胎)		
30	刹车片、碟及相关组件之磨损劣化及漏油		

笔 记

续 表

序号	保 养 项 目	处理方法	处理结果
31	门锁、铰链、顶窗、发动机盖锁及后行李箱锁		
32	安全带、带扣、卷缩器、固定螺栓及调整器		
33	脚制动、驻车制动及离合器自由间隙、行程及动作		
34	轮胎换位		
35	检查尾气		
36	检查自动巡航系统真空管		
37	更换通风滤清器		
38	检查制动助力器真空管、接头和截止阀		
39	手动变速箱油		
40	自动变速箱油		
41	检查差速器油		
42	更换差速器油		

维修技师：　　　　　　　检验员：　　　　　　　日期：

笔 记

任务 3.5　维修质量检查

维修质量是企业赖以生存的重要目标，控制得好与坏直接影响到企业的品牌提升，影响今后生意是否长远发展的重要因素，也是客户最为关心的问题，所以企业在经营过程中必须提高车辆故障一次修复率服务指标，减少返修的投诉发生，增加顾客满意度。

一、维修质量控制的基本要求

(1) 所有入站维修保养的车辆，都要实施三级检验制度(维修工人的自检、维修班组长的检验、总检人员的终检)。

(2) 终检时按照《委托书》、《定期保养检查项目表》，进行检查每一项维修项目；每一个完工的维修项目都要完成客户的要求及符合维修技术要求。

(3) 将总检的结果记录在《委托书》、《定期保养检查项目表》上并签字。

(4) 若检查到完工的维修项目不符合维修技术标准，则必须返工。

(5) 所有最终质量检查报告单的返工记录，必须向服务经理汇报。

二、维修质量检验的工作流程(如图 3-5-1 所示)

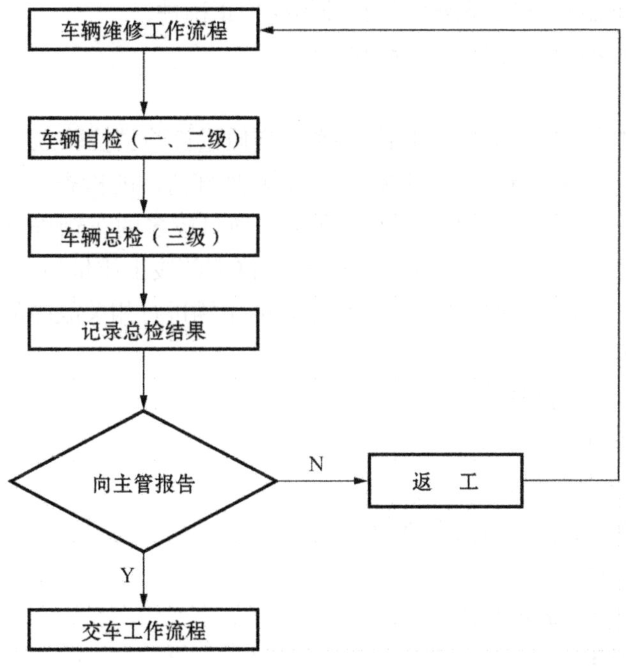

图 3-5-1　维修质量检验的工作流程

三、检验的基本内容

1. 自检/互检

(1) 对车辆进行维修、保养操作过程中，同班组维修技师之间互相检查、提醒、指导、

笔记

督促；

① 操作结束之后，维修技师自检；

② 检查更换上去的零部件是否有效；

③ 检查更换下来的零部件是否确实损坏；

④ 反思更换下来的零部件损坏是否会导致该故障。

(2) 自检之后，维修技师之间互检：

① 检查该故障是否再现；

② 检查被拆装部位接口是否完好；

③ 检查被拆装线路连接是否完好；

④ 检查被拆装部件的力矩（车轮、发动机、转向机、悬置等）是否准确。

(3) 发现还存在没有完全解决的问题则需再检修。

2. 巡检

(1) 技术总监在车间巡视，观察各维修班组的工作表现。

(2) 每日定量间隔抽查10～30台在修车辆，重点是互检异常较多和较少的班组所作业的车辆。

(3) 对疑难故障，重点询问维修技师的诊断、理清思路。

(4) 对一般故障或简单拆装，重点询问维修技师相关拆装参数及方法。

(5) 使用关键仪器时，重点观察维修技师的操作正确性。

(6) 在维修技师不清楚时给予指导、纠正。

3. 终检

(1) 维修技师维修、保养车辆完工后，将车辆交质量检验员检验，层面有三：

粗检：对所竣工车辆进行故障的粗略检查和内、外部清洁的检查；

抽检：每日定量抽取5～10辆保养车辆和维修项目较多的车辆进行全面检验，对《机动车维修管理规定》要求的二级维护、总成修理、整车修理的竣工质量检验。

全检：对所有安全部位、总成零部件发生故障的车辆进行相关故障的检验。

(2) 检验操作包括：

试车判断故障是否再现；

检查是否产生新的故障；

拆装部位连接是否到位；

保养操作有否缺项、还是否完全到位；

车辆的内、外部清理；

是否对车内、外产生表面伤害；

不合格则需返修；

返修结束后再次检验；

合格后方可做交车前准备；

在《委托书》上签字。

笔记

四、维修质量检验的工作标准(如表 3-5-1 所示)

表 3-5-1　维修质量检验的工作标准

操作步骤	服务内容和标准	管理工具	责任人
车辆检验制度(三级检验)	对所有进站维修保养的车辆,必须实施三级检验制度		质检员 维修技师
	总检:按照《委托书》及《定期保养检查项目表》指示的每一项维修项目,进行检查 ※ 一般维修(除钣喷以外):《委托书》 ※ 定期保养:《委托书》及《定期保养检查项目表》	委托书 定期保养检查项目表	质检员
	检查客户要求的维修项目或故障是否完成(是否有必要进行路试)		质检员
	每一个完工的维修项目都要完成符合《维修手册》的技术要求	维修手册	质检员
记录车辆检验结果	将总检结果的内容完整无缺地记录在《委托书》及《定期保养检查项目表》上并签名	委托书 定期保养检查项目表	质检员
	检查完工的维修项目结果不符合维修技术标准,返工时应在《最终质量检查报告单》中记录返工原因及必要措施	维修手册 最终质量检查报告单	质检员
	如果维修技师填写的《委托书》及《定期保养检查项目表》的内容不完全,则要求补充完全	委托书 定期保养检查项目表	质检员
向车间主管报告	将总检结束的竣工车辆《委托书》及《定期保养检查项目表》向车间主管汇报	委托书 定期保养检查项目表	质检员 车间主管
	需要返工的《委托书》,应向车间主管详细汇报	委托书	质检员 车间主管
返工	由车间主管重新分配工作	委托书	车间主管
	每天发生的返工以《最终质量检查报告单》向服务经理报告	最终质量检查报告单	服务经理

五、一次修复率控制流程(如表 3-5-2 所示)

表 3-5-2　一次修复率控制流程

业务流程	控 制 流 程	记录与整改流程
接车	记录工单时应忠实于客户描述的原意,并注重询问客户车辆故障发生时的现象、日常使用习惯、故障发生频率及条件	

笔记

续 表

业务流程	控 制 流 程	记录与整改流程
诊断	明确判断故障后进行维修； 如出现较难重现、新的或暂时难以准确判断的故障，应查阅相关技术资料，或由技术骨干协助判断	对新的问题、疑难杂症或暂时难以准确判断的故障应予以记录
维修	无工单的车辆一律不准进车间； 维修作业时，技术人员应在完全了解车辆故障原因的基础上，严格按照维修手册进行维修； 树立质量第一的思想，实行上下工序互检方式； 当维修过程中一旦发现维修方案有偏差或其他故障隐患，应及时与车间主管、服务顾问联系，并改正维修方案	
质检	维修完成后，应严格执行三级质检制度，车间主管对维修完工车辆进行抽检（常规保养车辆、常规修理车辆、事故车修理）	维修完成后，车间主管应针对一些疑难杂症或新问题进行故障原因的分析、记录
返工	发现故障未解决或未达到质量要求	
	质检人员应填写返修处理记录表，随同原工单退回给维修班组进行返工，重新进入维修质检流程	质检人员对于出现的返工项目予以记录，每周进行汇总上报给车间主管，车间主管作出具体分析
返修	车辆开出车间后，如再次发现故障，查阅上次维修记录，确认是否为返修项目	
	如属返修项目，应开具维修工单（应标明返修标志）和返修处理记录表交车间维修，并在车顶上放置返修标识牌； 如属非返修项目，则进入正常修理流程	返修车处理记录表由服务经理存档，定期（每周至少1次）与车间主管/技术主管共同分析返修原因及所采取的对策并记录； 车间主管和服务经理共同召集相关人员针对未能一次修复的案例，每周组织一次专项技术交流； 服务经理每月组织所有服务体系员工开会，讨论一次修复与准时完工的绩效、管理、技术通报、返修改善的措施； 技术主管收集返工/返修案例作为内训教材； 车间主管每月汇总填写返修车月报表
返修后交车	维修完后，维修工单（应标注返修标志）和返修处理表交服务经理审核后方可交车	各种新问题、疑难杂症及返修问题的解决方案及故障原因及时反馈到上级

六、质量控制表格的使用

（1）返修车处理记录表（如表 3-5-3 所示）。

笔记

表 3-5-3　返修车处理记录表

返修□　　　　返工□　　　　年　　月　　日

编号：

<table>
<tr><td>车号</td><td colspan="2"></td><td>车型</td><td></td><td>客户</td><td></td><td>保修期</td><td></td></tr>
<tr><td>原操作者</td><td colspan="2"></td><td>原班组长</td><td></td><td>原服务顾问</td><td></td><td>本次服务顾问</td><td></td></tr>
<tr><td>检修项目</td><td colspan="8"></td></tr>
<tr><td>返修原因</td><td colspan="8"></td></tr>
<tr><td rowspan="2">采取对策</td><td>返修操作者</td><td></td><td>指导员</td><td></td><td>返修费用</td><td></td><td>实施教育训练参加人员</td><td></td></tr>
<tr><td colspan="3">(1) 返修作业内容评述
(2) 采取对策
(3) 返修后状况
(4) 是否需要技术支持
(5) 返修处理结果
(6) 返修分析与总结</td><td colspan="5"></td></tr>
<tr><td>服务经理</td><td colspan="2"></td><td>车间主管</td><td></td><td>班组长</td><td></td><td>返修操作者</td><td></td></tr>
</table>

(2) 最终质量检查报告单(如表 3-5-4、表 3-5-5 所示)。

笔记

表 3-5-4　质量分析月报表　　　　年　　月

<table>
<tr><td>维修总台数</td><td>受检工单数</td><td>内返数</td><td>外返数</td><td>复检工单数</td><td>车辆受检率</td><td>内部返修率</td><td>外部返修率</td><td>一次修复率</td></tr>
<tr><td></td><td></td><td></td><td></td><td></td><td></td><td></td><td></td><td></td></tr>
<tr><td>维修中存在的问题及原因分析</td><td colspan="8"></td></tr>
<tr><td>预防与纠正措施</td><td colspan="8"></td></tr>
</table>

笔记

表 3-5-5　最终质量检查报告　　日期：　　总检：

序号	委托书号	服务顾问	维修班组	检查结果		工作内容	质检意见
				通过	不通过		
1							
2							
3							
4							
5							
6							
7							
8							
9							
10							
11							
12							
13							
14							
15							

七、全面质量管理

1. 目的

服务管理日常化、指标化，及时发现服务问题及时整改，提高用户满意度。

2. 范围

适用于所有接待、维修及保养服务过程。

3. 职责

① 综合管理员负责每日“5S”检查及相关报表的收集或编制；

② 服务顾问负责接待用户；

③ 服务经理负责受理现场用户抱怨及审核服务顾问当日产生的单据；

④ 维修经理负责维修进度管理；

⑤ 总经理负责分析管理目标差异，组织制定措施并实施改进。

4. 内容

(1) 收集数据。

① 每日下班前，相关人员根据各自工作范围收集、统计及计算相关数据；

笔记

② 根据《每日现场"5S"检查报告表》，综合管理员统计相关扣分值；

③ 服务经理对当日产生的《委托书》进行审核，统计开单正确性、诊断准确性、估价符合性；

④ 服务经理统计未及时接车率和未及时交车率；

⑤ 仅因车辆故障不能诊断或不能解决时，应据此计算需报告问题率；

⑥ 缺少备件影响交车时，服务顾问统计备件缺货率；

⑦ 综合管理员收集《每日维修质量巡检异常报表》，并分别统计巡检异常率和终检异常率；

⑧ 根据《用户抱怨信息登记表》，统计抱怨次数、抱怨率和抱怨关闭率；

⑨ 根据服务准确性情况，统计返修次数、返修率和返修责任损失费用；

⑩ 编制日报表。综合管理员每日于下班前收集上述数据，编制《全面服务质量管理每日报表》(如表 3-5-6 所示)，经服务经理审核后报总经理。

(2) 寻找问题指标。

当日总经理对《全面服务质量管理每日报表》进行分析，确定问题指标：

① 数值过高过低；

② 比率过高或过低；

③ 对问题指标的责任人，总经理当日邀请服务经理、车间主管或技术总监进行面谈，了解、分析原因，制定改进措施或方案。

(3) 工作改进。

根据制定的改进措施或方案，服务经理、技术主管或技术总监组织实施。

(4) 长期观察。

对某项或若干项目指标，总经理可授意综合管理员制定长期趋势图，判断各指标数据的进展趋势及工作改进成效。

表 3-5-6 全面服务质量管理每日报表

		全面服务质量管理每日报表				
				200 年 月 日		
序号	指标类别	指 标	计算方法	数值		主要事件
				今日	昨日	
1	环境质量指标	入口环境扣分	根据《每日现场"5S"检查报告》统计			
2		业务接待室扣分				
3		服务顾问素养扣分				
4		用户休息室扣分				
5		维修车间扣分				
6		维修机工素养扣分				
7		洗手间环境合格率				

笔记

续 表

全面服务质量管理每日报表				200 年 月 日		
序号	指标类别	指 标	计算方法	数值 今日	数值 昨日	主要事件
8	服务顾问能力指标	开单正确性	不正确数/所有委托书数			
9		诊断准确性	不准确数/所有委托书数			
10		估价准确性	不准确数/所有委托书数			
11	服务准确率	需报告问题率	报告次数/所有委托书数			
12		巡检异常率	异常次数/所有委托书数			
13		终检异常率	异常次数/所有委托书数			
14		返修责任损失费用	因涉及返修产生的责任损失费用			
15		返修率	返修次数/所有委托书数			
16	服务及时性指标	未及时接车率	次数/所有委托书数			
17		未及时交车率	次数/所有委托书数			
18		缺货率	缺货车次/所有委托书数			
19	用户满意指标	抱怨率	抱怨次数/所有委托书数			
20		抱怨关闭率	当日次数/当日应关闭抱怨次数			

笔记

任务 3.6 交车结算

一、竣工、交车工作的规范要求

1. 交车前的资料准备(1 小时前)

(1) 书面确认维修工作是否每件都已经完成。

(2) 检查工单上客户提出的所有项目,确认顾客的要求已经达到。

(3) 核对维修费用,原始估价和实际是否相符。

(4) 检查车辆的外观、性能和内饰的清洁。

(5) 电子设施是否归位。

(6) 通知顾客来提车,并完成车辆维修结算单的打印和核对工作。

2. 车内外清洁

(1) 洗车。

(2) 清洁车内饰物。

3. 交车的技巧

(1) 顾客到达时要热情问候。

(2) 向客户详细说明维修、保养的内容,展示更换的零件,解释说明已完成的工作和费用。

(3) 向客户说明、证实已经解决了所提出的问题。

(4) 询问客户被更换旧零件的处理方法(旧件是否回收)。

(5) 当着客户的面取下汽车防护用品(维修五件套),并提醒下次保养的大概时间和里程。

二、交车/结账工作流程(如图 3-6-1 所示)

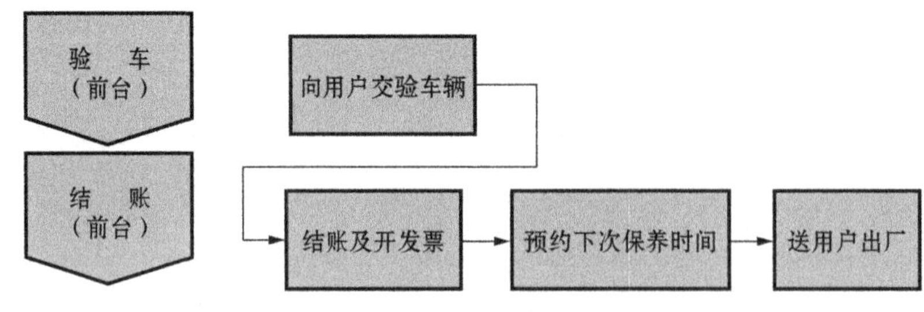

图 3-6-1 交车/结账工作流程

1. 结账

(1) 引领客户去结算车辆维修费用。

(2) 打印结账清单提交用户。

(3) 向用户说明维修费用。

(4) 请用户核查维修费用。

笔记

(5) 收费，开具、打印发票。

(6) 开具车辆出站凭证。

2. 向客户解析下次预约定保的事项

(1) 告知用户其车辆某些零件的剩余使用寿命。

(2) 测算下次回厂定保时间。

(3) 与用户预约下次定保时间。

(4) 宣传定期保养和预约的好处。

3. 送别用户

客户验车/结完账后，客户要离开企业时，要与用户话别，并询问合适的电话访问时间，送客户到车上，引导用户车辆出厂离去，声音响亮地道别，为客户引导交通，握手或挥手送行，并目送客户离开。

三、竣工交车工作流程(如图 3-6-2 所示)

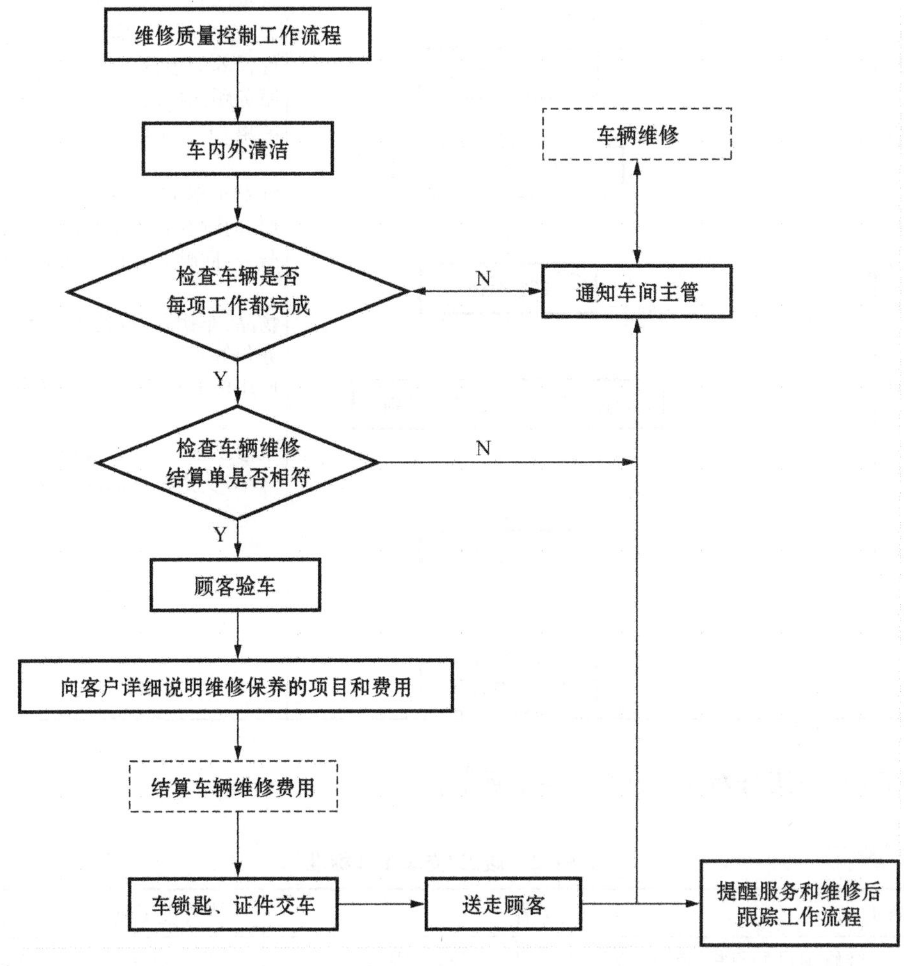

图 3-6-2　竣工交车工作流程

笔记

四、竣工/交车工作流程图(如表 3-6-1 所示)

表 3-6-1 竣工/交车工作流程图

责任人	交车/结账流程图	说明
服务顾问	通知顾客取车	服务顾问当顾客面取下保护用品 针对维修工单维修项目与顾客一起验车 向顾客出示旧件
服务顾问	陪顾客验车是否合格?(N:外部返修流程→通知顾客取车;Y:继续)	依据系统导出《结算清单》向顾客解释维修费用内容,告知增值项目
服务顾问	解释维修费用,打印结算单	依据维修工单、《修理工检查项目表》提醒项目,再次提醒顾客下次维修保养的项目及时间
服务顾问	提醒顾客项目	服务顾问再次确认,请顾客在《结算清单》上签字确认
服务顾问	顾客签字、结账	针对车辆状况,按照《车主关爱手册》向顾客介绍维修保养常识,特色服务,向顾客宣传预约的好处
服务顾问	顾客关怀	物品:车钥匙、行驶证、保修手册、服务包等 使用标准礼貌用语,目送顾客离店
服务顾问	返还物品,陪同取车、送别	维修工单《修理工检查项目表》、《结算单》交由客服部统一存档
服务顾问	顾客信息入档	
	跟踪工作流程	

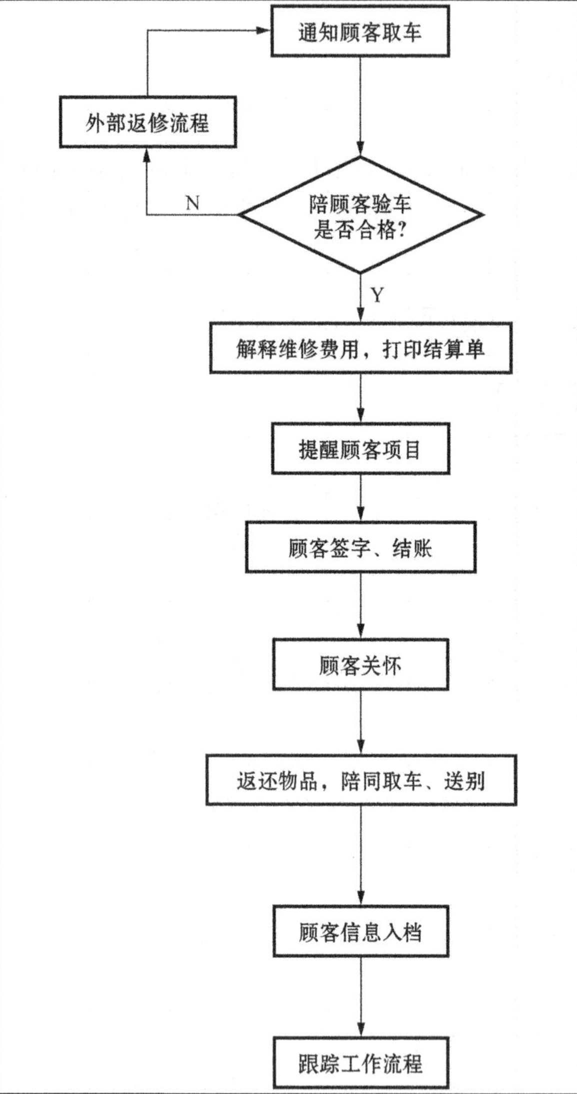

五、竣工/交车工作标准(如表 3-6-2 所示)

表 3-6-2 竣工/交车工作标准

操作步骤	工 作 内 容	管理工具	责任人
车辆移交前台	维修项目的复核:确认《委托书》上手工填写的内容	委托书	车间主管
	将检验合格的车辆停放至“车辆竣工区”。将维修工单、车钥匙交车间主管		总检 车间主管

笔记

续 表

操作步骤	工 作 内 容	管理工具	责任人
车辆移交前台	将车辆开移至维修部出口		车间主管
	将《委托书》、《车辆故障诊断报告》(如果有的话)交服务顾问。将车辆钥匙交服务顾问管控	委托书 车辆故障诊断报告	车间主管 服务顾问
确认书面工作	检查《委托书》以确保客户委托的所有维修保养项目的书面记录都已完成	委托书	服务顾问
	如果发现有未完成的工作,应立即通知车间主管安排返工,具体按照以上派工工作标准进行		服务顾问 车间主管
检查车辆	实车核对《委托书》以确保客户委托的所有维修保养项目在车辆上都已完成 ① 如果还有不清楚的地方,询问维修技师,特别是与感觉有关联的问题,要向维修技师或检验员确认试车过程中车辆的状况 ② 如果遇到返修工作,要特别注意了解是否已真正解决了返修的问题	委托书	服务顾问 检验员 维修技师
	如果发现有未完成的工作,应立即通知车间主管安排返工,具体按照以上派工工作标准进行		服务顾问 车间主管
	确认车辆内外清洁度		服务顾问
	确认从车辆上更换下来的旧零部件		服务顾问
	其他检查。除车辆外观外,还应包括无灰尘、油污、油脂,不遗留抹布、工具、螺母、螺栓等		服务顾问
检查书面工作	检查车辆维修费用并结算费用	结算单	服务顾问
	在《质量保修手册》中记录已进行了定期保养		服务顾问
	通知客户提车		服务顾问
向客户说明维修内容及费用	详细说明每个维修保养项目的工作过程及结果 ① 故障原因分析及故障处理方法 ② 更换的零件	结算单 委托书	服务顾问
	详细说明维修费用 ① 总费用 ② 总零件费、总工时费 ③ 每项工作分别包含的零件费、工时费	结算单	服务顾问
	根据《委托书》上的“建议维修项目”向客户说明这些工作是被推荐的,并记录在《车辆维修结算单》上,以备将来参考	结算单 委托书	服务顾问
	对《保修手册》上的记录进行说明(如果有)	服务管理手册	服务顾问
	向客户介绍增值服务项目(如果有),说明已经完成且是免费的	结算单 委托书	服务顾问
	提醒客户下次保养的时间和里程		服务顾问
向客户证实问题已解决	客户要求,视情况与客户进行实车(包括试车)确认证明故障已经排除	委托书	服务顾问
	如果发现有未完成的工作,应立即通知车间主管进行返工,具体按照派工工作标准进行	委托书	服务顾问

笔记

续 表

操作步骤	工 作 内 容	管理工具	责任人
结算维修费用	请客户在《车辆维修结算单》上签字确认	结算单	服务顾问
	带客户去结算维修费用	结算单	服务顾问
交车	客户付款后，陪客户取车，车钥匙交客户		服务顾问
	当客户的面，拆下维修五件套	维修五件套	服务顾问
	请客户确认更换下来的零部件（不含保修零件）并询问对其处理方法		服务顾问
	询问客户的联系方式是否有变，如有，请客户赐名片，并更新在《客户服务档案》上	客户服务档案	服务顾问
	向客户说明如有任何问题可以与本公司联系，向客户赠送《服务联络表》	服务联络表	服务顾问
	将客户送到门口，并表示感谢，目送客户离开		服务顾问

六、交车/结账流程规范与技巧篇

1. 规范

（1）服务顾问应该亲自交车给自己负责的客户。

（2）事先做好 PDI，保证交车时客户不会发现问题。

（3）服务顾问陪同交车，对应结算单做到合理的解释。对于客户要带走的旧件，交待清楚，送客户离开。

对于保养提醒和维修建议（含质量保证卡），应该由服务顾问征询客户的意见合贴/挂到合适的地方。

2. 完工结算

（1）完工的结算，前提是服务顾问已经接到签字完全的工单，并且带有质量保证书的车辆和钥匙。

（2）由服务顾问出具结算单。

（3）服务顾问应该清楚车辆的停放位置。原则上由路试检验停放后交车给服务顾问，交车人（可能是洗车人）同时标明车位号。

3. 审核通知

（1）服务顾问根据维修工单，审核结算项目。

（2）审核后，应及时通知客户（等待的或不在现场的）。

4. 结算解释

（1）用客户可以理解的语言。

（2）建议下次保养时间和根据工单上的维修建议，解释为什么需要这样做。

5. 收取费用

（1）确认结果，根据结账清单说明修理内容的费用款项。

（2）操作方法一：首先分项说明备件、工时、油脂等的所需费用，然后算出合计金额。

（3）操作方法二：收款后，应立即开出发票。

笔 记

(4) 操作方法三:如用户要求,应归还所换备件。

(5) 必要物品:结账清单。

6. 付款放车

(1) 得到客户认可后,请客户在结算单上签字。

(2) 引导客户到付款台,服务顾问携带工单、结算单、保养检单和填好的质量保证书,车辆检查单由服务顾问保存存档。

(3) 收银员根据结算单款额收款分单,开具放行条。

7. 交车注意事项

(1) 保证在客户前来提车前已经将所有单据和文件准备完毕。

(2) 单据应整齐、清晰、便于客户理解。

(3) 给顾客留有充足的时间。

(4) 车辆在竣工区应当处于车头朝向顾客离开的方向。

(5) 当顾客面拆除"五件套"。

(6) 应当同样以第一次接待顾客的姿态接待顾客。

(7) 约定服务跟踪时间和方式。

(8) 告知顾客再发生问题时及时联系的方式。

8. 结账送别客户后的资料整理

综述:

(1) 可以这么说,送走了客户,我们的服务工作只完成了一半。

(2) 对于该客户管理,仅是今后工作的开始。

(3) 资料整理后便于以后的工作。

(4) 计划短期或长期工作,都基于本步骤的是否落实。

整理进度:

(1) 进度涉及当日客户的处理,需要首先进行。

(2) 将已离开的客户的信息从控制板上取消或修正。

(3) 在个人当日计划/记录表上表明情况。

档案整理:

(1) 补充以前不足的客户信息档案,设定关怀提示。

(2) 维修建议或提醒录入,并设定下次来厂的预计时间计算、计划预约时间。

(3) 将需要存档的单据,合订后暂存。本日工作结束时交客服。

(4) 如果无DCS,需要在预约/计划表上注明预约/提醒时间。

报表计划预约:

(1) 将需要统计的数据填入统计/报告表。

(2) 在计划表上,分析明日和本周的预约/任务情况。

(3) 分析本日的失误或投诉,找到原因,加以提高。

(4) 对于应该本日预约的项目进行预约或为任务计划提前预约,加强联系。并对需要今日回访的客户进行回访。

笔记

任务 3.7 客户关系档案整理

一、客户档案在服务流程中使用(如图 3-7-1 所示)

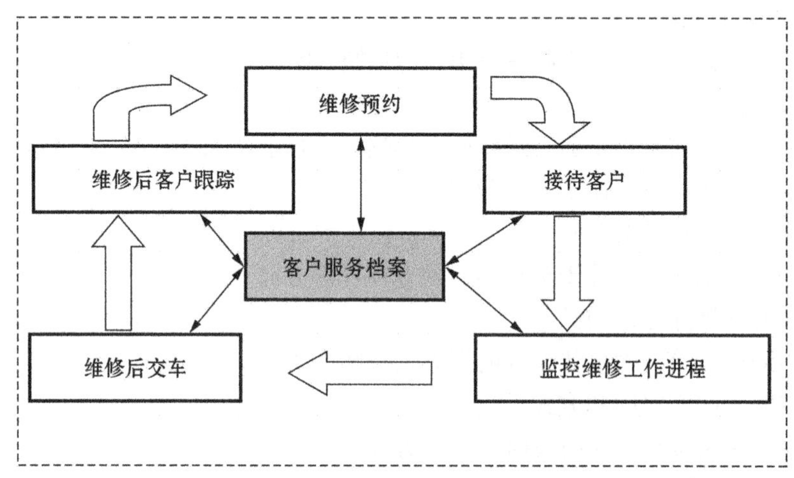

图 3-7-1 客户档案在服务流程中使用

客户关系管理:通过将客户进行分类,然后针对不同类别客户制定相应的服务策略,在日常客户服务流程中进行有效的实施,从而提升客户服务品质,增加客户满意度与信任度,增加企业经营效益。

客户关系管理要素如图 3-7-2 所示。

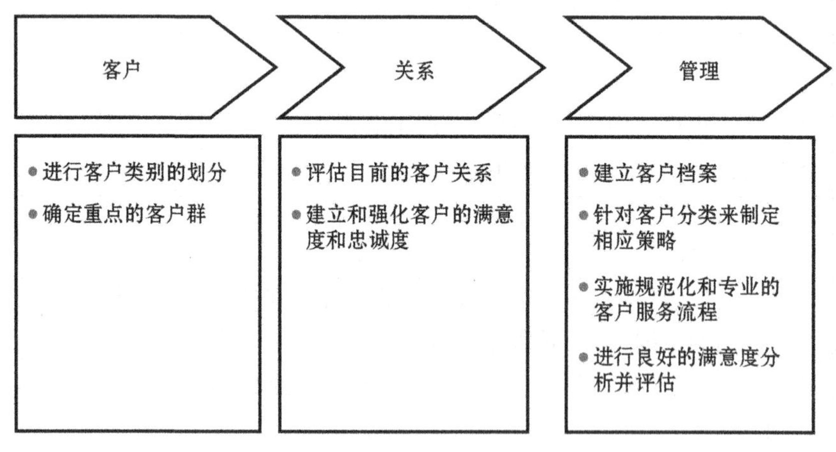

图 3-7-2 客户关系管理要素

二、客户档案的来源

1. 客户从特约经销店的销售部购买了新车/旧车
2. 客户从其他销售点买的车,第一次来特约经销店维修

建立关系后,客户服务专员应着手对每一位用户建立《用户个性化档案》,对此后与用户

接触过程中用户所表现出的特质或典型事件，服务顾问应及时记录并将信息转到客户服务专员，以维护更新用户个性化档案。

客户服务专员定期(每月)或不定期对用户个性化档案维护后进行刷新，对档案中的累加值系统将自动进行更新(如图 3-7-3 所示)。

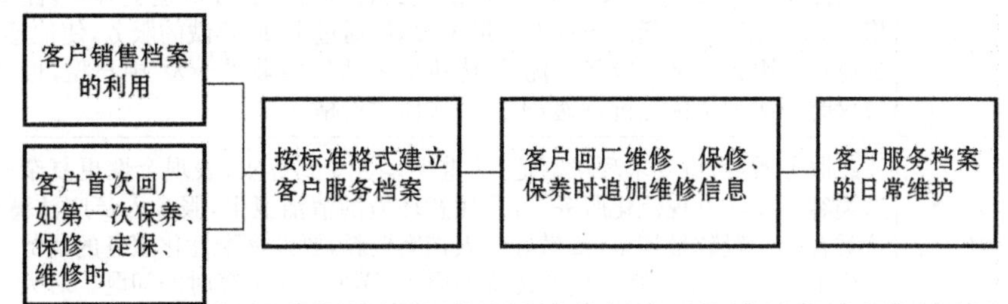

图 3-7-3 客户个性化档案

三、建立客户档案的好处

(1) 正确进行车辆维修和保修。
(2) 规范客户投诉处理。
(3) 提高维修市场运营效率(包括定期维护提醒)。
(4) 及时通知保修期限。
(5) 及时通知产品改型。

四、档案建立的目的

(1) 建立用户关系。
(2) 了解目标用户及其个性化需求。
(3) 提供有针对性的服务以提高用户满意与信任。
(4) 发掘服务需求，提升获利水平。

五、客户分类

1. 客户的分类有很多方式，如表 3-7-1 所示

表 3-7-1 客户的分类

<table>
<tr><td>分类方式</td><td colspan="12">分 类</td></tr>
<tr><td>车辆的档次</td><td colspan="3">高档车客户</td><td colspan="3">中档车客户</td><td colspan="3">中低档车客户</td><td colspan="3">低档车客户</td></tr>
<tr><td>车辆的数量</td><td colspan="3">大户型客户</td><td colspan="3">中户型客户</td><td colspan="3">小户型客户</td><td colspan="3">散户型客户</td></tr>
<tr><td>客户的属性</td><td colspan="3">公务车客户</td><td colspan="3">保险车客户</td><td colspan="3">私家车客户</td><td colspan="3">出租车客户</td></tr>
<tr><td>贡献度</td><td colspan="4">一般客户</td><td colspan="4">重要客户</td><td colspan="4">金牌客户</td></tr>
<tr><td>客户的表现</td><td colspan="4">要求型</td><td colspan="4">困惑型</td><td colspan="4">激动型</td></tr>
<tr><td>客户的性别</td><td colspan="6">男性</td><td colspan="6">女性</td></tr>
</table>

笔记

以客户的车辆档次分类，分析客户的类型（如表 3-7-2 所示）。

表 3-7-2 客户类型

客户类型	分析说明
高档车客户	注重品质服务；注意环境舒适性；注重受到特别尊重。针对这类客户，注意服务的规格要高，要细致、周到。服务人员形象要好，通过主动、热诚的服务，使他感到优越，受到尊重。服务价格上应坚持优质、优价的做法。如果属于大、中户型，也可以在签定协议时一次承诺优惠价待遇，不宜每次商讨价格
中档车客户	注意服务质量，也要求环境舒适性，重视是否受到尊重，表现个性更复杂一些。针对这类客户要注意规范化服务到位，注意环境的清洁卫生，服务人员应注意礼节礼貌。这类客户一般数量较多，要做好个人档案资料，要发挥个性化服务的优势作用。服务价格上要准确，也应坚持优质优价的原则，谨慎处理结算时的问题。对大、中户型，一般在签定协议时一次协议好价格
中低档车客户	注重服务的质量、速度、价格，希望有舒适的环境和受到礼遇。针对这类客户要满足客户特别提出的要求，比如工期或价格，在维修质量有保证的前提下，尽可能缩短工期，适当加强用车技术指导（可以引导维修消费）
低档车客户	特别注重维修价格、注重服务单位的办事效率。针对这类客户，在坚持保证质量的前提下给予优惠价格服务。服务过程必须规范化，不可简化服务环节，适当加强用车护车的技术指导

2. 客户的构成（如图 3-7-4 所示）

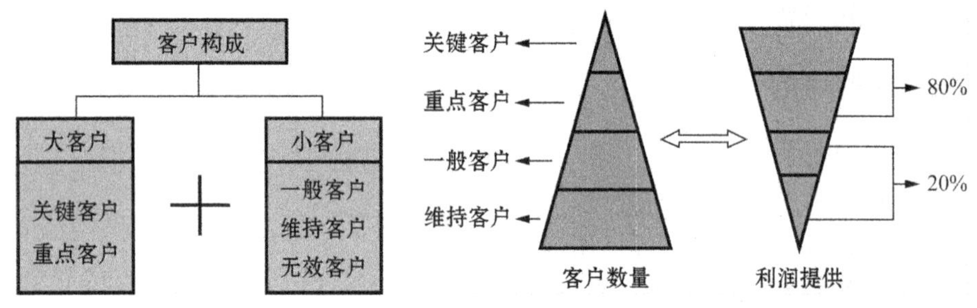

图 3-7-4 客户的构成

区分客户或将客户分级，使企业节约时间并更有效地利用有限资源，对客户采取更有针对性的服务

3. 常用的客户分析和分类方法——客户 ABC 分析方法

(1) 将客户按实收金额大小顺序排列，从第一名排到最后一名。

(2) 将全部客户的实收金额予以累计。

(3) 进行客户分级：

① 从最高消费金额客户开始累计，累计金额占总金额 80%以内的客户称为关键客户或重点客户；

② 如此类推，累计金额占总金额 80%～95%的客户称为一般客户；

③ 累计总金额在 95%～100%的客户成为维持客户（如图 3-7-5 所示）。

注：原则上每月或每个季度做一次 ABC 分析，要注意客户名次的变化，如上升太快或下降太快，均需分析原因。

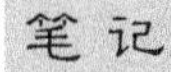

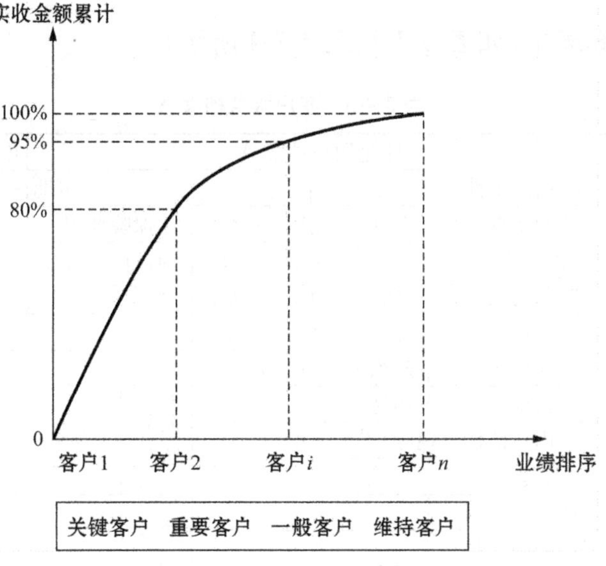

图 3-7-5　客户 ABC 分析方法

优点:清楚地确定了客户的重要程度;

缺点:不清楚客户的发展潜力。

六、建立"一对一"关系

对新购车用户,销售顾问应在交车前将用户介绍给一位服务顾问,由服务顾问介绍服务相关情况,并填写《"一对一"顾问式服务卡》(如图 3-7-6 所示)。

对新进站用户,服务顾问或与用户签订《"一对一"顾问式服务卡》介绍服务相关情况,或赠送名片贴在《"一对一"顾问式服务卡》上。

"一对一" 顾问式服务卡

用户姓名:　　　　购车日期:

销售服务商:　　　　型号:

VIN号:

以下均由用户确认

一、交车时有关事项确认(有打"√",无打"×")

□ 已介绍车辆基本使用方法,并当面作交车检查

□ 已介绍质量担保政策

□ 已介绍车辆驾驶注意事项

□ 已介绍车辆定期保养的重要性及保养间隔时间/里程

□ 已告知在奇瑞特约服务站保养/维修车辆的重要性

□ 已交付《保养手册》和《使用说明书》并提醒阅读

□ 已告知奇瑞公司客户服务热线功能及使用方法

二、"一对一"顾问式服务模式介绍(有打"√",无打"×")

□ 有问题、有需求就找服务顾问,无须找其他人

□ 服务顾问是服务站指定与用户沟通、交流的唯一人员

□ 一个用户只由一名服务顾问负责:"一对一"

□ 用户对服务顾问不满意时可以重新选择服务顾问

三、服务顾问主要工作介绍(有打"√",无打"×")

□ 维修保养服务接待　　□ 投诉受理

□ 定期保养提醒回访　　□ 维修/保养咨询解答

□ 重要事项通知回访　　□ 维修/保养预约受理

□ 服务活动提醒回访　　□ 年审提醒/受理

□ 重要节日问候事务　　□ 用户需求的其它事务

四、"一对一"顾问式服务关系建立

服务顾问名片

用户签字　　/日期:

服务顾问签字/日期:

图 3-7-6　"一对一"顾问式服务卡

笔记

七、客户服务档案表格(如表 3-7-3、表 3-7-4 所示)

表 3-7-3　客户服务档案 A

		个性化用户档案 A					服务顾问：		
基本信息		用户个性				定期信息			
购车日期		消费特点	大方	一般	谨慎	保险期限		年审日期	
领证日期		珍惜车程度	极其	一般	随便	预计保养日期（今后 6 次）			
车型		对服务的期望	低	一般	高				
类别		汽车专业知识	深	一般	浅	典型事件			
用途		驾驶技巧	熟练	一般	不熟练	公开赞誉事件			
常跑长途	是　否	沟通难度	容易	一般	难				
个人信息		用户信任表现(第 1、2、3 年)							
工作单位		加入俱乐部	是		否				
行业		累计结账金额				脱保原因			
职务		累计来站次数							
手机		引荐用户数量							
办公电话		公开赞誉次数				抱怨事件			
家庭电话		累计积分							
家庭住址		用户级别	VIP		一般				
家人及生日		不愉快事件表现(第 1、2、3 年)							
		脱保次数							
		使用假件次数							
		抱怨到服务站次数							
		向企业抱怨次数				其他不愉快事件			
		当面发生争执次数							
		总计非用户责任次数							

表 3-7-4　客户服务档案 B

车主姓名/单位名称			联系地址						
联系电话(M)		联系电话(H)		联系电话(B)		邮政编码			
使用者姓名		性别		联系地址					
联系电话(M)		联系电话(H)		联系电话(B)		邮政编码			
经销商	车型	车牌号	VIN 码	发动机号	变速箱(AT/MT)	车身颜色	钥匙号码	购车日期	用途(公用/私用)
序号	派工单号	报修日期	交车日期	维修类别	维修内容	行驶里程	服务顾问	维修班组	
1									
2									
3									
4									
5									
6									
7									
8									
9									
10									

笔 记

八、客户档案管理工作流程图（如表 3-7-5 所示）

表 3-7-5　客户档案管理工作流程

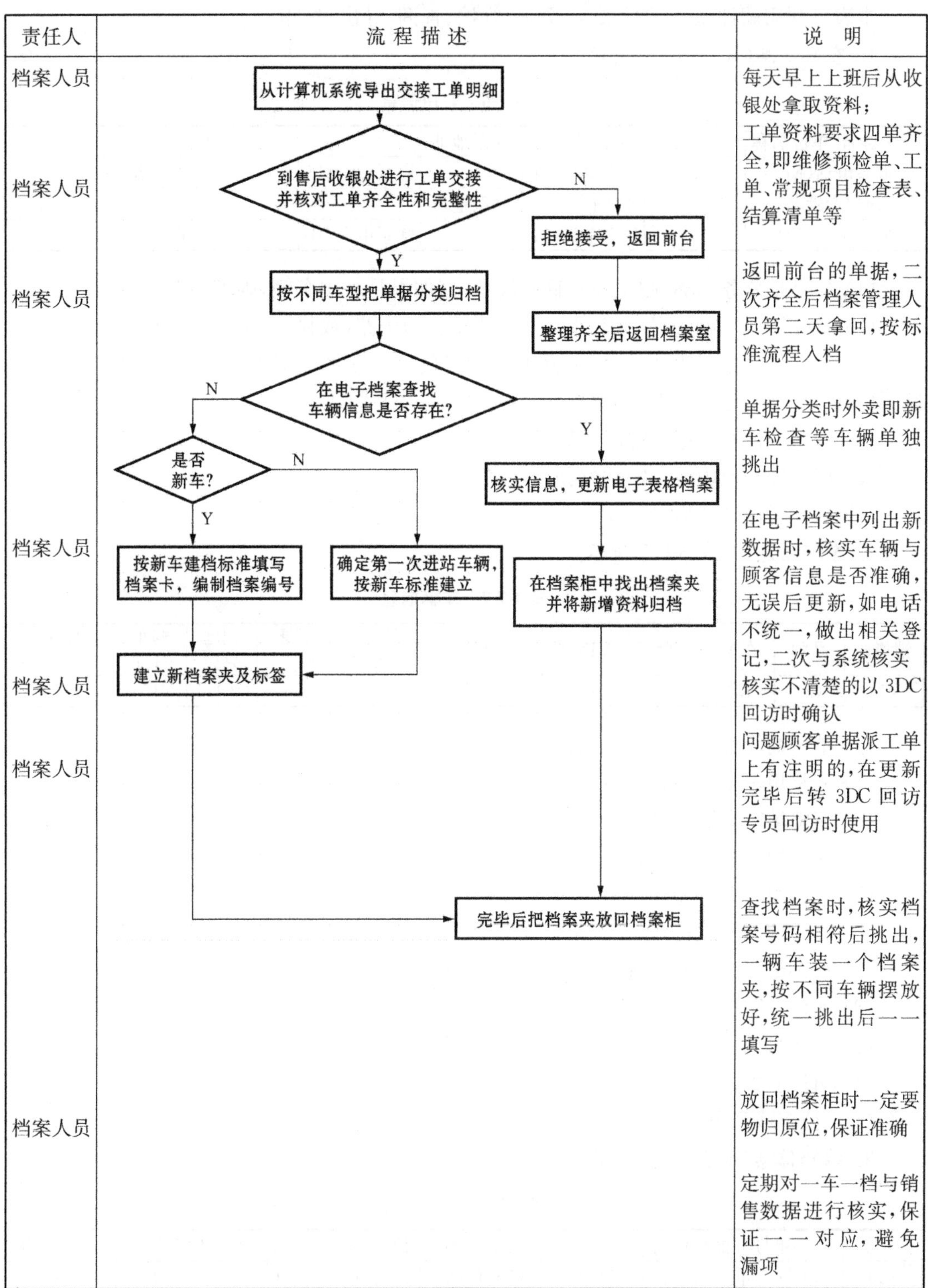

责任人	流 程 描 述	说　明
档案人员	从计算机系统导出交接工单明细	每天早上上班后从收银处拿取资料；
档案人员	到售后收银处进行工单交接并核对工单齐全性和完整性 N → 拒绝接受，返回前台 → 整理齐全后返回档案室 Y ↓	工单资料要求四单齐全，即维修预检单、工单、常规项目检查表、结算清单等
档案人员	按不同车型把单据分类归档	返回前台的单据，二次齐全后档案管理人员第二天拿回，按标准流程入档
	在电子档案查找车辆信息是否存在? Y → 核实信息，更新电子表格档案 → 在档案柜中找出档案夹并将新增资料归档 N → 是否新车?	单据分类时外卖即新车检查等车辆单独挑出
档案人员	是否新车? Y → 按新车建档标准填写档案卡，编制档案编号 是否新车? N → 确定第一次进站车辆，按新车标准建立	在电子档案中列出新数据时，核实车辆与顾客信息是否准确，无误后更新，如电话不统一，做出相关登记，二次与系统核实
档案人员	建立新档案夹及标签	核实不清楚的以 3DC 回访时确认
档案人员		问题顾客单据派工单上有注明的，在更新完毕后转 3DC 回访专员回访时使用
	完毕后把档案夹放回档案柜	查找档案时，核实档案号码相符后挑出，一辆车装一个档案夹，按不同车辆摆放好，统一挑出后一一填写
档案人员		放回档案柜时一定要物归原位，保证准确
		定期对一车一档与销售数据进行核实，保证一一对应，避免漏项

笔记

九、表格的使用和填写规范

本表由服务顾问负责利用计算机软件系统进行录入、更新和维护。

本表可利用软件系统进行录入、更新、维护、查询、导出、打印。

1. 客户信息(如表 3-7-6 所示)

表 3-7-6 客户信息

<table>
<tr><td>车主姓名/单位名称</td><td colspan="3">(1)</td><td>联系地址</td><td colspan="4">(2)</td></tr>
<tr><td>联系电话(M)</td><td>(3)</td><td colspan="2">联系电话(H)</td><td></td><td>联系电话(B)</td><td></td><td>邮政编码</td><td>(4)</td></tr>
<tr><td>使用者姓名</td><td>(5)</td><td>性别</td><td>(6)</td><td>联系地址</td><td colspan="4"></td></tr>
<tr><td>联系电话(M)</td><td></td><td colspan="2">联系电话(H)</td><td></td><td>联系电话(B)</td><td></td><td>邮政编码</td><td></td></tr>
</table>

(1) 如果是公务车辆,则填写车辆所属单位;如果是私用车辆,则填写车主姓名。

(2) 省(或区)+市(或县、旗、盟)+区(或镇、乡)+路(或村)+街道号(或组)。

(3) 如果是公务车辆,则填写车辆主管部门负责人联系电话;如果是私车,则填写车主联系电话。并区分手机(M)、家庭电话(H)、办公室电话(B)。

(4) 联系地址所在地的邮政编码。

(5) 填写经常使用此车辆的驾驶者姓名。

(6) 驾驶者性别:"男"或"女"。

2. 车辆信息(如表 3-7-7 所示)

表 3-7-7 车辆信息

销售商	品牌	车型	车牌号	VIN 码	发动机号	变速箱(AT/MT)	车身颜色	钥匙号码	购车日期	用途(公用/私用)
(1)	(2)	(3)	(4)	(5)	(6)	(7)	(8)	(9)	(10)	(11)

(1) 销售商简称如:××汽贸服务有限公司。

(2) 完整填写车辆品牌。

(3) 完整填写车辆型号。

(4) 完整填写车牌号码,如:粤 C·12345。

(5) 完整填写 VIN 码。

(6) 完整填写发动机号。

(7) AT 或 MT(自动变速箱或手动变速箱)。

(8) 颜色,填写车身颜色代号。

(9) 钥匙号码,如:Y012(客服代表自编号码)。

(10) 日期,如:2011-11-6。

(11) 公车或私车。

3. 维修信息(如表 3-7-8 所示)

表 3-7-8 维修信息

序号	派工单号	报修日期	交车日期	维修类别		维修内容	行驶里程	服务代表	维修班组
(1)	(2)	(3)	(4)	(5)	(6)	(7)	(8)	(9)	(10)

笔记

(1) 顺序号,如 1、2、3……。

(2) 完整填写派工单号码。

(3) 报修日期,如:2011 年 09 月 01 日。

(4) 交车时间,如:2011 年 09 月 02 日。

(5) 将维修类别划分为六个大类(填写数字代号):①一般维修、②保修、③返修、④大修、⑤事故车、⑥其他。

(6) 将维修类别划分为八个小类(填写数字代号):

① PDI——仅适用保修。

② 一保——仅适用保修。

③ 二保——仅适用保修。

④ 定期保养类——车辆定期保养。

⑤ 年检类——车辆年度检查。

⑥ 机电维修类——机械电器维修。

⑦ 油漆类——车辆喷漆。

⑧ 钣金类——车辆车身钣金修复或事故车。

(7) 填写主要的维修内容(维修项目)。

(8) 行驶里程准确到个位。

(9) 填写服务顾问姓名。

(10) 填写维修班组名称,如:机修一组。

十、客户关怀机构的设置(如图 3-7-7 所示)

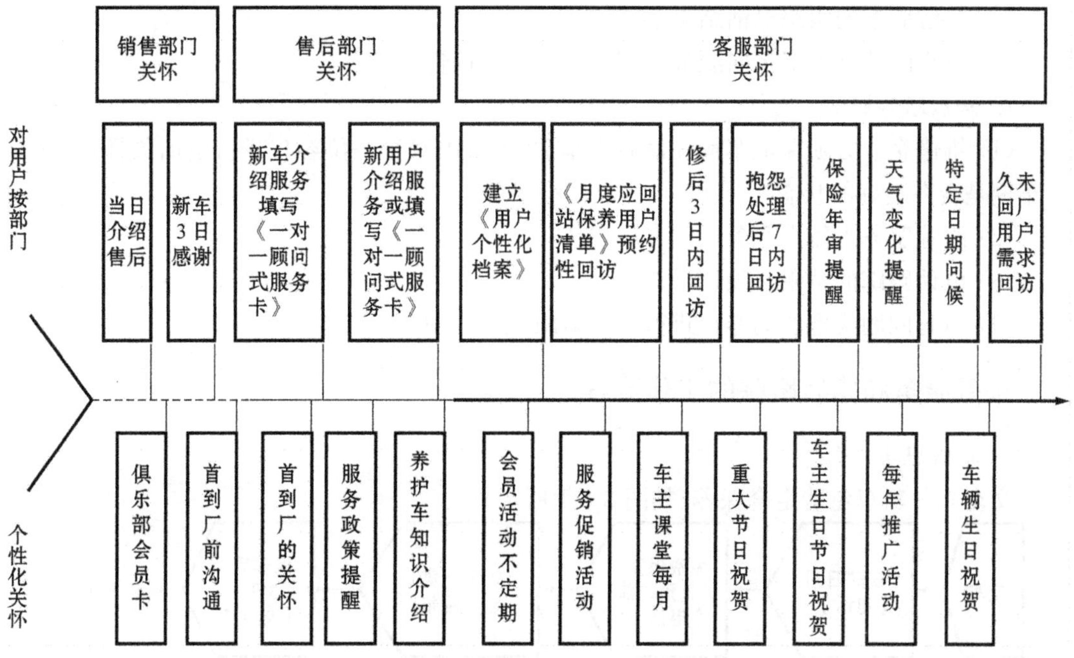

图 3-7-7　客户关怀机构的设置

笔记

任务 3.8　回访用户

良好的后续跟踪服务，一方面能够掌握售后服务的维修业务存在的不足，另一方面又能够更好地了解客户的期望和需求，接受客户和社会监督，增强客户的信任度。后续跟踪服务是一项整体行为，高层管理人员应将其作为增强员工服务意识、改进工作作风、提高服务质量和水平的一项重要措施，要确保落实后续服务中所反映出来的问题来改进工作及事后改进的督促和检查，使其真正发挥后续跟踪服务的作用，促进服务和维修工作上一个新的台阶。

一、提醒服务和维修后跟踪工作的基本要求

服务企业必须开展"定期保养、定时提醒服务"工作，帮助客户了解车辆进行定期保养的重要性；必须开展"维修 3DC"工作（即：修后 72 小时内对客户进行电话回访），以此表达对客户和客户车辆的关怀，同时了解客户对企业服务质量的意见。

1. 定期提醒服务

(1) 定期提醒服务活动的目的：为了保证客户车辆根据使用状况、保养情况，新车保养和定期保养的规定进厂，本公司要求利用顾客档案，通过寄发信件、电话对客户进行定期提醒服务。

(2) 如果不进行提醒活动，客户可能不会自动进厂。特别是在完成新车免费保养后，客户可能不会自觉进厂的倾向较强，所以，提醒活动在商业上极为重要。

(3) 根据客户维修档案，到期提醒客户进厂作定期保养、年检。

(4) 每 5 000 千米/每 3 个月为定期提醒客户的周期。

(5) 提醒服务的跟踪电话结果必须记录。

(6) 将跟踪的结果记录向服务经理及销售经理报告。

2. 修后跟踪服务

(1) 维修企业必须保证车辆在修后交车 72 小时内对每一位客户进行电话关怀，了解修后车辆是否在良好的状态。

(2) 跟踪服务工作由服务顾问专员担任。

(3) 电话跟踪的结果必须记录。

(4) 对有问题或抱怨的客户进行妥善地跟踪及处理。

二、提醒服务和修后跟踪的工作流程

1. 提醒服务

交车——新车免费走合保养（如图 3-8-1 所示）。

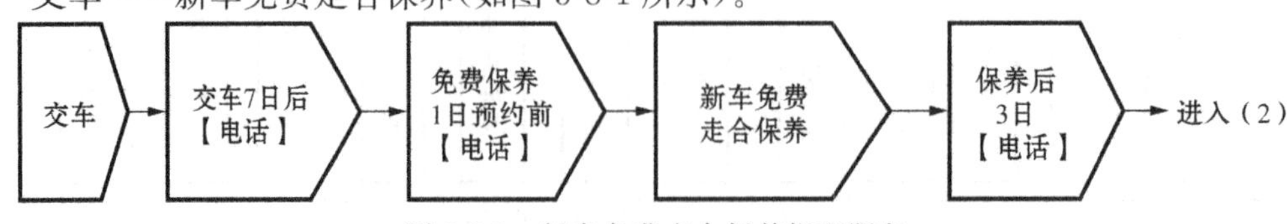

图 3-8-1　行车免费走合保养提醒服务

笔 记

定期保养(新车免费保养、5 000 千米定期保养收费)以同样的形式继续(如 3-8-2 所示)。

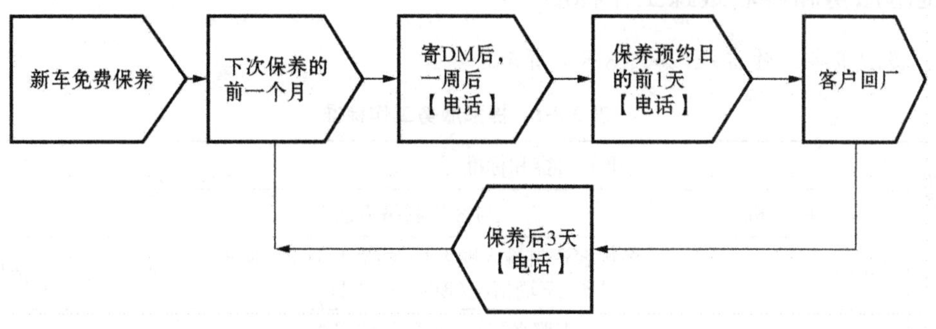

图 3-8-2　定期保养提醒服务

2. 修后跟踪服务流程图(如图 3-8-3 所示)

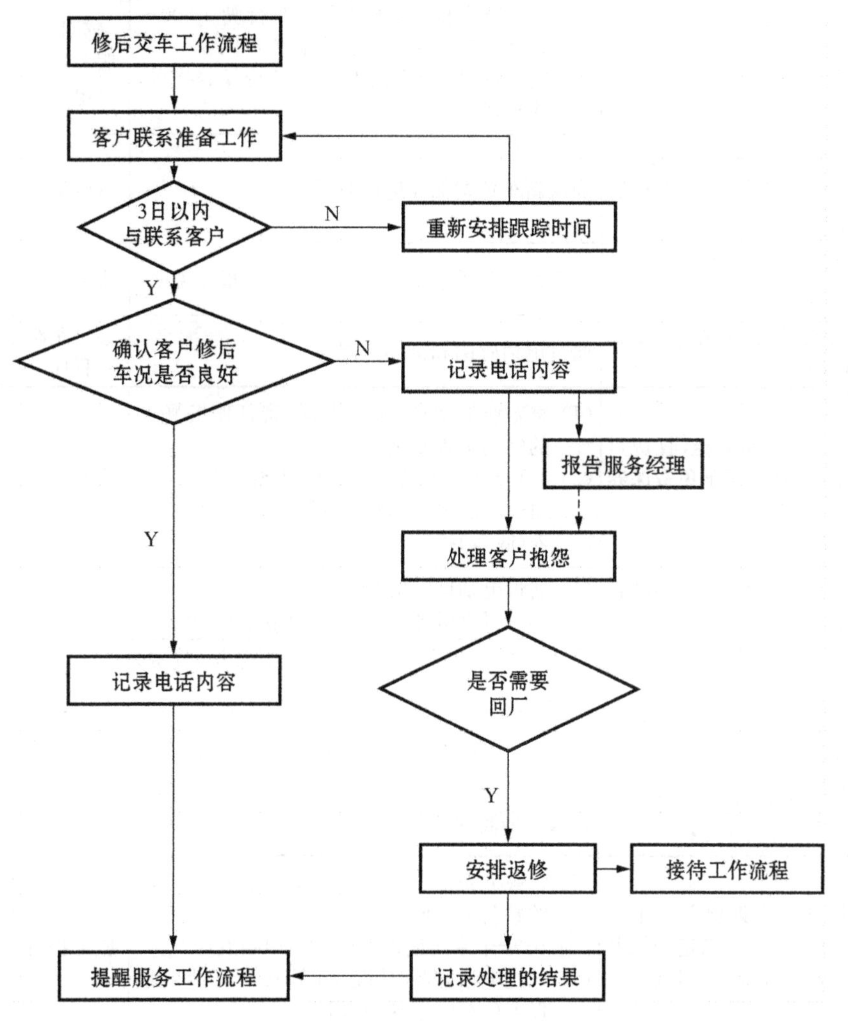

图 3-8-3　修好跟踪服务流程

笔记

三、提醒服务和修后跟踪工作标准

1. 提醒服务工作标准(如表 3-8-1 所示)

表 3-8-1 提醒服务工作标准

时间	里程	服务内容和标准		管理工具	责任人
		时机	与客户联络方法		
0	0	买车时	将顾客资料输入顾客档案:客户姓名、地址、电话号码、车辆情况(模式、购买日)	销售档案	销售部
		交车时	(1) 负责服务顾问、服务热线等的说明 (2) 新车保证内容和定期检查的重要性说明 (3) 免费保养,每 5 千米强制保养说明	定期保养说明资料	销售顾问 服务顾问
约3周	1千5百到2千5百千米	交车 7 天后	(1) 寄送感谢信,提醒客户新车行驶 1 500～2 500千米后来本服务中心免费保养 (2) 电话感谢,询问车况,新车免费保养指导,并与客户预约	感谢信 服务提醒 (电话)	服务顾问
		新车行使 1 500～2 500 千米免费保养预约日的前一天电话跟踪	确认新车免费保养进厂时间	(电话)	服务顾问
		新车 1 500～2 500 千米免费保养	下次每 5 千千米定期保养(收费)的指导说明	服务顾问	
		完成新车保养 3 日后(3DC)	通过电话感谢和询问车况	参见跟踪程序	服务顾问
3个月	5千千米	5 千米定期保养(收费)1个月前(约新车免费保养2 个月后)	(1) 将企业的地址、服务电话,责任服务顾问的姓名记入便函 (2) 5 千千米定期保养(收费)便函发送 (3) 通过电话感谢,询问状况,5 千千米强制保养(收费)指导,并预约	服务提醒	服务顾问
		新车 5 千米定期保养(收费)便函发送 1 周后	(1) 通过电话询问情况 (2) 10 千千米定期保养(收费)指导并预约	(电话)	服务顾问
		新车 5 千米定期保养(收费)预约日前 1 日	确认第 2 天的新车 5 千千米定期保养(收费)时间	(电话)	服务顾问
		新车 5 千米定期保养(收费)	下次 10 千千米定期保养(收费)的指导说明		服务顾问
		5 千米定期保养(收费)完成 3 日后(3DC)	通过电话感谢并询问车况		服务顾问
6个月	5千千米	10 千米定期保养 1 个月前(新车 5 千米定期保养(收费)完成 2 个月后)	(1) 将服务企业的地址、电话,责任服务顾问的姓名记入便函 (2) 10 千千米定期保养(收费)便函发送 (3) 通过电话,询问状况,新车 10 千千米定期保养(收费)指导,并预约	服务提醒	服务顾问
		10 千米定期保养(收费)DM 发送 1 周后	(1) 通过电话感谢和询问情况 (2) 10 千千米定期保养(收费)指导并预约	(电话)	服务顾问

笔记

续　表

时间	里程	服务内容和标准		管理工具	责任人
		时　机	与客户联络方法		
6个月	5千千米	10千千米定期保养(收费)予约日前1日	确认第2天的10千千米定期保养(收费)的时间	(电话)	服务顾问
		10千千米保养	下次15千千米定期保养的指导说明		服务顾问
		10千千米定期保养完成3日后(3DC)	通过电话感谢并询问车况	参见跟踪程序	服务顾问
9个月	15千千米	15千千米定期保养(收费)1个月前(10千米定期保养(收费)入库2个月后)	(1) 将服务企业的地址、电话,由责任服务顾问的姓名记入便函 (2) 15千千米定期保养(收费)DM发送 (3) 通过电话,询问状况,新车15千千米定期保养(收费)指导,并预约	服务提醒	服务顾问
		15千千米定期保养(收费)便函发送1周后	(1) 通过电话感谢和询问车况 (2) 15千千米收费保养(收费)指导并预约	(电话)	服务顾问
		15千千米定期保养预约日前1日	确认15千千米定期保养(收费)的时间	(电话)	服务顾问
		15千千米定期保养	下次20千千米定期保养(收费)指导并预约		服务顾问

2. 修后跟踪服务标准(如表3-8-2所示)

表3-8-2　修后跟踪服务标准

操作步骤	服务内容和标准	管理工具	责任人
客户联系准备工作	维修3DC(修后3日内对客户进行电话回访)工作,由服务顾问专员负责进行		服务顾问
	由服务顾问各自在营业前准备好以下资料: (1) 当天的《维修3DC跟踪记录表》 (2)《委托书》 (3)《客户服务档案》 (4) 掌握客户指定的联系电话和希望联系的时间段	维修3DC跟踪记录表 客户服务档案 车辆维修估价单	服务顾问
	掌握《委托书》上的维修保养的内容		服务顾问
联系客户	按照客户希望的时间段及联系电话与客户进行联系	客户服务档案	服务顾问
	先进行自我介绍(企业和服务顾问姓名),然后感谢客户在服务企业接受的服务		服务顾问
	说明本次电话访问的意图及大概需要的时间		服务顾问
	如果客户暂时没有时间接听电话,则询问客户何时方便,并约定按照客户要求的时间再次进行联系,同时将新约定的时间记录在《维修3DC跟踪记录表》中	维修3DC跟踪记录表	服务顾问
	当天没有与客户联系到时,明天继续跟踪。并记录在《维修3DC跟踪记录表》中	维修3DC跟踪记录表	服务顾问
向客户确认修后车况	向客户了解维修保养后的车辆状况是否良好	维修3DC跟踪记录表	服务顾问
	出现客户抱怨时按下述规定处理客户抱怨表执行		服务顾问

笔记

续 表

<table>
<tr><th>操作步骤</th><th>服务内容和标准</th><th>管理工具</th><th>责任人</th></tr>
<tr><td rowspan="3">记录电话内容</td><td>将电话访问结果记录在《维修 3DC 跟踪记录表》上</td><td>维修 3DC 跟踪记录表</td><td>服务顾问</td></tr>
<tr><td>出现客户抱怨时，及时地向服务经理报告</td><td></td><td>服务顾问</td></tr>
<tr><td>每周将统计的维修 3DC 跟踪结果，向服务经理报告</td><td>维修 3DC 跟踪记录表</td><td>服务顾问</td></tr>
<tr><td rowspan="3">处理客户抱怨</td><td>原则由服务顾问负责处理客户抱怨</td><td></td><td>服务顾问</td></tr>
<tr><td>客户抱怨严重的情况则由服务经理直接处理</td><td></td><td>服务经理</td></tr>
<tr><td>具体的处理方法如下：
(1) 表示道歉：
要对给客户带来的不便表示道歉，让客户清楚地知道你了解他的感受。但在你没有肯定问题之前，不要承认客户的判断都是对的。
(2) 确定客户关心的问题：
在谈话时保持冷静，用以下方式解除客户的抱怨：
① 充满感情地倾听客户的抱怨。
② 不要打断客户的说话。
③ 保持合作的态度，不要有抵触情绪。
④ 不要否定客户的说话，避免指出客户的错误或进行谴责。
通过提问的方式来确定和了解抱怨的问题，确认客户关心的问题，找出客户产生抱怨的原因和客户抱怨的真正目的。
按照记录下来的客户关心的问题，向客户进行重复验证你对问题理解的正确性。
(3) 协商解决办法：
① 无论造成抱怨的责任方是谁，必须协商出一个超出客户预料的解决方案。
② 站在客户的立场上考虑解决方案，并向客户解释你十分愿意为客户解决产生抱怨的问题及其原因。
③ 估计客户的接受程度，直接询问客户如何修改解决方案，以保证客户满意。
④ 记录将解决抱怨的办法</td><td>客户服务档案
车辆维修估价单
维修 3DC 跟踪记录表</td><td>服务顾问
服务经理</td></tr>
<tr><td rowspan="2">记录处理客户抱怨的结果</td><td>将客户抱怨的解决办法及结果记录在《维修 3DC 跟踪记录表》上</td><td>维修 3DC 跟踪记录表</td><td>服务顾问</td></tr>
<tr><td>将解决办法及结果向服务经理报告</td><td></td><td>服务顾问
服务经理</td></tr>
</table>

四、提醒服务和跟踪使用的表格

1.《定期保养提醒服务记录表》(如表由 3-8-3 所示)

《定期保养提醒服务记录表》的内容由服务顾问填写。

《定期保养提醒服务记录表》将跟踪的结果记录向服务经理报告。

填写规范：

(1) 年 月 日：填写《定期保养提醒服务记录表》的时间，如 11 年 12 月 08 日。

笔记

(2) 客户姓名:填写客户的全名。

(3) 电话:完整填写客户联系电话,固定电话要填写城市区号。

(4) 车型:完整填写车辆型号。

(5) 车牌号:完整填写车辆牌号,如:粤 C-B5668。

(6) 上次保养-时间:填写最近一次保养的时间,格式:××年××月××日。

(7) 上次保养-里程:填写最近一次保养的里程,里程精确到个位。

(8) 本次提醒-第 1 次:如果客户接受提醒,则记录接受的提醒时间,格式:××时××分,并在(10)内划"√"标识、(11)内记录回厂的时间;否则划"—"

(9) 本次提醒-第 2 次:如果客户本次接受提醒,则记录接受的提醒时间,格式:××时××分,并在(10)内划"√"标识、(11)内记录回厂的时间;否则划"—",并在(11)内记录最后一次提醒的时间。

(10) 是否回厂:如果客户同意回厂,则划"√"标识,否则划"—"。

(11) 时间:格式:××月××日××时(回厂时间)或××时××分(提醒时间)。

(12) 不回厂原因:记录客户不同意回厂的具体原因。

(13) 提醒人:负责提醒的服务顾问签名。

表 3-8-3 保养提醒服务记录表 年 月 日(1)

序号	姓名	电话	车牌号	车型	上次保养		本次提醒				不回厂原因	提醒人
					时间	里程	第 1 次	第 2 次	是否回厂	时间		
1	(2)	(3)	(4)	(5)	(6)	(7)	(8)	(9)	(10)	(11)	(12)	(13)
2												
3												
4												
5												
6												
7												
8												
9												
10												
11												
12												
13												
14												
15												
16												

笔记

2. 维修3DC跟踪记录表(如表3-8-4所示)

《维修3DC跟踪记录》的内容由服务顾问填写。

进行3DC跟踪时,要求:

(1) 感谢客户回厂进行保养。

(2) 了解修后的车辆状况。

(3) 如果客户反映问题时,应及时进行处理。

填写规范:

(1) 年 月 日:填写《维修3DC跟踪记录表》的时间,如11年12月08日。

(2) 姓名:填写客户全名。

(3) 电话:填写客户联系电话。

(4) 车型:填写客户车辆型号。

(5) 行驶里程:填写客户车辆交车的里程数。

(6) 车牌号:填写客户车辆牌照号码。

(7) 问题的回答:客户对问题的回答肯定时,在"OK"处划"√"标识;客户对问题的回答否定时,在"NO"处划"√"标识。

(8) 客户意见/处理结果:客户对问题的回答否定时,填写客户对服务的意见;当客户认为车的故障没有修好时,将问题记录在此栏,并按照客户抱怨处理流程进行处理,将处理结果填写在此栏位;如果需要预约客户何时回厂进行返修时,进入预约流程。

(9) 客服专员跟踪人:填写3DC跟踪人姓名。

表3-8-4 维修3DC跟踪记录表 年 月 日(1)

序号	姓名	电话	车型	行驶里程	车牌号	问题回答(7)		客户的意见/处理结果	客服专员跟踪人
						OK	NO		
1	(2)	(3)	(4)	(5)	(6)	(8)		(9)	
2									
3									
4									
5									
6									
7									
8									
9									
10									
11									
12									
13									

笔记

续　表

序号	姓名	电话	车型	行驶里程	车牌号	问题回答(7)		客户的意见/处理结果	客服专员跟踪人
						OK	NO		
14									
15									
16									
17									
18									
19									
20									
21									
22									
23									
24									
25									
26									

3. 现场救援服务记录表(如表 3-8-5 所示)

表 3-8-5　紧急救援服务记录表

服务时间：______年______月______日______：______至______日______：______。

<table>
<tr><td>服务地点☆</td><td></td><td colspan="2">车牌号码☆</td><td></td></tr>
<tr><td>救援车行驶公里数☆</td><td></td><td colspan="2">车身号码*</td><td></td></tr>
<tr><td>车主姓名☆</td><td></td><td colspan="2">发动机号码</td><td></td></tr>
<tr><td>联系人</td><td></td><td colspan="2">是否保修*</td><td></td></tr>
<tr><td>联系电话(手机)☆</td><td></td><td rowspan="4">应收费用☆</td><td>拖车费</td><td></td></tr>
<tr><td>车型☆</td><td></td><td>修理工时费</td><td></td></tr>
<tr><td>千米数☆</td><td></td><td>配件费</td><td></td></tr>
<tr><td>车间主管☆</td><td></td><td>合计</td><td></td></tr>
<tr><td colspan="5">服务内容☆：</td></tr>
</table>

笔 记

续 表

<table>
<tr><td colspan="4">处理过程☆：</td></tr>
<tr><td colspan="4">客户确认签字：</td></tr>
<tr><td>救援人员签字</td><td></td><td>服务顾问签字</td><td></td></tr>
<tr><td colspan="4">备注：
(1) 表中打有☆号的为必须填写，不得空缺；
(2) 保修期内的车辆，要特别注意核对带*号的内容，不可出错；
(3) 从没来过的新客户，必须认真地填写好本表的全部客户信息，回厂后交服务顾问登记</td></tr>
</table>

说明：① 此表按车主的要求需要派车和维修技术人员外出救援时而使用的；
② 外出救援人员接到任务后，由客户服务代表填写，车间主管直接审批后方能执行；
③ 表中打有☆号的为必须填写，不得空缺；
④ 保修期内的车辆，要特别注意核对带*号的内容，不可出错；
⑤ 从未来过的新客户，必须认真地填写本表的全部客户信息，回厂后交业务接待登记。

4. 电话记录表(如表 3-8-6 所示)

表 3-8-6 电话记录内容

<table>
<tr><td>客户姓名</td><td></td><td>联系电话</td><td></td><td>来电日期</td><td></td><td>来电时间</td><td></td></tr>
<tr><td>车牌号</td><td></td><td>车　　型</td><td></td><td>行驶里程</td><td></td><td>来电类别</td><td></td></tr>
<tr><td rowspan="2">事故地点</td><td colspan="4" rowspan="2"></td><td>接　电　人</td><td colspan="2"></td></tr>
<tr><td>要求救援时间</td><td colspan="2"></td></tr>
<tr><td colspan="8">电话记录内容</td></tr>
<tr><td colspan="8"></td></tr>
</table>

笔记

续　表

处理意见
处理结果
处理人：　　　　完成时间：　　　年　　月　　日

五、电访回访语言规范演练

说明：A—××企业客服专员，B—客户

1. 客户在家

A：喂！您好这里是××××汽车服务有限公司，请问×××先生、在家吗？

B：请问有什么事吗？

A：不好意思打扰您，因为×先生/小姐前几天开车来厂（保养/维修）我们想确认车子的使用状况，所以想找他。

B：我就是

A：噢×先生、我是××企业客服专员×××，想请问一下，您前几天来厂保养/维修的车子，目前的状况怎么样。（叙述当时来厂提出的问题点是否解决）

B：还好，目前没问题（都已经处理好了！）

A：那当您来厂时对于整个厂的服务是否有令您不满意的地方？

B：没有（不了解你所提问题的含义）

A：那比如说服务态度上是否满意？

B：还好

A：是否解决了您车子的问题（若前面已认可不用问）

B：解决了

A：是否有在完成的时间上让您等太久，耽误了您的时间

B：有一点

A：那您下次是否可采用预约制度回厂保养（叙述优点）

笔记

B:我知道了

A:那在车辆的清洁维护上目前我们做到的您是否满意

B:还可以(我不知道你们做了什么 A 就要提醒之)

A:是否还有其他您认为不适合的地方(如果有价格上的问题请参考以下),(A:您本次做的保养更换的零件×××价格×××以及…….等总共×××您若有任何疑问,我可以帮您解释。)

B:我觉得×××会有点贵

A:抱歉我向您解释×××(应对话术)可以吗?

B:我知道了

A:×先生/小姐您有没有其他对我们厂的建议?

B:没有

A:这样哦,真的感谢您每次的回厂,记得下次××××千米要做保养,如果这段时间在车辆方面有任何题请尽快与们连络,也可以找我,敝姓×,是这里的专员

B:好

A:再提醒您下一次如果方便的话请预约入厂,不好意思耽误您的时间,再一次谢谢您。

B:不客气

A:晚安,拜拜

2. 客户不在家

A:不好意思打扰您,我是×××汽车服务有限公司,我们找×先生/小姐是因为想了解他/她前几天回厂保养后的车子有没有问题

B:我不知道,你可能要问他自己

A:这样哦!那请问一下您是×先生/小姐的…..

B:我是他/她的××

A:×××那请问一下,现在要如何才能联络到他/她

B:可能没有办法哦!要晚一点

A:大约几点才回来

B:10 点左右

A:那请问一下平常要怎么和他/她联络最方便?

B:在公司吧!

A:可以给我他/她公司的电话吗?

B:我想由他/她直接给你比较好

A:那没关系,不过么烦您转告×先生/小姐,如果车辆有任何问题请通知我们,我们会很乐意帮他/她处理,当然也可以直接找我,敝姓×,是这里的专员

B:好的

3. 对抱怨客户

以下为要领:

(1) 针对不满意加以解释,并请求见谅。

若为本公司有疏失,不论实际责任者是员工或车主均要主动表示到府上服务的决心。

笔记

当车主提出不合理要求时，在行动上仍要积极处理，但在条件上表示要请示上级，请给予时间考虑，或者安排时间由上级直接向车主说明。耐心倾听，明确记录，并予以复诵使了解的问题都已记录下。而要马上服务时，可请拖吊公司协助，费用之负担以案情的责任来判定。不论车主再如何无理都不予以激烈争辩，因为只透过声音的传达是很容易误会的。

(2) 对于不确定的事物请车主协助确认或安排进厂日及时间。

(3) 因零部件质量的问题或厂的失误所造成的问题都要随时代表公司及厂向车主道歉。

4. 车辆是公司车

(1) 电访时的问题：

不知道要找谁?

常常找不到人?

找不到人就算了?

不知道向谁表达关怀?

(2) 公司车的使用者：

专属司机；

公司的主管；

老板自己。

(3) 向谁表达关怀：

了解专属司机及驾驶人员的感受；

让车辆管理单位的主管了解，通常为总务单位；

向有决定采购或决定修护厂的人员报告车辆整体状况。

(4) 注意事项：

专属司机的联络方式；

公司主管的分机(或者在公司名称后面加主管姓名)，了解主管的单位。

笔记

项目四 客户满意与客户关系的经营与管理

Description 项目描述	今天公司经理安排你对公司客户的资料进行整理和分类，并且分析客户满意度及客户投诉抱怨数据，做一份市场报告 你是一名售后服务顾问，应如何对相关资料进行分析，需统计哪些数据？
Objects 项目目标	1. 认识客户满意度，能进行相关数据的分析及管理 2. 能有效处理客户的投诉，改善客户满意度 3. 能灵活运用交际技巧
Tasks 项目任务	任务 4.1 客户满意度管理 任务 4.2 客户投诉的处理与持续改进 任务 4.3 交际技巧
Implementation 项目实施	1. 客户满意度资料整理及管理 2. 处理客户投诉，对其进行持续改进 3. 灵活运用交际技巧增加客户的满意度

任务 4.1 客户满意度管理

一、客户满意度的意义

服务型企业每天经营中最重要的两件事情：创造新客户和留住旧客户。但创造新客户的成本往往比留住旧客户的成本要高很多（如图 4-1-1 所示）。

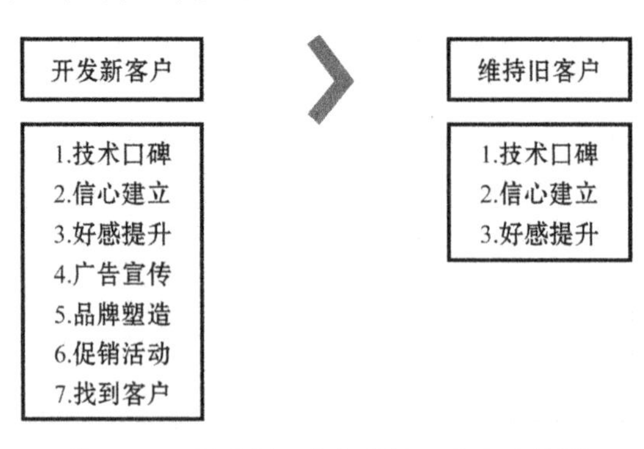

图 4-1-1 创造新客户与维持旧客户比较图

某一调查机构研究分析两者的经济意义（如图 4-1-2 所示）。

笔记

图 4-1-2　创造新客户与维持旧客户的经济意义

(一) 客户满意度的含义

客户满意度，也叫客户满意指数，是一个相对的概念，是客户期望值与客户体验的匹配程度。换言之，就是客户通过对一种产品或服务可感知的效果，与其期望值相比较后得出的指数。

客户满意度＝实际效果－客户期望

客户满意度＞0 时，表示客户对你的服务满意。

客户满意度＝0 时，表示客户对你服务感觉一般。

客户满意度＜0 时，表示客户对你服务不满意。(如图 4-1-3 所示)

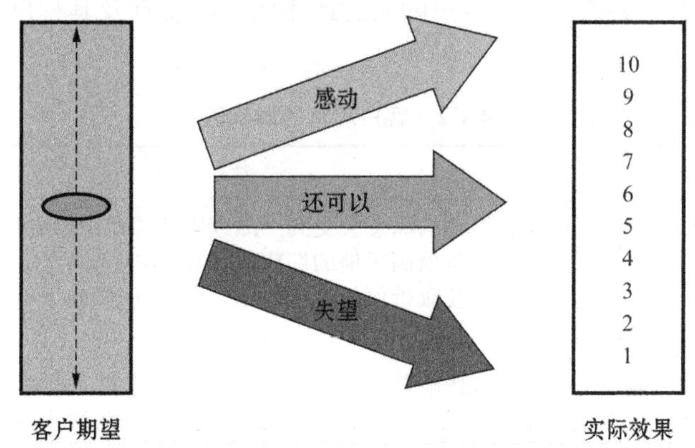

图 4-1-3　客户满意度

(二) 影响客户满意度的因素

对于服务行业影响客户满意度的因素(如图 4-1-4 所示)

真正的客户服务满意度，是客户个人对于服务的需求和自己以往享受服务的经历，再加上自己周围的对于某个企业服务的口碑，构成了客户对于服务的期望值。

衡量客户服务质量的五个要素(如表 4-1-1 所示)。

笔记

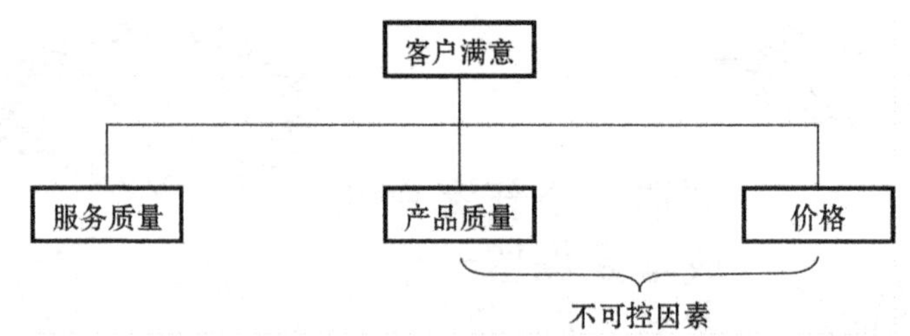

图 4-1-4 服务行业影响客户满意度的因素

表 4-1-1 衡量客户服务质量的要素

服务质量要素	说　明
信赖度	是否能够准确可靠地履行自己对客户所做出的承诺，当真正做到这点的时候，就会拥有良好的口碑，赢得客户的信赖
专业度	企业的服务人员所具备的专业知识、技能和职业素质。包括：提供优质服务的能力、对客户的礼貌和尊敬、与客户有效沟通的技巧
有形度	有形的服务设施、环境、服务人员的仪表以及对客户的帮助和关怀的有形表现
同情度	服务人员能够随时设身处地地为客户着想，真正同情理解客户的处境、了解客户的需求
反应度	服务人员对于客户的需求给予及时回应并能迅速提供服务的愿望。当服务出现问题时，马上回应、迅速解决问题，给服务质量带来积极的影响。对于客户，需要的是积极主动的服务态度

客户满意是一个人通过对一个产品的可感知的效果(或结果)与其所期望值相比较后，所形成的愉悦或失望的感觉状态。客户的满意或不满意的感觉及其程度受到以下四个方面因素影响(如表 4-1-2 所示)。

表 4-1-2 客户满意的影响因素

影响因素	说　明
产品和服务让渡价值的高低(让渡价值是指总价值与总成本之间的差额)	客户对产品或服务的满意会受到产品或服务的让渡价值高低的重大影响。如果客户得到的让渡价值高于他的期望值，他就倾向于满意，差额越大越满意；反之，如果客户得到的让渡价值低于他的期望值，他就倾向于不满意，差额越大就越不满意
客户的情感	客户的情感可以影响其对产品和服务满意的感知。这些情感可能是稳定的、事先存在的，比如情绪状态和对生活的态度等。非常愉快的时刻、健康的身心和积极的思考方式，都会对所体验到服务的感觉有正面的影响。反之，当客户正处在一种恶劣和情绪当中，消沉的情感将被他带入对服务的反应，并导致他对任何小小的问题都不放过或感觉失望。服务过程本身引起的一些特定情感也会影响客户对服务的满意。例如，中高档轿车的销售过程中，客户在看车、试车和与销售代表沟通过程中所表现出来对事业成功、较高的地位或是较好的生活水平的满足感，是一种正向的情感。这种正向情感是销售成功的润滑剂。从让渡价值的角度来看，这类消费者对形象价值的认定水平比一般消费者要高出许多，才会有这样的结果

笔记

续　表

影响因素	说　明
对服务成功或失败的归因	归因是指一个事件感觉上原因。当客户被一种结果(服务比预期好得太多或坏得太多)而震惊时,他们总是试图寻找原因,而他们对原因的评定能够影响其满意度。例如,一辆车虽然修复,但是没有能在消费者期望的时间内修好,客户认为的原因是什么(这有时和实际的原因是不一致的)将会影响到他的满意度。如果客户认为原因是维修站没有尽力,因为这笔生意赚钱不多,那么他就会不满意甚至很不满意;如果客户认为原因是自己没有将车况描述清楚,而且新车配件确实紧张的话,他的不满程度就会轻一些,甚至认为维修站是完全可以原谅的。相反,对于一次超乎想象地好的服务,如果客户将原因归为"维修站的份内事"或"现在的服务质量普遍提高了",那么这项好服务并不会为提升这位客户的满意度有什么贡献;如果客户将原因归为"他们因为特别重视我才这样做的"或是"这个品牌是因为特别讲究与客户的感情才这样做的",那么这项好服务将大大提升客户对维修站的满意度,并进而将这种高度满意扩张到对品牌的信任
对平等或公正的感知	客户的满意还会受到对平等或公正的感知的影响。客户会问自己:我与其他的顾客相比是不是被平等对待了?别的顾客得到比我更好的待遇、更合理的价格、更优质的服务了吗?我为这项服务或产品花的钱合理吗?以我所花费的金钱和精力,我所得到的比人家多还是少?公正的感觉是消费者对产品和服务满意感知的中心

(三)客户满意级度

客户满意级度指顾客在消费相应的产品或服务之后,所产生的满足状态等次。可分为七个级度:很不满意、不满意、不太满意、一般、较满意、满意和很满意(如表 4-1-3 所示)。

表 4-1-3　客户满意级度

级度	指征	分　述
很不满意	愤慨、恼怒、投诉、反宣传	客户在消费了某种商品或服务之后感到愤慨、恼羞成怒难以容忍,不仅企图找机会投诉,而且还会利用一切机会进行反宣传以发泄心中的不快
不满意	气氛、烦恼	客户在购买或消费某种商品或服务后所产生的气愤、烦恼状态。在这种状态下,客户尚可勉强忍受,希望通过一定方式进行弥补,在适当的时候,也会进行反宣传,提醒自己的亲朋不要去购买同样的商品或服务
不太满意	抱怨、遗憾	客户在购买或消费某种商品或服务后所产生的抱怨、遗憾情绪。在这种状态下,客户虽心存不满,但想到现实就这个样子,别要求过高吧,于是也就认了
一般	无明显正、负情绪	客户在消费某种商品或服务过程中所形成的没有明显情绪的状态。也就是对此既说不上好、也说不上差,还算过得去
较满意	好感、肯定、赞许	客户在消费某种商品或服务时所形成的好感、肯定和赞许状态。在这种状态下,客户内心还算满意,但与更高要求相比还差之甚远,而与一些更差的情况相比,又令人欣慰
满意	称心、赞扬、愉快	客户在消费了某种商品或服务时所处于的称心、赞扬和愉快状态。在这种状态下,客户不仅对自己的选择予以肯定,还会乐于向亲朋推荐,自己的期望与现实基本相符,找不出大的遗憾所在
很满意	激动、满足、感谢	客户在消费某种商品或服务之后所处于的激动、满足、感谢状态。在这种状态下,客户的期望不仅完全达到,没有任何遗憾,而且可能还大大超出了自己的期望。这时客户不仅为自己的选择而自豪,还会利用一切机会向亲朋宣传、介绍推荐,希望他人都来消费之

笔记

(四) 汽车售后服务中客户服务的策略

汽车售后服务中客户服务影响客户满意因素(如图 4-1-5 所示)。

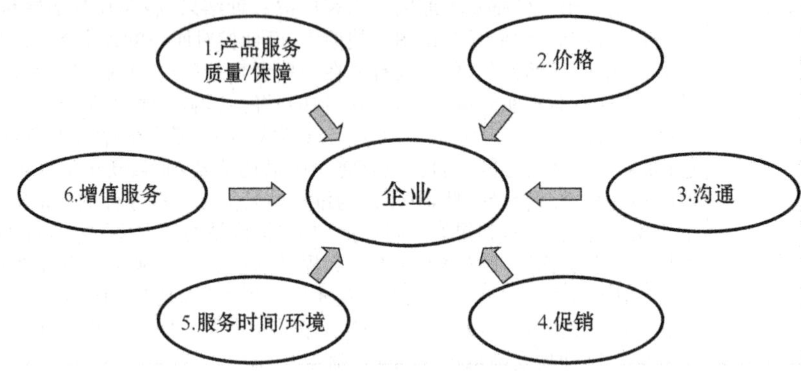

图 4-1-5 客户服务影响客户满意因素

汽车售后服务中客户服务影响客户满意因素的策略(如表 4-1-4 所示)

表 4-1-4 影响客户满意因素的策略

因素	常规性策略	差异性策略
1. 产品/服务的质量和保障	(1) 专业的维修服务 常规性诊断 常规性维修质量保证 制造厂维修手册的资料沟通 结算及时准确 产品质量过关 (2) 专业的接待态度 热情有礼貌、适当的仪容仪表	(1) 专业的维修服务 专家现场诊断 使用专业诊断仪器来演示问题所在 超长时间质量保证承诺 提供信用卡刷卡服务 有选择性产品联盟合作法提供更好的保障和保证 (2) 专业的接待态度 分工种统一着装 行动干脆利落 态度真诚谦逊
2. 价格	(1) 低价竞争 (2) 以成本为基础的加价法 (3) 按车型区别定价	(1) 不同时间/季节 (2) 不同客户类型 (3) 有针对性的服务或产品套餐
3. 沟通	不定期的跟踪服务	定期的跟进和提示服务 24 小时技术咨询 24 小时投诉热线 专人接待 联谊会
4. 促销	不定期免费检测 季节商品优惠	会员制 定期性的免费检测 年费制 联合促销
5. 服务时间与环境	维修时间:8∶30～20∶00 维修工期控制,时间快捷 整洁良好的环境	时间: 错时服务 超时服务 时间的承诺

笔记

续　表

因素	常规性策略	差异性策略
5. 服务时间与环境	维修时间：8：30～20：00 维修工期控制，时间快捷 整洁良好的环境	环境： 保持良好而有时尚的环境 满足“5S”要求 单独的客户休息场所 客户的娱乐设施 免费商品和服务的提供
6. 增值服务	代办年检、季检、保险、证件过期手续 免费施救 送车上门	醉酒代驾 刷卡服务 提醒服务 会员服务 提供代驾车辆 提供接送服务

二、提升客户满意度

某一调研机构数据分析，失去客户的原因(如表 4-1-5 所示)。

表 4-1-5　失去客户的原因比例

失去的客户的百分比/(%)	原　　因
1	死亡
3	搬走了
4	自然地改变了喜好
5	在朋友的推荐下换了公司
9	在别处买到更便宜的产品
10	对产品不满意
68	与他打交道的人对他的需求漠不关心

由表 4-1-5 说明，流失客户的大部分原因是服务人员对客户的需求不重视，没有用心服务客户，客户觉得没有受到尊重。

(一) 了解客户需要

1. 关心和诚心

客户都希望所有和他们接触的人，都能对他们的问题和疑问表示关心，即应在客户的立场上想问题。

2. 聆听客户心声

客户讲话时不要听一两句就插嘴，客户希望能提供舒适的环境和聆听他们的想法。

3. 熟练、负责认真地处理事情

客户希望我们聆听他们的想法，而且更希望我们办理任何事都很负责任，希望提供亲切的回答和满足客户的需求。

4. 快速性和完美性

如何快速地处理客户提出的问题，能证明你对客户有多关心，而且完美地处理客户不满

笔记

的事情是最基本的要求。

(二) 满足客户的需求

1. 如何满足客户的需求(如表 4-1-6 所示)

表 4-1-6 满足客户需求的步骤

步骤	方法
确认每个人要求不同	用不同的方法服务于不同的客户
设法让承诺快速实现	先做客户马上需要办的小事
符合基本的期待	公司已有的基本服务先满足,以及设法满足客户随口提起希望的事
让客户安心消费经验	带着微笑先讲清楚服务及费用 当客户不确定时要及时说明或做出心理弥补

2. 要让客户满意,关键要站在客户的立场思考问题

以下是几种情况的处理方式(如表 4-1-7 所示)。

表 4-1-7 让客户满意的处理方式

项目	内容	处理方式
问题记录,重复确认需求	客户叙述问题	注意听,详细记,一定要确认
	重复确认需求	让客户看记录,确认资料无误
	签名到规定处	确认责任及叙述内容
对于问题要共同确认记录结果	一起确认叙述的问题	客户确认认知的问题点
	叙述的问题确认后立即处理	说明原因后立即处理
	客户说有技师无法确认的问题	由其他人处理,设法用其他方式解释
	客户说有属于正常问题的处理	正常问题可说,没把握不要说
遇到预约的客户	叫出客户名字	别叫错人,让客户看到他的名字
	有所不同	快速检查车辆外观,并挂上预约牌由专人处理
	快速处理	立刻移动到车位开工
	确认内容	就是要再确认一次
追加工作的技巧	认真执行初检	进厂后 10 至 15 分完成
	准备追加证据	准备追加证据
	准备追加话术	先想好要讲什么
	预估费用、时间	预估用料和费用时间
	安全性不高	可以下次完成
	安全性高	建议处理
	若是答应处理而客户不愿处理	(1) 还是要感谢客户的选择 (2) 将检查的结果及我方建议写在备注栏上 (3) 把客户的意见也记录在工单上

笔 记

续 表

项　目	内　　容	处理方式
交车前的资料确认	物归原位	物品，电子钟，座椅
	共同确认问题	交修项目
	外观检查状况	刮伤，责任
	内外清洁感受	干净，注意污染
	费用确认说明	高单价、免费项目
	给予专业建议	指导如何使用
	提醒下次事项	预约，待料
	目送车主离开	送到上车

(三) 超越客户的期望(如表 4-1-8 所示)

表 4-1-8　超越客户期望的方法

方　　法	说　　明
了解客户的期待	注意不经意的言语； 掌握客户过去历史的需求； 找出以往最在意或曾不满意的事
先立即满足客户需要	知道有能力做的先去做
关心客户随行的人	注意客户的家人，或朋友的感受及需求； 关心随行人的安全及基本服务； 不要忘了潜在客户
注意客户的反应	所有人都要注意客户目前的需求； 立即派人前往处理目前最需要做的事
随时问候关心客户	记录目前客户位置及姓名； 随时点头微笑面对客户
设法超越预计时间	接待人员注意维修进度与预期的差异； 向每个客户至少汇报一次维修进度
需求无法满足时的道歉	感谢，道歉，说明； 必要时上级领导需主动出面
让客户有惊喜的服务	由领导向客户进行说明，主动的服务将是最好的礼物

笔记

任务 4.2 客户投诉的处理与持续改进

一、客户投诉的认知

(一) 客户投诉的含义

客户抱怨,是指客户由于对企业产品质量或服务上的不满意,而向他人诉说别人过错的行为。

客户投诉,是指客户由于对企业产品质量或服务上的不满意,而提出的书面或口头上的异议、抗议、索赔和要求解决问题等行为。

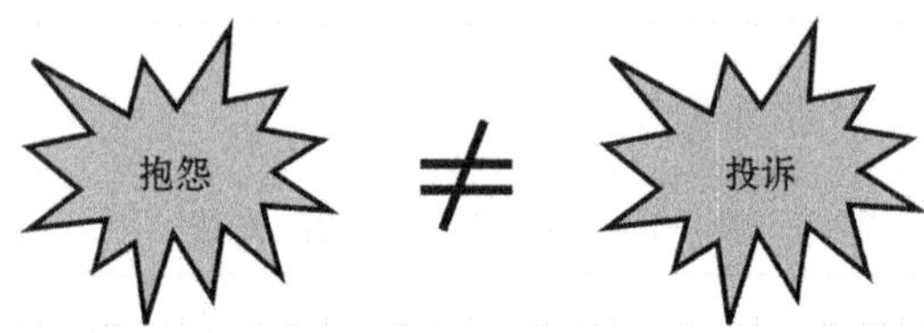

美国对消费者研究数据显示,客户对产品或服务不满时,只有 4%的不满客户会提出抱怨或投诉,其他 96%不满的客户会不再到使他曾感到不满的地方去购买产品或服务,而到其竞争对手处购买(如图 4-2-1 所示)。

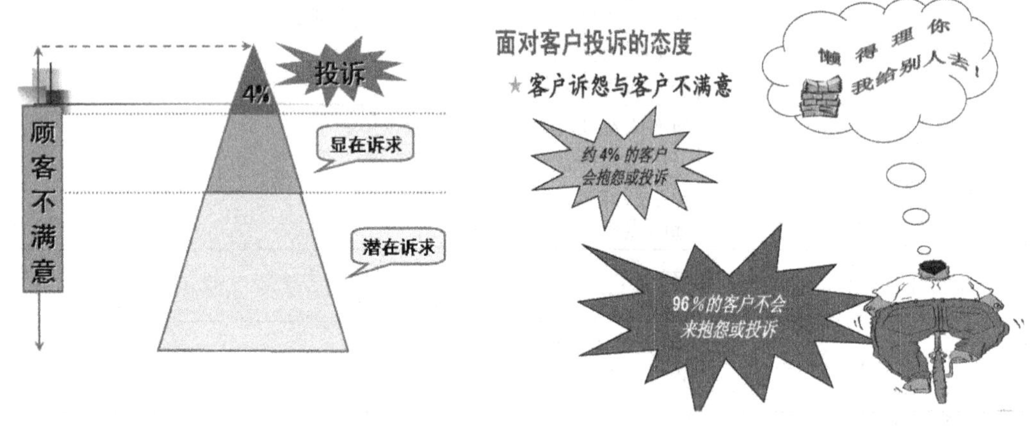

图 4-2-1

由上图可以说明:

(1) 96%不满意的客户从来不抱怨。

(2) 对于提出投诉的客户来说,如果他们的问题能够得到及时妥善的解决,他们会比没有问题的客户更加感到满意!

(3) 多数不满意的客户不抱怨,他们只是保持沉默,当他们感到你的产品或服务有什么使他们不满意了,他们就直接离开你去惠顾其他企业。

(4) 客户服务人员应该具备的一个重要的技巧就是对客户投诉的有效处理,有些时候投诉处理不好,不仅仅给企业的形象、品牌带来影响,甚至会给企业的利润带来很大的影响。比如说一些大的投诉，可能会打上官司，会拖很长时间，有些企业甚至因为某一个投诉而跨掉。

（二）客户投诉的危害（如表 4-2-1 所示）

表 4-2-1　客户投诉的危害

对　　象	说　　明
对生产厂造成的危害	产生负面影响，影响品牌形象
对经销商的危害	影响企业的正常工作 降低经销商的利润
对客户的影响	增加客户心理和经济负担

（三）产生客户投诉的原因（如图 4-2-2 所示）

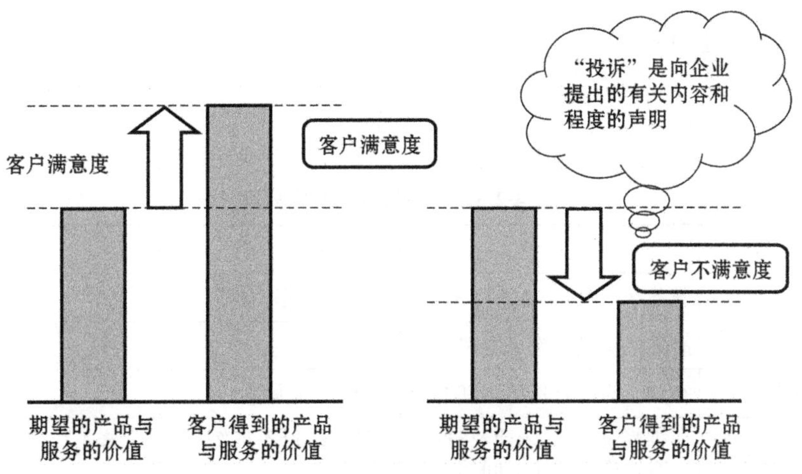

图 4-2-2　产生客户投诉的原因

（四）投诉对企业的好处

（1）有效处理投诉可以将投诉所带来的不良影响降至最低点，从而有效地维护企业的自身形象。

（2）有效处理投诉可以挽回客户对企业的信任，使企业的良好口碑得到维护和巩固，可能因产品有问题，会有投诉，如果有很好的处理方法，最终会挽回客户对企业的信任。

有一项研究数据分析（如表 4-2-2 所示）：

表 4-2-2

即便不满意，但仍然回头购买商品的客户比例		
	会回来/（%）	不会回来/（%）
不投诉的客户	9	91
投诉后没有得到解决的客户	19	81
投诉过的问题得到解决的客户	54	46
投诉被迅速解决的客户	82	18

笔记

顾客投诉是每一个企业皆遇到的问题,它是客户对企业管理和服务不满的表达方式,也是企业有价值的信息来源,它为企业创造了许多机会。因此,如何利用处理客户投诉的时机而赢得顾客的信任,把客户的不满转化客户满意,锁定他们对企业和产品的信任,获得竞争优势,已成为企业营销实践的重要内容之一。

(五)客户投诉的目的

(1) 求宣泄;
(2) 求补偿;
(3) 求尊重;
(4) 得到更好的服务;
(5) 享受正当的权益;
(6) 得到一个解释;
(7) 得到一个道歉;
(8) 防止同类事情的再次发生。

(六)客户投诉的内容分类(如表 4-2-3 所示)

表 4-2-3 客户投诉的内容分类

序号	分类	说明
1	服务质量	服务客户时,服务态度不良或与客户沟通不够等
2	维修技术	故障一次或多次未能修好等
3	维修价格	客户认为维修价格与其期望价格相差太大等
4	维修不及时	在维修过程中,未能及时供应配件或维修不熟练,或对维修工作量估计不足,没有同客户沟通交车时间等
5	配件质量	配件质量差,使用寿命短等
6	产品质量	由于设计、制造或装配不良所产生质量缺陷

二、投诉处理指南

(一)树立正确观念

1. 正确认识投诉

(1) 投诉:是基于顾客对被投诉单位仍然抱有希望与依赖的感情,尽管这感情的浓度不一,但是值得每一个经营者珍惜的。

(2) 如果我们诚心诚意地解决问题,抱怨的顾客很可能成为一个忠诚的顾客,这是经营者留住顾客的一种机遇。人都是有感情的,如果你真诚地为客户着想,即使问题解决得不很好,也会让客户感动的。

(3) 部分投诉的顾客起因于对被投诉方内情的不了解,觉得受到不公正待遇,因而有抱怨、要投诉。我们应予充分的理解和同情。因我们的服务而引起顾客的误会而不愉快,说明我们的工作有待改善。我们应该通过耐心而有效的解释、消除误解,这是最有效的补救措施。

笔记

(4) 顾客投诉时十分生气激动，我们应予理解。当有不礼貌或令人难堪的情景发生时，我们应予宽容。要记住，这种令人难堪的情景发生在我们的服务过程中，说明我们的工作还需改进。

(5) 礼貌、耐心地倾听客户的投诉，是处理投诉的有效的技巧。如用专门的小房间听取顾客投诉、避免干扰，效果更好。

(6) 诚恳的态度，是平息顾客消极心理的有效方法，也是我们处理投诉应取的基本态度。

2. 正确的观念

(1) 只有自己的错，没有客户的错。

(2) 即使是客户一时误会，也是我们解释得不够充分。

(二) 做好五个方面工作

1. 热情接待，虚心听取用户的陈述

凡是抱怨的用户肯定是带有不满情绪，为此，热情对待抱怨用户尤为重要。如倒上一杯热茶，对会抽烟的用户递上一支烟，夏天时节送上一杯冷饮等等，这些举措能化解抱怨用户的不满情绪，是防止不满情绪上升的有效办法。然后虚心听取用户对不满情绪的诉说，让其发泄，眼睛正视对方，频频点头。一般情况下抱怨用户通过语言的发泄会大大降低不满情绪，为下阶段解决实质问题奠定好基础。

2. 无论对与错，主动表示歉意

用户抱怨不能完全证明他一定是对的，但作为接受抱怨方要主动表示歉意是十分必要的。如果用户抱怨是对的，表示道歉这是应该的，即使用户抱怨是错的，你的一份歉意就能体现企业有着博大的胸怀，通过这一点会使用户感受到“服务无边”的真正内涵所在，也为企业发展带来潜在业务机会。

3. 耐心解释，及时解决

当用户抱怨的问题与事实不符时，一定要做好耐心细致的解释工作，让用户从内心感觉到自己的过失而心服口服，这样就不会失去这个用户的业务。反之，如果用户抱怨的是对的，那就必须在第一时间给予快速解决，在最短时间内化解用户的不满情绪，要真正使用户感到他对抱怨价值的实现，使其满意，这样的用户将来必定是你的“回头客”。

4. 要有勇气，敢于承担错误和责任

好多抱怨事件得不到有效及时解决，究其原因就是没有勇气承担错误和责任，这是症结所在。只要用户抱怨，无论用户采用何种方式，无论抱怨的内容是否合理，无论抱怨是维修质量还是服务态度，都应该接受和承担、妥善处理，这不是单一的服务问题，同时涉及到法律和道德，是每个企业必须遵循的原则，也是避免矛盾激化的有效方式。

5. 事后回访，增进沟通和了解

处理完用户事宜后，最好是在一周内给予回访，可以用电话、上门等形式，了解用户对处理结果的满意度，这样做，一方面可以了解用户对处理抱怨的认可程度，另一方面又可以掌握用户动向。实际上这也是感情投资，增进感情投资是十分必要的，会使用户增强对企业的信心和信任感，对企业提高品牌，稳固用户，发展业务有着意想不到的效果。

笔记

(三) 注意七个方面的事项

1. 不要推诿

当用户抱怨时,千万不要推诿。假如一个抱怨用户找到了服务顾问,而服务顾问让其找总经理,总经理又推到前台或让其找部门经理,这样一来会使用户不满情绪快速上升,为解决实质性问题留下后患。

2. 不能对待抱怨用户不冷不热

用户找到你抱怨,从某种程度上来讲是对你的信任,如果你对用户不冷不热,马上会使抱怨用户对你失去信心,认为你没有诚意,从而产生怀疑和反感,将不利于问题的解决。

3. 不要轻易打断用户的陈述。

抱怨用户向被抱怨者陈述,使不满情绪得到发泄,中途突然被打断是十分不利的,同样也是对抱怨人的不礼貌。

4. 不要强调主观理由

首先我们要了解抱怨用户的心态,一般情况下抱怨者都认为自己是对的,通过抱怨以达到自己期待的目的,如果你一味强调自己的主观理由,极容易挫伤用户的自尊心,致使不满情绪升级,激化矛盾。

5. 不要错失最佳处理时机

一旦发生用户抱怨,等、拖是最容易使小病成大患、矛盾扩大化。一起很小的抱怨事件往往由于处理不及时,导致抱怨方向转移,影响面扩大,如向报社、电视台、消协等部门抱怨,原本极容易处理的事变得被动和棘手。

6. 不要贪小便宜

这种现象往往发生在抱怨用户的返修上,由于返修的价值超过原报修收费价,企业往往会收取返修超价部分的费用。用户抱怨本来就对你的维修质量不满,若你另收差价,这无疑会加大用户的怨气,重新点燃用户的不满情绪,会因小失大。

7. 不要回避抱怨

如果企业见用户抱怨,采取避而不见的办法是极为不利的,这不仅无助于问题的解决,而且会把用户引向其他机构抱怨,一旦第三方介入,处理起来会更加困难。

(四) 必须坚持三个原则

1. 掌握政策,正确判别抱怨的性质

作为企业在接受用户抱怨时,必须正确判断抱怨实质,分析其因果关系,然后得出抱怨是否正确合理的结论。要做到这一点首先要掌握和了解国家的有关法律、行业管理部门的有关规章,只有这样才能正确无误地给抱怨用户的合理性做出定性,这一点至关重要。对于不合理、不合法、不合情的无理抱怨要求不能迁就,必须坚持原则,坚决否定。

2. 以理服人,礼貌待客

当发生不合理抱怨时,作为企业在坚持原则的前提下不能违背服务宗旨,仍要礼貌待人,绝对不能据理而失礼,更不能用极端方式处理,这是服务原则所不允许的。

3. 调查分析,实事求是

接到用户抱怨必须调查分析,既要尊重抱怨人的意见,又要尊重被抱怨人的意见,要向

笔记

有关人员了解维修的全过程，听取被抱怨人的表述，以期得出合理的判断，实事求是地解决问题。

（五）掌握好一个尺寸

对企业而言，只要客户抱怨是正确的，就要对被抱怨人做出相应处理，只处理抱怨事件的本身，而不处理抱怨起因的责任人是不对的。属于责任心不强引起的抱怨，必须从严处理，因为这是人人都能做到的事而没有做好。这样才能举一反三，教育员工，同时也是避免同类抱怨事件再次发生的有效举措。

三、客户投诉的处理

（一）首问负责制

第一个受理客户投诉的销售服务商必须全权解答客户投诉并确保客户满意；导致客户投诉的销售服务商必须全责处理客户投诉并确保用户满意；销售给客户车辆的销售服务商在必要时必须全责协助或组织处理客户投诉。

客户服务专员负责受理客户投诉，组织准备解决方案并与客户沟通。

服务顾问负责协助客户服务专员处理投诉。

服务经理负责参与处理重大客户投诉。

（二）工作内容

1. 受理

客户以书面信件、电子信件、网络言论、电话等方式直接或通过国家或地方有关机构反映问题，应及时进行初步处理，并对问题进行分类。

客户来电或来站投诉，接待人员应当场采取安抚措施，在《客户投诉信息登记表》中记录并将记录转给客户服务专员。

2. 核实

对《服务派工单》和《客户投诉信息登记表》所反映的信息，客户服务专员根据反映问题的类别开具《客户投诉内部派工单》；

属于技术问题或维修质量问题，将《客户投诉内部派工单》交技术总监。

属于备件缺货问题，将《客户投诉内部派工单》交备件经理。

属于其他问题的，将《客户投诉内部派工单》交服务经理。

3. 问题分析及准备

技术总监、备件经理、服务经理查实用户问题所在，进行相关的技术方案、备件及解决方案的准备，并告知相应的服务顾问。

4. 沟通及解决问题

24 小时内，服务顾问打电话或上门访问客户，必要时服务经理参与，就投诉问题与客户进行沟通，并让客户满意：

（1）简述投诉过程；

（2）表示歉意；

（3）说明未让客户满意的原因；

笔记

(4) 说明为解决客户反映的问题而采取的措施;

(5) 邀请客户配合确保问题解决;

(6) 根据《服务预约》,约定解决问题的时间并进行准备;

(7) 根据《服务准确性指标监控管理办法》处理费用事宜。

5. 反馈

在收到《服务派工单》24 小时内,服务顾问将处理过程及结果通知客户服务专员。客户服务专员进行回复。

服务顾问根据所掌握的资料更新客户档案。

6. 跟踪

用户表示满意后 7 天内,客户服务中心客服专员根据《客户关系管理》对客户进行跟踪访问并记录。

(三) 人员职责

1. 投诉处理员(如无专职人员,则由服务接待主管兼任

(1) 礼貌、诚恳、得体地接待客户,认真听取客户的抱怨,并立刻检查投诉的原因,准确判定问题系不良(材料或制造的缺陷所造成的问题)、不满(符合国家标准或企业标准,但用户不满意)或客户的过失造成。

(2) 对于不良问题表示道歉,并立即派工。从解决问题的行动和态度中,客户就可以判断出你是否有诚意。如果要花很多时间,应请客户将车暂时留下,必要时,协助提供代步工具或合理的交通费补偿。

(3) 对于不满问题,提供相关的数据或依据,耐心细致地解释说明,尽量使用简单易懂的话,小心别伤了客户的感情。

(4) 对于客户存在使用不当的问题,要明确指出,但态度要委婉。在权限范围内立即出具处理方案或意见,并在规定时间内组织实施。

2. 服务经理(由总经理授权)

(1) 接到报告后,出面安抚好客户情绪,在权限范围内立即出具处理方案或意见,并在规定时间内组织实施。

(2) 不能及时处理的问题,分级上报处理,同时对于事态的发展要有准确的分析,并提出合理化的建议。

3. 总经理

接到报告后,出面安抚好客户情绪,同时以整体利益为原则,尽快、灵活地解决问题,出具意见及建议,同时稳定客户情绪,争取宽裕的时间。

4. 投诉处理人的心理调节

(1) 合理的自我宣泄。

(2) 转移注意力。

(3) 排除"前功尽弃"心理。

(4) 学会倾诉。

(5) 多从事有益于身心健康的活动。

笔 记

(6) 处理人之间多沟通。

(7) 提高成就感。

(四) 客户投诉的流程(如图 4-2-3 所示)

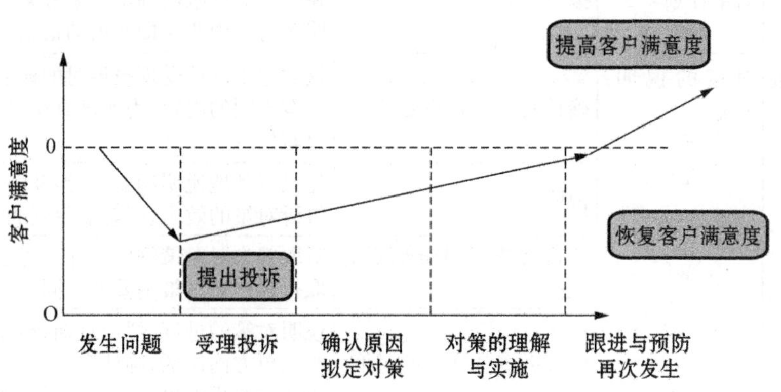

图 4-2-3　客户投诉的流程图

(五) 处理客户投诉基本步骤(如表 4-2-4 所示)

表 4-2-4　处理客户投诉基本步骤

步　骤		执行方法	工 作 技 巧
步骤 1(客户接待)	受理投诉	接电话(如果有)	记录必要的信息; 为给客户带来的不便表示道歉; 确认客户电话的内容
		确认并欢迎客户	向客户致意; 确认客户的姓名; 引导客户入座
		听取投诉	确认电话中的投诉内容(如果有); 听取问题的详细情况; 诚心听取投诉,态度真诚、自信,不要畏缩
		安慰客户	为给客户带来的不便而道歉; 对客户的不安表示同情、理解; 听取投诉,直至客户平静下来
		确认投诉内容	将投诉内容与先前已记录的内容进行确认; 确认客户的要求
		说明特约店的态度立场	说明特约店处理投诉的态度; 取得顾客对特约店处理态度的认同
步骤 2(企业的行动)	确认原因,拟定对策计划	将真相与情绪分开	整理投诉内容; 将真相(现实)与客户情绪(主观感受)分开
		确认真相	客观地掌握问题并将因素分类; 分析因素的相互关系并进行分类
		确认真实原因	明确人员/组织/技术中的关键问题; 明确问题的原因; 确认可否在特约店内部解决

笔记

续 表

步骤		执行方法	工作技巧
步骤 2(企业的行动)	确认原因,拟定对策计划	拟定对策计划	为客户制订对策方案; 在许诺的期限内确定对策方案的实施计划; 明确对策中要立即开展的措施与所需时间等
步骤 3(客户接待、内部行为)	对策的说明、实施	确认真相及客户要求	核对记录确认受理投诉时的谈话内容; 若有不同的内容,为明确真相应向顾客了解; 更新信息
		说明对策纲要	先只清楚地说明纲要,不涉及细节; 告诉对策的效力、顾客能得到的效果
		获得客户对对策纲要的认同	听取客户对对策纲要有什么想法; 取得客户对对策纲要的认同
		解释并确认详细的对策	说明对策的进度、拟定日期、预算和其他细节; 避免单方面谈话,确认客户已经理解; 确认所有投诉事项是否能得到解决
		妥善安顿客户	再次为带来不便向客户表示道歉(必要时); 对客户的到来及认可对策表示感谢; 请妥善安顿客户
		实施对策	实施客户已经认可的对策
步骤 4(客户接待)	跟进	确认问题的解决情况	为对客户带来的不便再次表示道歉; 了解把握相关现有问题状况; 记录必要的信息
		建立未来关系	询问是否还有要求特约店和接待人员处理的其他需求; 介绍今后可向客户提供何种服务
		防止问题再次发生	每天及时整理当前问题和对策的信息; 拟定特约店防止同类问题再次发生的预防计划
		跟踪服务	在实施对策之后,继续通知定期保养等事宜; 开展维持信任度和提高客户满意度的活动; 向客户表示出尊敬的态度。这要花费一定时间

(六) 接待投诉客户流程(如表 4-2-5 所示)

表 4-2-5　接待投诉客户流程

步骤	说明
1. 让客户发泄	当客户不满时,他一定是心烦意乱的,这时他只想做两件事:第一,想表达他的感情;第二,想使他的问题得以解决。 一些公司只想马上解决客户的问题,而把客户的这种发泄看作是浪费时间。但是,不先了解客户感觉就试图解决问题是难以奏效的。只有在客户发泄完后,他们才会听你要说的话。从心理学上讲,这是所谓"心理净化"的一种现象。只要把自己心中的不满或委屈全盘地吐露出来,通常当事人才会有松了一口气或者得到满意感的心理出现。 (1) 闭口不言。 当带有问题的客户在发泄时,没有什么比告诉客户"平静下来"而更容易激怒他们了。最好的办法是保持沉默。 下列的句型应避免使用:

续表

步骤	说明
1. 让客户发泄	"你可能不明白……" "你肯定弄混了……" "你应该……" "我们不会……我们从没……我们不可能……" "这不可能的……" "你别激动……" "你不要叫……" "你平静一点……" "…………" 提示:即使你不想在客户发泄的时候打断他们,但是,你也得让客户知道你正在听他们说。当他们发泄时,你应该做到以下3点: 不断地点头; 不时地说"嗯、啊"; 保持眼神交流; (2) 仔细聆听。 这是接待客户的最基本的态度。任何解决冲突的关键都在于你能否倾听客户的讲话。你听客户说话与真正去倾听他的话,是有明显区别的,因为这在解决冲突中很重要。听到客户的讲话,只是耳朵接受,而倾听客户的讲话则是一种情感活动,一种真正理解客户在说什么的活动。 如果你没有花时间去真正倾听客户的讲话,你怎么能够对他的问题作出正确的反应呢?如果你对客户的观点及所用的概念都没有澄清,又怎么能知道你的解决办法是正确的、可行的呢?通常可能由于他的不满态度,使你的情绪受到感染。当你被激怒时,自然就不会用心听他在讲什么。因此你有必要超越情感的束缚,把注意力转移到事实上。你越把注意力转移到事实上,你就越不会卷入情感的漩涡,问题才可能得到解决,而你自己的工作就不会那么痛苦了。 客户是聪明的、有直觉的。他们知道你是在敷衍他,还是在真正地为他解决问题。因此,一定要倾听他们的抱怨。 不专心听客户讲话还会犯另一个错误:漠视他们的痛苦。漠视客户的痛苦是没有认真倾听客户讲话的明显标志
2. 充分地道歉,让客户知道你已经了解了他的问题	(1) 说声对不起。 当你面对一位心情不佳的客户时,一句道歉就可能平息他心中的怒火。即使错误不是你造成的,你也应该道歉,因为这个客户与你有关,而你所代表的就是这个公司的形象。实际上你的道歉表明了你的公司对待客户的诚意,如果你一再推卸责任的话,会使客户更反感、更生气。 (2) 让客户知道你已经了解了他的问题。 这一点是要求你用自己的话重复客户所遇到的问题。 要使客户获得满意,你对问题的理解就一定要和客户相符。但是心烦意乱的客户很少能在一个平静的氛围内讲述完他们经历的事情,因此你必须确保已经正确地理解了他们所讲的一切,根据你自己的理解对客户的话作一个总结,然后反馈给他们。 例如,假使有客户这样说:"上星期一我订了一个左前大灯,承诺上星期五到货,但到今天还没收到你们的到货通知,而且似乎也没人知道什么时候才到货。" 为确保你已经明白了情况,你必须反问:"您是说上星期一订的左前大灯应在上星期五到货通知您,到现在仍没收到到货通知,并且一直没有找到能帮您的人,对不对?" 如有可能,你可以拿出笔和纸,边问边写。"让我再确认一下,上星期一您订了一个左前大灯,本来应该在上星期五到货,您到现在还没有收到到货通知,对吗?而且您不知道谁能帮你,对吗?我把它记下来了。" 提示:让客户知道你已将问题写下来——这样的反馈可以使客户知道你在听他说、并且明白了他的问题

笔记

续 表

步 骤	说 明
3. 收集信息	你已经倾听了客户的抱怨,体谅了他们的痛苦。但只体谅痛苦而不采取任何行动,也是你没有真正倾听他们意见的明显标志。 有些人把道歉与采取解决办法混为一谈。道歉不是采取行动,它只是体谅某人的感情。可能听到道歉后,客户会感觉很好,但仅道歉而没有解决办法只是空谈。 你可能抱歉地说:"对不起,我们上次维修没能把您的车故障彻底解决。" 但你可以这样说:"我很抱歉上次维修给您带来了不便。现在看看我们能为您做些什么呢?" 要知道抱怨的客户不仅需要你理解他,更需要听到你在着手解决问题。这时你可以通过提问的方式,收集足够的信息,以便帮助对方解决问题。 客户有时会省略一些重要的信息,因为他们以为这不重要,或恰恰忘了告诉你。当你需要从客户那里得到一些特别的信息时,可运用提问的技巧,在客户与你之间建立一座桥梁。当你注意到话题转变时,可向客户提一些问题,使跳跃式的谈话回到原来的轨道上。 很多时候我们所理解的和客户所表达的未必是一回事,因此你需要提一些问题来确认"到底是什么"。应该向客户问些以下问题来获取信息: (1) 了解身份的问题。 这些问题一般是在对话的开头问,目的是获得你解决问题所需的信息。例如:"请问您的姓名?电话号码?会员卡号?" (2) 描述性问题。 这样的问题是要求客户全面描述他们的经历,这有利于你了解他们的兴趣、问题所在,以及他们所关心的事情。如果不了解这方面的情况,解决问题也就无从谈起。例如:"请描述一下,当您开车时发生了什么情况?" (3) 澄清性问题。 这种问题很少有人问,但确实是非常重要的问题。能否在适当的时候问这样的问题,决定了你的解决方法是否正确。例如:"先生,您说您想让您的车开得更快,请问一下什么样的速度是您认为的快速呢?" (4) 有答案可选的问题。 这种问题要求客户回答"是"还是"否",注意目的是确认某种事实,澄清客户的观点、希望或反应。正确地使用有答案可选的问句有助于你发现问题,这样你就能在最短的时间内找出问题的症结。例如:"先生,当车出现这个异响时,您的车速是低速还是高速?" (5) 结果问题。 问这些问题目的是告知客户你对他的问题的初步解决办法。例如"先生,您把车留在我们这里一段时间,怎么样?"这很重要,因为你的责任不仅要为客户解决问题,而且要使得他们满意。这关系到你提供的是满意的服务,还是一般的服务。 (6) 询问其他要求的问题。 这种问题是在与客户交往时最后问的问题,它能使客户感受到你真的很在意他。例如:"先生,今天还有没有其他我们能为您做的?" 这样你不仅解决了他的问题,而且在他离开之前还询问他是否还有其他要求,以便能够最大程度地帮助他,客户对你只帮他解决他提的问题更加感激。 其实询问信息的句子,并不一定都是问句,有时你只需要对客户刚说过的话作一个重复。例如:客户说:"发动机漏油。"你接着重复一遍:"发动机漏油?"客户听后马上会给你提供其他信息,这对你获取更多信息很有帮助。 问问题时要注意以下两点: (1) 问足够的问题。 问问题是帮助你获得你为客户服务所需的重要信息。就客户而言,他们可能认为问问题给他们带来了不便,而有些问题没必要问,甚至认为问问题是对他们的刁难。所以一定要使你的问题表达出一种友好的意图,同时告诉你的客户你为什么要问问题。所以,你应该学会使用"因为……",在你问问题时,给你的客户一个原因。

笔记

续　表

步　骤	说　　明
3. 收集信息	要想收集到的信息充分、并且正确，问题的数量就必须足够多。象征性地问几个问题，并不能保证你掌握事实的真相，如此就动手去解决问题的话，结果是难以令客户满意的。你必须问与整个事件有关的所有问题，倾听客户的回答，而避免自己去的结论或猜测。 (2) 倾听顾客的回答。 问问题的同时你要认真地去倾听客户的回答，如果你只是听而没有真正去倾听顾客的话，客户是会感觉到的，这会使客户更加恼火。事实上，如果你没有真正地去倾听他讲话，而就去解决他的问题，其结果客户也会不满意的。 在信息收集这一步中，你应该花 80%以上的时间去听，给你的客户 80%以上的时间去讲，这样有助于你为客户提供正确的解决办法
4. 给出一个解决的方法	在明确了客户的问题之后，需要拿出一个双方均可接受的解决问题的方案。当错误无法弥补时，可以给客户进行补偿性关照。 补偿性关照是你采取的一种具体行动，目的是让客户知道，你认为所犯的错误，不管是什么原因造成都是不能原谅的，也要让客户知道这种事情不会再发生了，并且你很在意与他们保持业务联系。 补偿性关照的方法很多，比如： 打折； 免费赠品，包括礼物、商品或服务； 公司吸纳额外成本。例如，答应客户免工时费更换左前大灯。 提示："补偿性关照"服务是在感情上给予客户一种弥补和安抚，它并不能代替整个服务。它只能用在：对客户的伤害或给客户造成的损失是无法改正和补偿的时候，为了不让客户气愤地离开而且永远不再回来，你得马上在感情上来温暖他，使客户内心好受些。一句话，"补偿性关照"服务是不得已而为之的，只有在你的基本服务正常运行的情况下它才会有效。如果客户发觉你在用"补偿性关照"替代预期服务，他们不但不会感受到满意还会觉得这是不能接受的
5. 如果客户仍不满意，问问他的意见	投诉的顾客不是要你处理问题，而是要你解决问题，所以对于你的处理方案，他不一定觉得是最好的解决办法。这时你一定要问客户他希望问题如何解决。例如："您希望我们怎么做?"这样的问题很重要，因为能令客户满意的做法往往和你想象的相差较大。如果客户的要求可以接受，那就迅速愉快地完成。 提示：寻找一位新客户所花费的成本要比保持住现有的客户需要多花费好几倍，所以当有投诉发生时，解决问题的关健就是要干净彻底，令客户满意地处理掉。如果你有权处理，应尽快解决；如果没有，赶紧找个可以处理的人。倘若客户不高兴地离开了，将来想要赢回这名客户的机会就非常渺茫了
6. 跟踪服务	通过电话、电子邮件或信函，向客户了解解决方案是否有用，是否还有其他问题，如果你与客户联系后发现他对解决方案不满意，则要继续寻求一个更可行的解决方案。后续跟踪是非常重要的，它能使处理结果取得更高分。它可以： 强调你对客户的诚意； 深深地打动你的客户； 让客户印象加深； 加强客户的忠诚度

笔记

（七）客户投诉处理流程图(如图 4-2-4 所示)

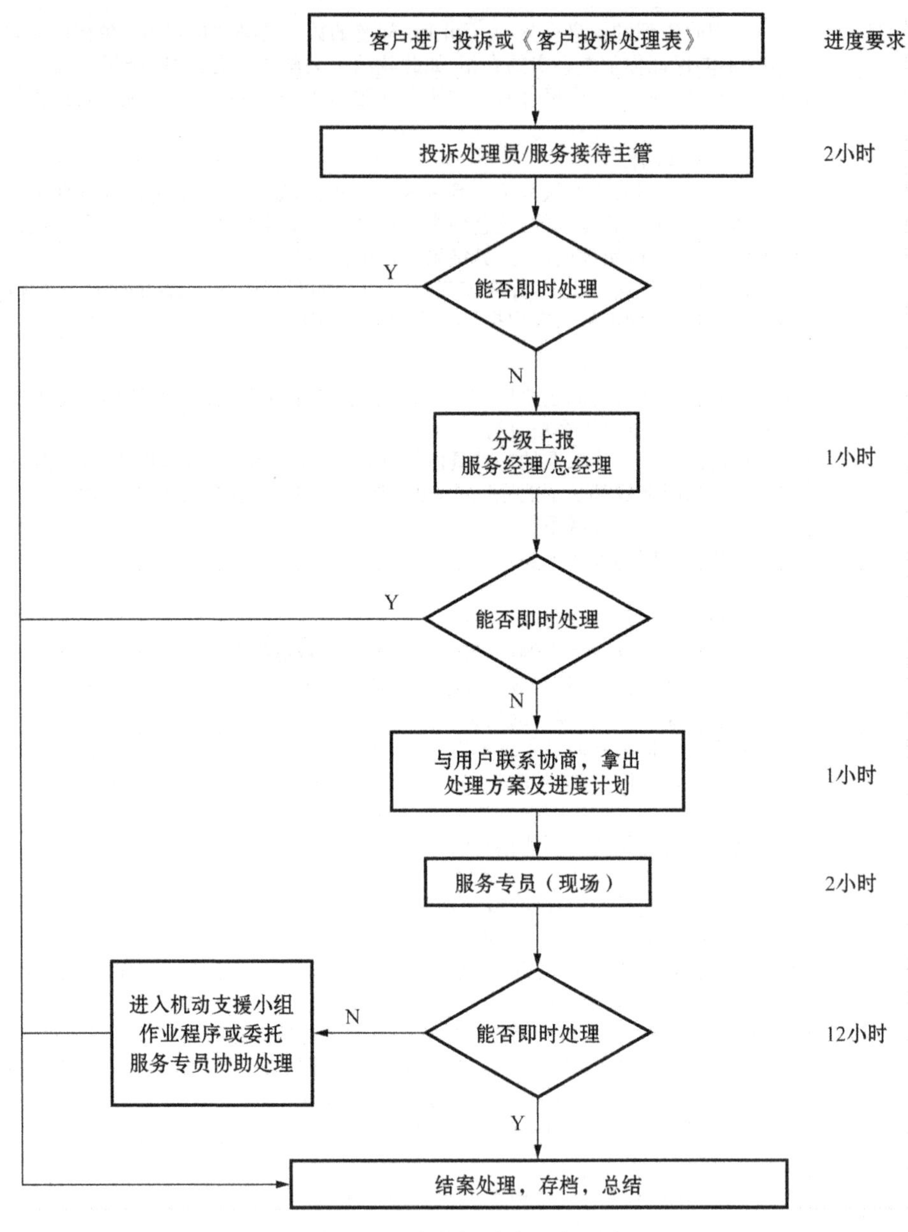

图 4-2-4 客户投诉处理流程图

笔记

（八）内部投诉处理流程图(如图 4-2-5 所示)

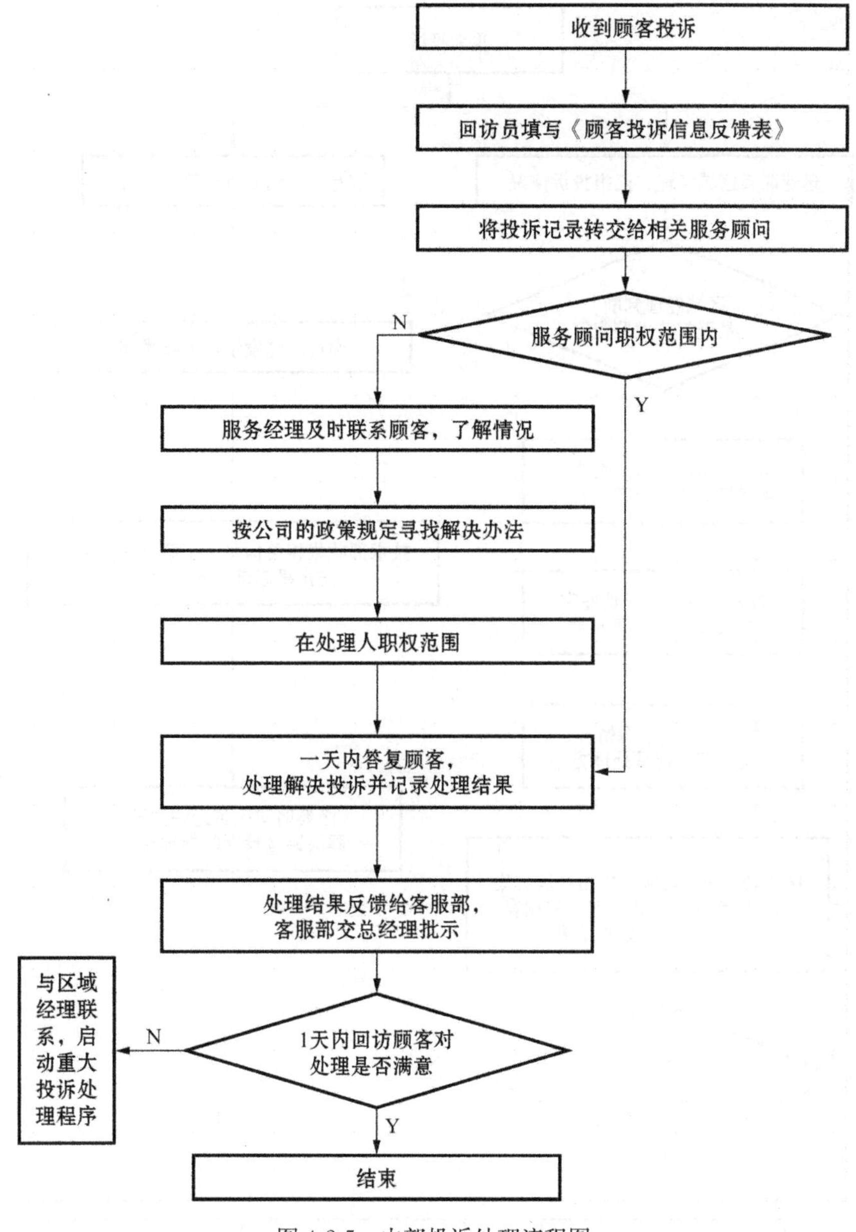

图 4-2-5 内部投诉处理流程图

笔记

（九）重大投诉处理流程图(如图 4-2-6 所示)

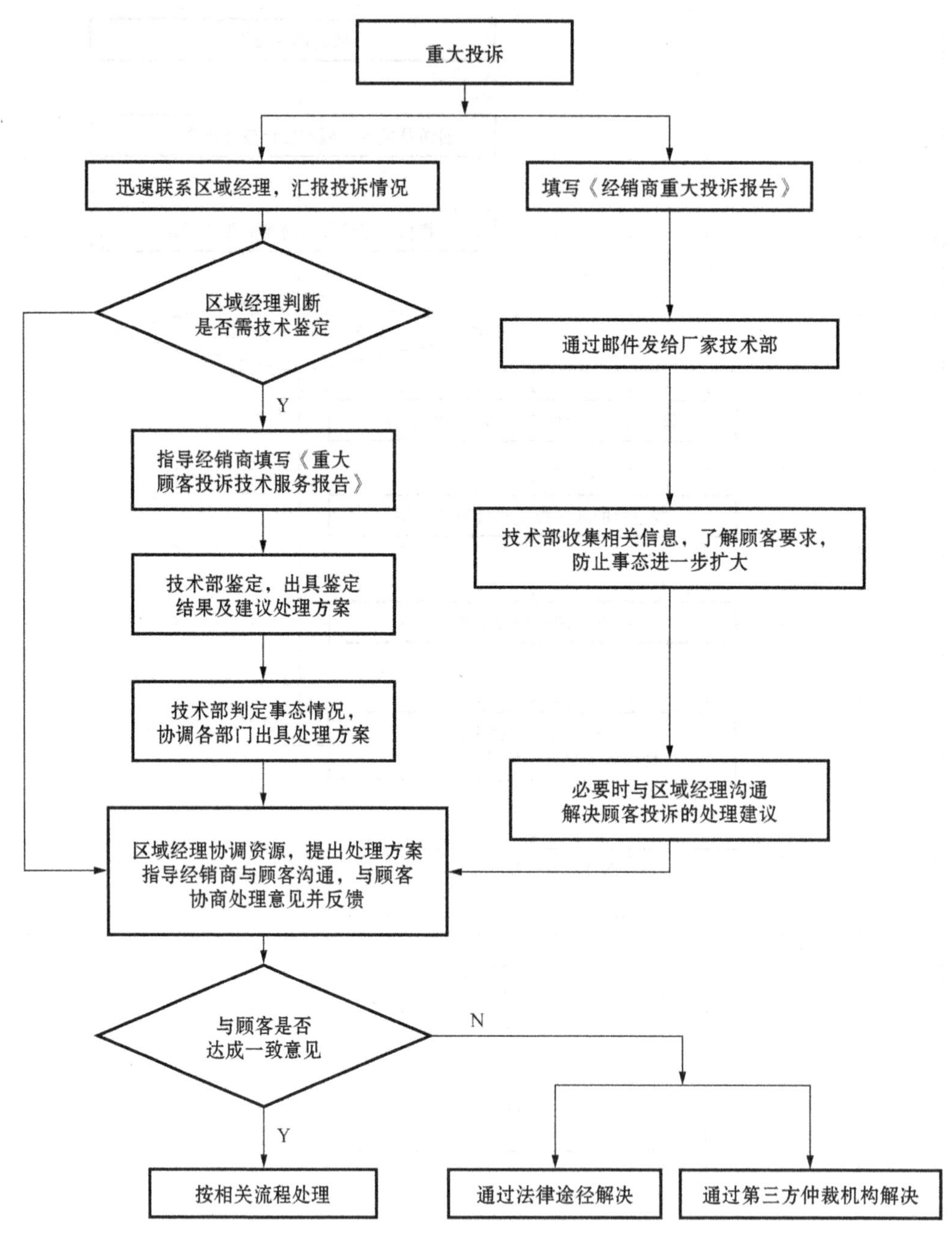

图 4-2-6 重大投诉处理流程图

笔记

(十) 客户投诉内部派工单(如表 4-2-6 所示)

表 4-2-6　客户投诉内部派工单

	客户投诉内部派工单					时间：　月　日　时　分 编号：	
信息分类		投诉类别		底盘号		车牌号	
客户姓名		联系电话		地　　址			
车　　型		购车日期		行驶里程			
客户反映的问题	1. 2. 3. 4. 5. 6.					客户服务专员 日期	
回复	投诉是否属实	□　属实　　□　不属实				接收人	
	产生投诉原因					回复人	
	处理过程及结果					日期	
投诉关闭确认	时间：　月　日　时　分		客户反应	□非常满意　□满意　□不满意			
关闭审批	信息关闭	□是　□否		关闭及时	□是　□否		
经办人			审批人				

四、客户投诉处理技巧

(一) 几类特殊群体的处理(如表 4-2-7 所示)

表 4-2-7　特殊群体的投诉处理

特殊群体	特　征	应 对 策 略
律师	以伸张“正义”为己任的人， “拿人钱财，替人消灾”，利用特殊身份恐吓之人	谈具体处理经过结果，不谈法律 如果要谈法律，请律师和律师谈
记者	以传播“真相”为己任的人， 以个人情感代替客观报道之人， 利用特殊身份试图达到某种目的之人	正面肯定关注，表示店、厂家一直在积极处理等 侧面解释原因 尽量少说

笔记

续 表

特殊群体	特 征	应对策略
消协/质量技术监督局	一副管理者面孔出现，要面子， 一种官僚主义作风，重表面， 一个政府机关模式，要业绩	正面肯定极度重视，店、厂家一直在积极处理并表示感谢 就事论事，积极配合 热情接待，适度处理

（二）几种难以应付的投诉客户（如表 4-2-8 所示）

表 4-2-8　难以应付的投诉客户处理

	特 征	建 议
以感情用事诉说者	情绪激动，或哭或闹	保持镇定，适当让客户发泄； 表示理解，尽力安抚，告诉客户一定会有解决方案； 注意语气，谦和但有原则
滥用正义感者	语调激昂，认为自己在为民族产业尽力	肯定客户，并对反映问题表示感谢； 告知公司的发展离不开广大客户的爱护与支持
固执已见者	坚持自己的意见，不听劝	先表示理解客户，力劝客户站在相互理解的角度解决问题； 耐心劝说，根据产品的特性解释所提供的处理方案
有备而来者	一定要达到目的，了解消法，甚至会记录处理人谈话内容或录音	处理人一定要清楚公司的服务政策及消法有关规定； 充分运用政策及技巧，语调充满自信。 明确我们希望解决客户问题的诚意
有社会背景，宣传能力强者	通常是某重要行业领导，电视台、报社记者、律师等，不满足要求会实施曝光	谨言慎行，尽量避免使用敏感性文字； 要求无法满足时，及时上报有关部门研究； 要迅速、高效的解决此类问题

（三）常见投诉的处理（如表 4-2-9 所示）

表 4-2-9　常见投诉的处理

投诉内容	举 例	处理方法（讨论）
超保修期索赔	如 CD 机超保修期	息事宁人＋引导解释
要求过高	如发动机异响，更换发动机总成	闪转腾挪＋引导解释
服务投诉	如接待态度差，维修处理不当	息事宁人＋慎重道歉
非保修件索赔	如刹车盘	息事宁人＋耐心解释
多次处理未解决	如车门异响	息事宁人＋耐心解释
零部件供货周期太长	如 CD 机	耐心解释＋迅速解决

笔记

（四）投诉处理禁忌（如表 4-2-10 所示）

表 4-2-10　投诉处理禁忌

禁　　忌	正确方法
立刻与客户摆道理	先听，后讲
急于得出结论	先解释，不要直接得出结论
一味的道歉	道歉不是办法，解决问题是关键
言行不一，缺乏诚意	说道做到
这是常有的事	不要让顾客认为这是普遍性
你要知道：一分价钱，一分货物	无论什么车的用户，我们都提供同样优质的服务
绝对不可能	不要用如此武断的口气
这个我们不清楚，你去问别人吧	为了您能够得到更准确的答复，您最好和×××联系
这个不是我们负责的，你问别的部门吧	
公司的规定就是这样的	为了您的车辆的良好使用，所以公司制定了这样的规则
信息沟通不及时	及时沟通信息
自以为是，不懂装懂	确认了准确信息再回复用户

（五）客户投诉的处理目标

留住客户，加深了解，增强信任，达到忠诚。

五、处理客户投诉案例

有家汽车公司的 6 位客户在维修工作完毕之后拒绝付钱。他们声称有些项目收费不大合理。由于 6 位客户在汽车修理完毕之前都已签名，所以公司便认为自己没有什么不对。这是第一个错误。下面是这家公司的业务部要求客户偿还欠款的步骤：

（1）他们亲访那 6 位客户，并且直言是来催收欠款的；

（2）他们说得很清楚，公司绝对没错。也就是说，客户绝对是错的；

（3）他们宣称公司对汽车的了解要比客户多，所以没什么好争论的；

（4）结果是争论不休。

你想用这些办法会让客户服气，痛痛快快地把事情解决吗？事情发展到后来，业务部经理几乎准备要大拼一场。幸好公司总经理注意到这件事，亲自调查这几名不愿偿还欠款的客户。他发现这 6 位客户的信用都很好，一向按时付款。所以，一定有什么地方弄错了，也许是催讨的方法完全错了。于是他亲自前往催讨这几笔“没有可能要回”的欠款。

（1）我个别拜访了那 6 位客户，表面上是去催收欠款，我们相信那些账单绝对没有错。但是，我并没有提到这一点。我说明自己是来调查公司做错了什么，我做错了什么。

（2）我说得很清楚，除了听取客户的意见，否则我不会发表意见。我还说，公司并没有宣称绝对无误。

（3）我告诉客户，我最关心的是他的汽车，而全世界只有他对自己汽车的状况最明确，

笔记

这一点是毫无疑义的。

(4) 我让客户说话,自己带着一份关注与同情去听,这正是他所期待的。

(5) 最后,等客户恢复冷静后,我便以公平的态度对事情作一了结。"首先,我要让您知道,我也觉得这件事处理不当,以致您受到许多打扰惹您生气,并给您的生活带来了不便,这都是我们公司职员的不是,我在此深表歉意。听了您的叙述,我深深感到您是个正直而有耐心的人,所以想请您帮个忙。这件事您能做得比别人更好,而您对这件事的了解也最为清楚的。这是您的账单,我知道我有权可以更正它,但我还是要留给您全权处理,无论您的决定是什么。"

这位客户修改了账单吗? 当然,而且削减了不少,这位客户付了最低额,他拒绝为那些不明的费用多付一分钱。但是,其余的 5 位都尽可能多付了,不让公司吃亏。事情的最妙之处是,两年之内,我们又卖了 6 辆车给这 6 位客户!

总结:如果没有迹象显示客户有问题,最好要相信他们是诚心诚意愿意付清账款的。一般而言客户都是愿意履行义务的,即便有例外也是极少数。而且应相信,那些有欺诈倾向的客户,如你愿意相信他们是诚实、正直和光明磊落的,大部分还是会作出善良反应的。

笔记

任务4.3 交际技巧

服务其实就是与人打交道，所以它仍然遵循交际之道，但是对于交际的技巧你掌握多少呢？其实，人们为什么会喜欢玩游戏？是因为玩游戏的过程很有趣，至于结果反而是其次的。同样，讲话时对他人所产生的影响是来自这个过程给人造成的一种感觉，而不是具体的事件。

一、影响交际的因素

假如你给一家公司打电话，还没来得及报上姓名，就被粗鲁地告知让你拿着电话等着；再如，你在一家公司新车旁边看，而销售员却视若无睹，只是在旁边与同事聊天；还有，你的新车出现故障，被售后服务人员用不太友善的语气告知是你驾驶操作不当引起的……

当你遇到这些情况时一定很反感，这些服务人员都是因为身体、语言、语调等细节问题造成你的不满。

研究表明在人与人的交际中，影响成功的因素有三个：语言、语调和手势（或身体语言）。下面的图表显示了你与顾客交际时，语言、语调和手势所占的比例（如图 4-3-1 所示）。

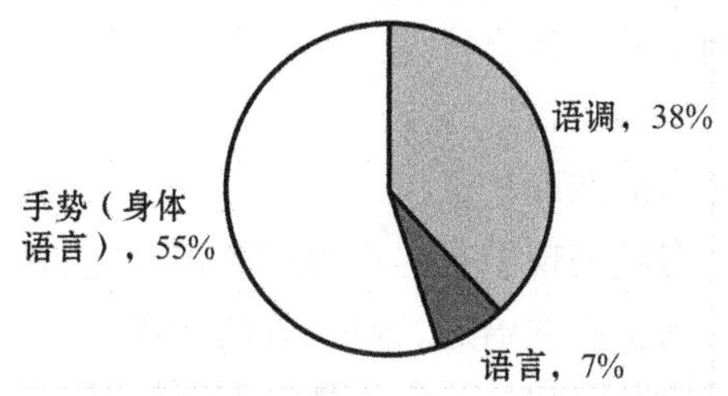

图 4-3-1 影响交际的因素

从上图得出，人与人的交际中，影响成功的三个因素各占比例：语言 7%，语调 38%和手势（或身体语言）55%。

（一）语调

人讲话的声音，就像乐器弹奏出的音乐。从音乐的调子中我们可以感觉出其中蕴含的感情：快乐、忧郁、悲伤、愤怒、不满、低落、兴奋、关爱……

而语调就像是声音的调子，听你的语调，客户就可以知道你的心情，以及你要表达的感情。像音乐家练习曲子一样，你也必须练习对客户讲话的语调。如果音乐家把一样的调子表现错了，听众就不会欣赏这台音乐会，同样，作为服务人员的你如果语调不对，客户也就不会感到满意。你的语调由下列因素组成：语速、音量、音调、音强、态度。

1. 语速

凭你讲话的速度，客户就会在大脑中形成一个对你的印象。如果说得太快，客户的印象就会是，你急于放下电话或急于把他打发走，你并不在意客户是否能听懂你在说什么。当然，不同地区不同国家的人说话的语速不一样，你认为讲得很慢，有些地方或国家的人会认为你讲得太快，虽然你已经不断地调整自己的语速，但可能事实上你讲话的语速还是比别人

笔记

讲话的语速都快！交际的成功不取决于你在说什么！因此，讲话者必须针对不同的客户调整讲话的速度，如果你和客户讲话的语速不一样，这样的交际就有可能失败。

2. 音量

音乐家演奏音乐时，要确保音量与所选曲子要表达的感情一致。同样与客户讲话时，音量对于创造一个优美的交际环境也起到至关重要的作用。你讲话的音量应该适中，不要太高，否则就会产生一种错误的交际情景，因为喊叫是愤怒、不满的表现。

3. 音调

听音乐家演奏时，如果他用同一个调子演奏所有的乐曲，你会感到厌倦，而如果他在表现这首乐曲时抑扬顿挫、快慢有致、高低错落，你就会觉得很美妙、很享受；跟作曲家不用同样的音调谱写乐曲一样，你与客户讲话时也不能只用一个语调，否则给人的感觉是冷漠、毫无生机、毫无诚意。相反，你可以通过音调的高地变化传达给客户这样的信息：你理解他们，你乐于帮助他们，而且使他们具有信心。

4. 音强

不同的场合要求讲话者表现出不同的感情。如果你接到一个客户的电话，他刚刚因为你的产品有了一次灾难性的经历，如果你的回答是低调子的，那么你的客户就会认为你对他漠不关心。正如你讲话的声音强度要随场合而改变，你讲话中的感情表露也要随场合而变。否则你的调子就与客户的调子不一致。

5. 态度

最令人可怕的灾难是恶劣的态度！

如果你在电话里讲话的态度表现出对客户很理解，并且愿意为他服务的话，那么你就应该表现出在那一场合你应有的正确的语速、音量、音调和音强。

无论你心情好不好，当见到客户时，一定要微笑着问候对方；当电话铃响时，一定要热情地说："您好！"

如果问候太简单，那种感觉就好像：他来敲你家的门，而你只把门开了一条缝，如果他想进来，就必须钻进来。

这是一种不受欢迎的感觉！

如果你笑着问候对方，就好像你是在邀请顾客，你把你的大门敞开了。

这是一种受到热烈欢迎的感觉！

要明白你的问候可以为整个对话定调子，调子的高低决定了整个交往的成功或失败。

（二）手势（身体语言）

表现比语言更具有说服力！

身体语言是一种持久不变的、不用口头语言来表达的交流手段。不必说一个字，你的身体语言就能表露出你的感觉和你的想法。同语调一样，手势（身体语言）决定你作为一个服务人员是否合格，也起着重要的作用。你通过阅读别人的身体语言而获知他的情绪，同样你自己的身体语言也在向别人传递信息，而且这种身体语言传递的信息比说出的话更令人相信。所以，作为服务人员的你，如果能够学会成功地使用身体语言则可以达到事半功倍的效果！

笔记

运用身体语言的技巧有三点：

1. 目光对视

目光对视是最有效力的身体语言技巧之一，它可以让客户了解到你对他很在意、很重视，也十分愿意接受他的想法。如客户一走近你，不管你在做什么，你要立即起身迎接并看着他的脸，同他进行目光接触。这一举动传达给他的信息是你很愿意接待他，很愿意为他服务。

注意：当谈话继续时，应该不时地移开目光，避免给人一种印象，认为你正在盯着他。

2. 面部表情

你的面部表情就像一块告示牌，它毫不掩饰地向你周围的人表明你的情绪。不管你有没有理由不高兴，你都不要让这一切聚在眉宇之间。客户不会关心你这天是否过得非常糟糕，对他们来说，这次同你的交往是这一天中的第一次，他们希望看到的是一张热情、友善的脸。所以在你开始说话之前，你的面部表情就要表现出一种积极的精神状态。

注意：当客户担心或烦恼时，你需要调整你的面部表情来配合他们的心理状态。

3. 身体动作

当你正在和一个人说话时，看到他做出以下的动作，你觉得他传达的意思是什么？

双手交叉抱在胸前

关上公文包

背靠或斜靠在物体上

……

类似以上列举的这些身体动作，传达出的信息是：

封闭、怀疑，不接受

缺乏解决问题的信心

不感兴趣

否定，没有在听对方讲话，不想接触

听得不耐烦，或想结束谈话

负面信息

……

当你面对这样的服务人员时，心里会是什么感受？你会觉得温暖吗？愉快吗？受重视吗？你一定会是很难过、不满、受委屈的！

所以，你在自己的服务当中就要避免这些负面的身体动作，而应该做出一些积极的动作。比如：点头、正面对着客户、向前倾身。

（1）点头。点头是表明你在注意倾听别人说话的最好的方式，当别人在对你喋喋不休地说着，而你又想让他知道你很关注他时，点头就特别有效。

误区：为了表达在很专注地倾听客户讲话，频频地点头。

注意：如果你持续不断地点头，则表达出的是不耐烦的情绪。在谈话间歇阶段点头，表明你根本没有留意周围发生的一切。

（2）正面对着客户。不要以为只要看着顾客就表示你已经在关注他了，如果你仅仅是把头转向他，而身子却在另一边，这种姿势传递出的信息仍然是“敷衍的”、“随意的”。而通

笔记

过把整个身子(不仅仅是你的头)转向客户,你就向他传递了这样一个信息,即他得到了你全部的、毫无分散的注意力!

(3) 向前倾身。在与客户谈话的过程中,如果你不想结束谈话,那么就要轻轻向前倾身,从而让客户了解你对他所说的话很感兴趣。当客户正在表达强烈的感情时,你一定要向前倾身,这表明了,我确实非常乐意听你说,我对你非常理解!

二、说“不”的技巧

无论用那种语言去表达,客户都不喜欢听到“不”这个字。无论客户什么时候想得到自己想要的东西,他们都希望能够得到。如果他们得不到他们想要的东西,可能会很失望,有挫折感或者不安,甚至不满,事实如此。你和其他服务人员一样,有时必须要对客户说“不”(不管你想说还是不想说)但是许多公司都给自己的员工灌输一种思想,不要对顾客说“没有”、“不行”、“不能”,服务就是满足顾客所需。因此当服务人员在不能满足客户所需时,他们会感到无助,不知道采取什么办法对这种困境予以圆满解决。

1. 谨记三点

(1) 有时是形势迫使你说“不”的。

(2) 说“是”也不一定就能保证顾客满意。

(3) 说“不”并不意味着你就一定与顾客闹得不欢而散。

2. 不得不说“不”的情况

在违背下列情况的时候,你必须说“不”:

(1) 某些地方政府的规定,可能是将某些地方政府力量威逼你的公司。

(2) 公司必须遵守法律。例如,如果你是出租车代理人,一个客户如没有驾驶证,你就不能租车给他,即使你了解他的为人。

(3) 公司政策和章程,这是一类强制性约束,不是作为法律要求,而是作为公司有关指导业务的规章制度的一部分。例如,你是一个零售店的售货员,当客户找不到发票时,你不可能让他退掉带来的东西。

(4) 缺货情况,当客户想要的货物短缺时你不能满足他。例如,客户到你公司想购买空调开关,而仓库正好缺货,需下星期才到货。

(5) 不可能做到的事,客户提出根本不可能满足的需求。例如,客户开车来你公司,告诉你,他的车要大修发动机,今天下午要用车,要你在半天时间把发动机修好。

3. 说“不”不一定是坏事

作为客户,他虽然最终没有得到想要的东西,但却可以从你这里得到最优质的客户服务。

4. 案例分析

陈先生开着他的车到你公司,想买昨天他的朋友在这里买的绒布座垫,他觉得这种座垫很漂亮。可是服务人员却向他道歉,并且告诉他很不巧,这种绒布座垫已经卖完了。陈先生觉得很失望。但是,这位服务人员并没有到此为止,相反,他邀请陈先生试用竹制座垫,这时正值夏天,陈先生坐上去很凉快、弹性很好,做工很精致,陈先生也很喜欢。于是陈先生决定买竹制座垫。而后这位服务人员还送给陈先生一个靠枕。最后,陈先生虽然没有买到最初

笔记

想要的，但是还是很高兴地离开了。

在这个案例中，服务人员为什么能使陈先生满意地离开？

5. 学会满足其他的需求

很多时候提供服务者都不得不对顾客说"不"，那么，如何缓解气氛、使自己走出困境，同时又让客户满意呢？

在上面例子里，为什么服务员能让陈先生满意而归？因为他知道，当他不能提供客户想要买的东西时，他的工作是尽可能地去满足客户的其他要求。他把握了三个关键点：

(1) 通过道歉，他显示了对客户的失望心情的理解。

(2) 当他给客户提供另一种座垫时，他对客户的第一种需求提供了另一种选择。

(3) 通过赠送靠枕，他向客户提供了一种补救性服务。

6. 说"不"的两种方法

假如，说"不"是生活中的一个事实，而且你早晚要把坏消息告诉给客户，你的选择不是逃避，而是如何说。

有两种说"不"的方法：生硬地拒绝、服务性拒绝

(1) 生硬地拒绝：只有那些认为自己的工作与客户之间有一道墙的服务人员，才会把"拒绝"的情形转变为激烈的争吵。类似这种说"不"的方式共同的特点是：没有移情作用或愿意帮忙的表示，从而激怒了客户。这种拒绝性的"不"的基本态度是："没门、没有任何办法、几百几万年后也别想！"

(2) 服务性拒绝：虽然强硬性地拒绝客户显然行不通，但并不是要把"不"字说得听起来像"是"。我们看到也有许多服务提供者不愿诚实地面对现实，想通过歪曲事实使客户高兴，这是更不可取的，因为这样做使客户不现实地期待他们将得到想要的东西。迟早有一天，当他们发现被误导时，将会更加气愤。你的本意是"不"，而客户却以为你在说"是"，这不是问题的解决办法。让客户愉快地、理解性地接受不，这才是解决问题的办法。

服务性拒绝应该怎样做？

三明治式的"不"。当我们不得不说"不"的时候，"三明治技巧"对绝大多数顾客都管用。"三明治"——两片面包夹火腿；"三明治技巧"——用两片"面包"把拒绝夹在中间。这两片"面包"是：

对顾客说"我要做的是……"

告诉顾客"你能做的是……"

第一片"面包"——"我要做的是……"

这句短语是告诉客户：你会想尽一切能使问题得到解决的办法来帮助他。你提供一些可选择的行动给客户，虽然这不是客户想要的，但是它会产生可行性的解决办法，有助于减少客户沮丧的心理感觉。

第二片"面包"——"你能做的是……"

第二句短语告诉客户：已经控制了一些情况的结果，向客户提出一些可行的建议，这些做法可能会暂时解决一些问题，或防止将来会再出现这种情况。

笔记

项目五 汽车售后“5S”现场管理

Description 项目描述	如何让客户放心把汽车开到你公司维修呢？除了维修价格合理，还要有质量、效率的保证，这就需要公司要进行“5S”管理。 你作为一名售后服务人员，你应该如何开展公司“5S”工作？
Objects 项目目标	1. 了解“5S”现场管理的意义 2. 掌握“5S”现场管理的内容 3. 掌握“5S”现场管理的实施步骤
Tasks 项目任务	任务　汽车售后“5S”现场管理
Implementation 项目实施	1. “5S”现场管理 2. “5S”现场管理具体案例分析

一、“5S”含义

“5S”起源于日本，指的是生产施工现场中对人员、机器、材料、方法等生产要素进行有效管理，是一套能综合提高生产企业管理水平的目视化工具。

“5S”是整理(Seiri)、整顿(Seiton)、清扫(Seiso)、清洁(Seiketsu)和素养(Shitsuke)这5个词的缩写。因为这5个词日语中罗马拼音的第一个字母都是“S”，所以简称为“5S”，开展以整理、整顿、清扫、清洁和素养为内容的活动，称为“5S”活动(如表5-1-1所示)。

表5-1-1 “5S”的内容

序号	步骤	内　容	说　　明
1	整理	要与不要，有留有弃	区分必需品和非必需品，现场不放置非必需品
2	整顿	科学布局，取用快捷	将寻找必需品的时间减少为零
3	清扫	清除垃圾，美化环境	将岗位保持在无垃圾、无灰尘、干净整洁的状态
4	清洁	洁净环境，贯彻到底	将整理、整顿、清扫进行到底，并且制度化
5	素养	形成制度，养成习惯	对于规定的制度员工都要自觉遵守，直至养成良好的习惯

“5S”活动不仅能够改善生产环境，还能提高生产效率、维修品质、服务水准、员工士气等等，是减少浪费、提高效率的基本要求，也是其他管理活动有效展开的基础。

二、推行“5S”的目的(如表5-1-2所示)

表5-1-2 推行“5S”的目的

序号	目　的	内　　容
1	改善和提高企业形象	整齐、清洁的工作环境，容易吸引顾客，让顾客有信心；同时，由于口碑相传，会成为其他公司的学习对象

笔记

续　表

序号	目　的	内　容
2	促成效率提高	良好的工作环境和工作气氛，有修养的工作伙伴，物品摆放有序，不用寻找，员工可以集中精神工作，工作兴趣高，效率自然会提高
3	改善零件在库周转率	整洁的环境，有效的保管和布局，彻底进行最低库存量管理，能够做到必要时能立即取出有用的物品。能够减少甚至消除寻找、滞留时间，改善零件在库周转率
4	保障维修品质	优良的品质来自优良的工作环境，通过经常性的清扫、检查不断净化工作环境，避免损坏维修设备、维修工具，维持维修的高效率，提高维修品质
5	保障企业安全生产	各种设备定位放置，工作场所宽敞明亮，通道畅通，三不落地等使得工作场所有条不紊，减少意外的发生，当然安全生产就有保障
6	降低生产成本	通过实施“5S”可以减少人员、设备、场所、时间等等的浪费，从而降低生产成本
7	改善员工精神面貌，增加团队凝聚力	人人都变成有修养的员工，有尊严和成就感，对自己的工作尽心尽力，使广大员工都有一种以厂为家的责任感，增加了员工的团队精神
8	缩短维修时间、确保准时交车	由于实施了目视化的管理，使异常现象减少，减少了人员、设备、时间的浪费，缩短了维修时间，从而确保了准时交车

三、推行“5S”的作用（如表 5-1-3 所示）

表 5-1-3　推行“5S”的作用

序号	作　用	说　明
1	亏损为零——“5S”是最佳的推销员	(1) 至少在行业内被称为最干净、整洁的工场； (2) 无返修、内部配合良好，在客户之间形成良好的口碑，使信任的客户越来越多； (3) 知名度很高，很多人慕名来参观； (4) 车主都以购买了此品牌的车，以及享受了这样的服务为荣； (5) 整理、整顿、清扫、清洁和素养的良好维持，并且使之都成为习惯，使维修厂有更大的发展空间
2	不良为零——“5S”是维修品质的护航者	(1) 技师在维修车辆时一切都以标准程序为要求施工； (2) 维修设备、仪器的正确保养，是确保维修品质的前提； (3) 目视化管理，能在最短时间内发现问题； (4) 干净整洁的工作场所，可以提高员工的品质意识； (5) 员工知道要预防问题的发生，而非公式化处理问题
3	浪费为零——“5S”是节约能手	(1) 避免库房、货架的过剩； (2) 避免购买不必要的工具、机器、设备； (3) 避免“寻找”、“等待”、“避让”等行为引起的浪费； (4) 消除“拿起”、“放下”、“清点”、“搬运”等无附加价值的劳动； (5) 避免出现多余的文具、桌、椅等办公用品
4	故障为零——“5S”是准时交车的保证	(1) 厂区无垃圾、杂物有利于机器设备的养护； (2) 工具管理良好，减少寻找时间； (3) 设备、人员效率高，整厂的综合效率也高

笔记

续 表

序号	作 用	说 明
5	事故为零——“5S”是安全生产的软件设备	(1) 整理、整顿后，通道和休息场所等不会被占用； (2) 物品的放置、搬运方法考虑了安全因素； (3) 车道的定向流动，减少了车辆在车间内移动时发生事故的可能性； (4) 车间内“危险”、“注意”、“不准吸烟”等警告标志明显； (5) 所有的维修设备都进行清洁、检修、能预先发现存在的问题，从而消除安全隐患； (6) 消防设施齐全、灭火器放置地点明确，万一发生事故，员工生命安全有保障
6	投诉为零——“5S”是标准化维修的推动者	(1) 员工能正确地执行各项规章制度； (2) 员工能明白工作该怎么做，怎样的才是最好； (3) 每天都有所改进，有所进步
7	缺勤为零——“5S”能够创造出快乐的岗位	(1) 明亮、干净、无灰尘无垃圾的工作场所让人心情愉快，不会让人厌倦和烦恼； (2) 工作已成为乐趣，员工不会无故缺勤旷工； (3) “5S”能给人“只要大家努力，什么都能做到”的信念，让大家都亲自动手进行改善； (4) 在有活力的一流维修企业，工作人员都由衷感到自豪和骄傲

四、“5S”现场管理的内容

“5S”现场管理是通过规范现场、现物，营造一目了然的工作环境，培养员工良好的工作习惯，是企业的一种管理方法，其最终目的是提升员工的品质。

革除马虎之心，养成凡事认真的习惯(认认真真地对待工作中的每一件“小事”)；

养成遵守规定的习惯；

自觉维护工作环境整洁明了的良好习惯；

培养文明礼貌的习惯。

“5S”现场管理的内容如表 5-1-4 所示。

表 5-1-4 “5S”现场管理的内容

1. 整理	
含义	将工作场所任何东西区分为必需的与非必需的； 把必需的东西与非必需的东西明确地、严格地区分开来； 非必需的东西要尽快处理掉
目的	腾出空间，充分利用空间； 防止误用； 塑造清爽的工作场所
说明	作业过程中经常有一些残余物料、旧零部件等滞留在现场，既占据了地方又阻碍生产，包括一些已无法使用的工具、设备等，如果不及时清除，会使现场变得凌乱，恶性循环。作业现场摆放不要的物品是一种浪费： 即使宽敞的工作场所，也将变窄小； 棚架、橱柜等被杂物占据而减少使用价值； 增加了寻找工具、零件等物品的困难，浪费时间； 物品杂乱无章的摆放，增加盘点的困难，成本核算失准

笔 记

续 表

<table>
<tr><td>推行步骤</td><td>第一步:现场检查
对工作现场进行全面检查,包括看得见和看不见的地方,如工具箱的内部、文件柜的顶部、桌子底部、以及车间的各个角落等。
第二步:区分必需品和非必需品
管理必需品和清除非必需品同样重要。我们先要判断出设备、工具的重要性,然后根据其使用频率决定管理方法,如清除非必需品,用恰当的方法保管必需品,便于寻找和使用。对于必需品,许多人总是混淆了客观上的“需要”与主观上“想要”的概念。他们在保存物品方面总是采取一种保守的态度,即“以防万一”的心态,最后把车间工作场所几乎变成了个“杂物馆”。所以管理者区分是“需要”还是“想要”是非常关键的。
第三步:清理非必需品
清理非必需品时,把握的原则是看物品现在有没有“使用价值”,而不是原来的“购买价值”,同时注意以下几个着眼点:
①货架、工具箱、抽屉、橱柜中的杂物,过期的报刊杂志、空罐,已损坏的工具;已不能使用的设备;
②仓库、墙角、窗台上、货架后、柜顶上摆放的样品、零件等杂物;
③长时间不用或已经不能使用的设备、工具、原材料、半成品、成品;
④办公场所、桌椅下面、告示板上的废旧文具、过期文件及表格、数据记录等。
第四步:非必需品的处理
对非必需品的处理,一般有以下几种方法:
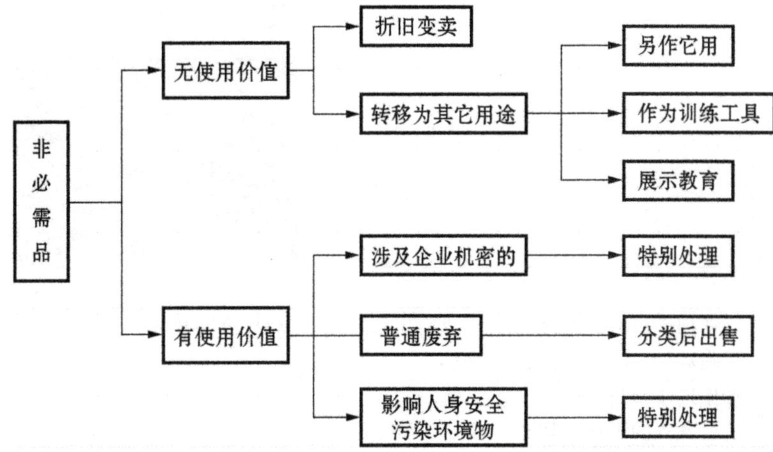

第五步:每天循环整理
整理是一个永无止境的过程。现场每天都在变化,昨天的必需品在今天可能是多余的,今天的需要与明天的需求必有所不同。整理贵在日日做、时时做;偶尔突击一下,做做样子的话,就失去了整理的意义</td></tr>
<tr><td>注意点</td><td>要有决心,不必要的物品应断然地加以处置</td></tr>
<tr><td>实施要领</td><td>自己的工作场所全面检查,包括看得到和看不到的;
制定“要”和“不要”的判别基准;
将不要物品清除出工作场所;
对需要的物品调查使用频度,决定日常用量及放置位置;
制订废弃物处理方法;
每日自我检查</td></tr>
<tr><td>常用方法</td><td>使用频率法
价值分析法
定点拍照法
红牌作战法
看板管理法</td></tr>
</table>

笔记

续 表

具体实例	废弃无使用价值的物品 不能使用的工作手套、破布、砂纸； 损坏了的钻头、丝锥、各类工具； 断了的锤、套筒、刃具等工具； 精度不准的千分尺、卡尺等测量工具； 破烂的垃圾桶、包装箱； 过时的报表、资料； 停止使用的标准书； 无法修理好的器具设备
实例图片	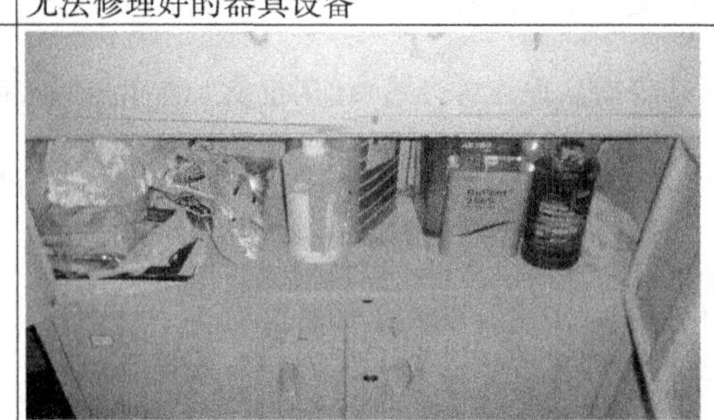 ← 整理前的工具箱 整理后的工具箱 → 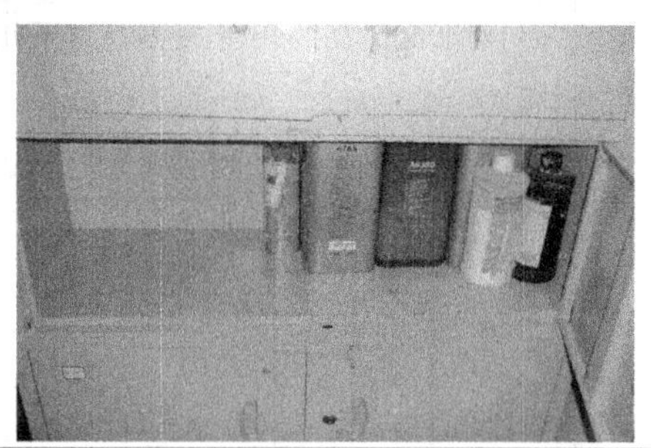
2. 整顿	
含义	对整理之后留在现场的必需的物品分门别类放置，排列整齐； 明确数量，并进行有效地标识
目的	工作场所一目了然； 整整齐齐的工作环境； 消除找寻物品的时间； 消除过多的积压物品
说明	整顿其实也是研究提高效率的科学，它研究怎样才可以立即取得物品，以及如何放回原位
推行步骤	第一步：分析现状 人们取放物品的时间为什么这么长？追根究底，原因包括： ①不知道物品存放在哪里； ②不知道要取的物品叫什么； ③存放地点太远； ④存放地点太分散； ⑤物品太多，难以找到； ⑥不知道是否已用完或别人正在使用（没找到）。 所以我们日常工作中的必需物品的管理状况如何，必须从物品的名称、分类、放置等方面的规范化情况进行调查分析，找出问题所在，对症下药。 第二步：物品分类 根据物品各自的特征，把具有相同特点或性质的物品划为一个类别，并制定标准和规范，为物品正确命名、标识。

笔记

续　表

<table>
<tr><td>推行步骤</td><td>①制定标准和规范；
②确定物品的名称；
③标识物品的名称。
第三步：决定储存方法（定置管理）
对于物品的存放，我们通常采用的是“定置管理”。定置管理是根据物流运动的规律性，按照人的生理、心理、效率、安全的需求，科学地确定物品在工作场所的位置，实现人与物的最佳结合的管理方法。
(1) 定置管理的两种基本形式：固定位置和自由位置
①固定位置：即场所固定、物品存放位置固定、物品的标识固定，即“三固定“。
这种“三固定”方法适用于车间内可移动式检测设备、吊装发动机的工具量具等。这些物品可以多次使用于维修过程，周期性地回归原地，在下一生产活动中重复使用。这些物品一般可多次使用于维修过程。对这一类物品实施的“三固定”方法，主要是固定存放位置，使用后要回复到原来的固定存放点，便于下次寻找。这种“固定”，可以使人的行为习惯固定，从而提高人的工作效率。
②自由位置：即相对地固定一个存放物品的区域，非绝对的存放位置。
具体存放位置，是根据当时维修情况及一定规则决定。与上一种方式相比，物品存放有一定自由度，故称自由位置。这种方法适用于维修车辆。这些物品的特点是按照工艺流程不停地从上一工序向下一工序流动，一直到最后出厂。所以，对每辆维修车来说，在某一工序施工后，一般不再回归到原来的场所。如车辆在喷漆过程中出入预喷区、烤房等。
(2) 标识与定置管理
标识在人与物、物与场所的作用过程中起着指导、控制、确认的作用。在生产中使用的物品品种繁多、规格复杂，它们不可能都放置在操作者的手边，如何找到，需要一定的信息来指引。许多物品在流动中是不回归的，它们的流向和数量也需要信息来指导和控制；为了便于寻找和避免混放，也需要有信息来确认。因此，在定置管理中，完善、准确而醒目的标识十分重要，它影响到人与物以及场所的有效结合程度。
标识一般可分为两类：引导类标识和确认类标识
①引导类标识。设有引导信息告诉人们“物品放在哪里”，便于人与物的结合。例如车间各种物品的台账就是一种引导信息。在台账中，每类物品都有自己的编号，这种编号是按“四号定位”原则来编码的，“四号”即指库、区、架、位。有了台账就可知道某种物品放在何处，数量是多少。如果使用网络数据库就更方便和快捷了。
②确认类标识。这是为了避免物品混乱和放错地方所需的信息。各种区域的标志线、标志牌和色彩标志告诉人们“这是什么场所”。如竣工车辆停放区和维修待料区使得目视化管理明确、清楚不易被任何人混淆。各种物品的卡片和悬挂卡片的架、框，也是一种重要的确认信息。在卡片上说明这种物品的名称、规格、数量、质量等等，告诉人们：“此物品是什么”。这些卡片相当于物品的核实信息。
由此可见，在定置管理中各种标识是很重要的，良好的定置管理，要求标识达到五个方面的要求，即五种理想状态：
①场所标识清楚；
②区域定置有图；
③位置台账齐全；
④物品编号有序；
⑤全部信息规范。
第四步：实施
按决定的放置方法把物品、设备放在它该放的地方。不要使有些物品或设备没有规定的放置地点。
①工作场所的定置要求。首先要制定标准比例的定置图。生产场地、通道、检查区、物品存放区，都要进行规划和显示。明确各区域的管理责任人，零件、设备、垃圾箱、消防设施、易燃易爆的危险品等均用鲜明直观的色彩或信息牌显示出来。凡与定置图要求不符的现场物品，一律清理撤除。</td></tr>
</table>

笔记

续 表

推行步骤	②车间现场各工序、工位、机台的定置要求。必须要有各工序、工位、机台的定置图。要有相应的图纸文件架、柜等资料文件的定置硬件。工具、量具、仪表、机器设备在工位、机台上停放应有明确的定置要求。材料、旧件及各种用具在工序、工位摆放的数量、方式也应有明确的定置要求。附件箱、零件货架的编号必须同零件账、卡、目录相一致。 ③工具箱的定置要求、工具箱应按标准的规定设计定置图。工具摆放要严格遵守定置图，不准随便乱放。定置图及工具卡片，要贴在工具箱上。工具箱的摆放位置要标准化。规范化和统一化。 ④检查现场的定置要求。要检查现场的定置图，并对检查现场划分不同的区域，以不同颜色加以标志区分
注意点	这是提高效率的基础
实施要领	前一步骤整理的工作要落实； 布置流程，确定放置场所； 规定放置方法、明确数量； 划线定位； 对场所、物品做出标识 整顿的三要素：场所、方法、标识 (1) 放置场所： 物品的放置场所原则上要100%设定； 物品的保管要　定点、定容、定量； 生产线附近只能放真正需要的物品。 (2) 放置方法： 易取； 不超出所规定的范围； 在放置方法上多下工夫。 (3) 标识方法： 放置场所和物品原则上一对一表示； 现物的表示和放置场所的表示； 各种表示方法全公司要统一； 在表示方法上多下工夫。 整顿的三定原则：定点、定容、定量 (1) 定点：放在哪里合适(具备必要的存放条件，方便取用、还原放置的一个或若干个固定的区域)。 (2) 定容：用什么容器、颜色(可以是不同意义上的容器、器皿类的物件，如：筐、桶、箱篓等，也可以是车、特殊存放平台甚至是一个固定的存储空间等均可当作容器看待)。 (3) 定量：规定合适的数量(对存储的物件在量上规定上下限，或直接定量，方便将其推广为容器类的看板使用，一举两得)
常用方法	引线法 形迹法 标识法 固定容器法 红牌作战法 定置管理法 颜色管理法 看板管理法
具体实例	“简单的最好”原则，意味着简化操作和促进管理。通过废弃不必要的物品和增加必要的物品，可避免重复、提高工作效率。这里所说的“简单”是指各种各样的活动和物品最少化。以下列出了一些最为常用的“简单”要素。这些要素是： (1) 一套文具。尽量限制每人所使用的文具和工具，每人最多一套。对于使用频率不高的文具，如标签、绳线和大号钉书机等，可以让整个办公室共用一套。

笔记

续 表

具体实例	(2) 文件存放在一个地点。把文件集中存放在一个地方。这样做将会减少你认为必需文件的数量。采用较好的文件储存方法使你能尽快地获得文件。限制文件的分发数目,因为这样做可以加快回收文件速度,减少管理难度。这种做法对已经实行计算机化的办公室来说尤为重要。应避免个别处理电子文件,共享的文件可集中存储于已建立的计算机网络。而且必须使用同一种系统方法命名文件以便每一个人能够理解文件的类别并在 30 秒内就可找到需要的文件。过时的文件应予以销毁或者只保存一套原稿以供日后参考之用。 (3) 储存一份副本。只保留一份副本。可能的话,连文件原稿也不应打印出来,只需把文件储存在计算机内就行了,当然还应拷贝一份附件。 (4) 只开一小时的会议。尽量把会议的持续时间限制在一小时以内。这种做法可大大减少花在会议上的时间。在会议召开之前,安排好开会程序,散会后落实会议上的决定。减少浪费的时间,反复考虑只召开有意义的会议。限制会议出席者数量。有时,恰当地使用电话和电子邮件可很好地取代会议,并应优先加以考虑。 (5) 一分钟电话。在打电话之前,综合一下你的思想和问题。在谈话的时候力求用语简洁和准确地表达出自己的思想。可能的话,应在一分钟内跟对方说再见。 (6) 今天的工作今天做。今天的工作今天做。这种做法将会大大减少你“待办”的工作量,缩短处理工作的时间,减少文件传阅的部门和人员的数量,防止文件不停“打圈”而不能返回文件柜。如果公司采用了电子邮件系统,便要确保每天都检查你的“电子邮箱”,尽可能回复邮件。 (7) 领导以身作则。成功与否的关键在于领导,如果领导能够坚持这样做,大家都会很认真对待这件事;很多公司“5S”推行得不好,那是因为“5S”仅靠行政命令去维持,缺少领导的以身作则。 (8) 人人参与。公司所有部门、所有人员(含厂长、部门经理)都应该一起来执行这些要素。 最好能明确每个人应负责清洁的区域,分配区域时必须绝对清楚地划清界限,不能留下没有人负责的区域(即死角)。 自己清扫,不依赖清洁工。对自己的责任区域都不肯去认真完成的员工,不要让他担当更重要的工作
实例图片	

笔记

续 表

实例图片	  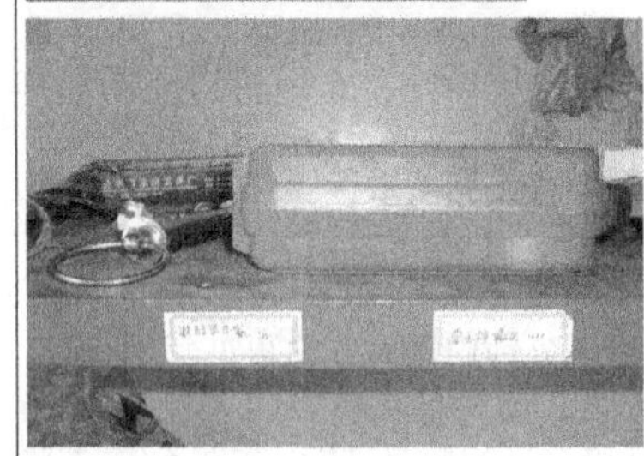 
3. 清扫	
含义	将工作场所清扫干净； 保持工作场所干净、亮丽的环境
目的	保持良好的工作环境
说明	如果你能将工作场所出现的的垃圾立即处理掉，你会发现良好的工作环境会使人身心愉快
推行步骤	第一步：准备工作 ①安全教育。对员工做好清扫的安全教育，对可能发生的受伤、事故（触电、刮伤碰伤、涤剂腐蚀、尘埃入眼、坠落砸伤、灼伤）等不安全因素进行警示和预防。 ②设备基本常识教育。对设置为什么会老化、会出现故障，用什么样的方法可以减少人为损坏因素，如何减少损失等进行教育。 了解机器设备——通过学习设备基本构造，了解其工作原理，绘制设备简图及对出现尘垢、漏油、漏气、振动、异音等状况的原因进行解析，使员工对设备有一定的了解。 ③技术准备。指导及编制相关指导书，明确清扫工具、清扫位置、加油润滑基本要求、螺钉卸除紧固方法及具体顺序步骤等。 第二步：从工作岗位扫除一切垃圾、灰尘 ①作业人员动手清扫而非由清洁工代替； ②清除长年堆积的灰尘、污垢，不留死角； ③将地板、墙壁、天花板，甚至灯罩的里边打扫干净。 第三步：清扫点检机器设备 ①设备本来是一尘不染、干干净净的，所以我们每天都要恢复设备原来的状态，这一工作是从清扫开始的； ②不仅设备本身，连带其附属、辅助设备也要清扫（如分析仪、气管。水槽等）； ③油管、气管、空气压缩机等不易发现、看不到的内部结构要特别留心注意； ④一边清扫，一边改善设备状况，把设备的清扫与点检、保养、润滑结合起来。 常言道："清扫就是点检"通过清扫把污秽、灰尘、油渍、原材料加工剩余物清除掉，这样磨耗、暇疵、漏油、松动、裂纹、变形等设备缺陷就会暴露出来，就可以采取相应的措施加以弥补。 第四步：整修在清扫中发现有问题的地方 ①车间内道路不平，拖运发动机或大件物品时拖车会导致物品摇晃碰撞；连员工也容易摔跟头，这样的道路要及时整修；

笔记

续　表

推行步骤	②对各种设备松动的螺栓要马上加以紧固,补上缺少的螺钉、螺母等; ③对需要防锈保护或需要润滑的部位,要按照规定及时加油保养; ④更换老化或破损的水管、气管、油管; ⑤清理堵塞管道; ⑥更换或维修难以读数的仪表装置; ⑦添置必要的安全防护装置(如喷漆专用口罩等); ⑧要及时更换绝缘层已老化或被老鼠咬坏的导线。 第五步:查明污垢的发生源,从根本上解决问题 ①即使每天进行清扫,油渍、灰尘和碎屑还是会四处遍布,要彻底解决问题,还须查明污垢的发生源,从根本上解决问题; ②制定污垢发生源的明细清单,按计划逐步改善,将污垢从根本上灭绝。 第六步:实施区域责任制 对于清扫,应该进行区域划分,实行区域责任制,责任到人,不可存在没人打理的死角。 第七步:制定相关清扫基准 制定相关清扫基准,明确清扫对象、方法、重点、周期、使用工具、保证清扫的质量,促进清扫工作的标准化
注意点	责任化、制度化
实施要领	建立清扫责任区(室内、外); 执行例行扫除,清理脏污制度; 调查污染源,予以杜绝或隔离; 建立清扫基准,作为规范
常用方法	点检法 划分责任区法 透视管理法
具体实例	(1) 清扫工具: 抹布和拖把悬挂放置合理,充分利用空间; 随时清理不能使用的拖把、扫帚; 对扫帚或抹布进行数量管理。 (2) 机械设备每天要保持光亮: 机械设备保持光亮如新; 不能将机械不清洁的地方用油漆等粉饰一番,蒙骗过关; 通过对机械设备每天的擦洗来发现细小的异常; 清扫后及时维护保养。 (3) 分类垃圾箱: 设立分类垃圾箱,便于垃圾分类回收; 可再生的(区分塑料、金属); 不可再生的(生活垃圾); (4) 推进“透明管理”。 展开清洁活动还必须推进“透明管理”,很多公司喜欢将物品放在有锁的柜子内或密封的架子上。这样一来,人们不打开就看不到里面放了什么。因为不引人注意,所以这些地方经常乱七八糟搁置了一些物品,这种“眼不见为净”的自欺欺人行为如果要杜绝,就必须推进“透明”管理,即拆除那些不透明的金属板,改为安装玻璃;实在不行的,也应该安装一个透明的检查窗口

笔记

续 表

<table>
<tr><td>实例图片</td><td></td></tr>
<tr><td colspan="2">4. 清洁</td></tr>
<tr><td>含义</td><td>将整理、整顿、清扫进行到底，并且标准化、制度化，并贯彻执行及维持结果</td></tr>
<tr><td>目的</td><td>维持整理、整顿、清扫的成果，使企业具有良好的制度</td></tr>
<tr><td>说明</td><td>充分利用创意改善和全面标准化，从而获得坚持和制度化的条件，提高工作效率</td></tr>
<tr><td>推行步骤</td><td>第一步：对推进组织教育
不要认为这是一个很简单的工作，而忽略了对组员的教育。往往因为简单，所以所有人都认为这个这样做、那个那样做就行了。最终因为不同人的理解得到不同的结果，而无法得到贯彻实施后的预期效果，使“5S”从此夭折。
人的思维是复杂而多变的，我们必须统一了思想才能共同朝着同样的目标奋斗。所以，我们必须对“5S”的基本思想，向组员和全体员工进行必要的教育和宣传。这是非常重要的。
第二步：整理
区分工作区的必需品和非必需品。经过了必要的教育，我们就应该带领组员到现场，将目前所有的物品整理一遍，并调查它们的使用周期，将这些物品记录下来。再区分必需品和非必需品。
第三步：向作业者进行确认说明
现场的维修技师是岗位的主人，他可以做好该岗位的工作，也能使该岗位的工作杂乱无章。再说，也只有该岗位的作业者最清楚他的岗位的需求，只有他们才知道我们某些规定的不完善或不适用的地方。所以，我们区分必需品和非必需品时，应先向作业者询问确认清楚，并说明一些相关的事情。
第四步：撤走各岗位的非必需品
接下来，我们就应该将非必需品从岗位上撤走，而且要迅速地撤下来，决不能以“等明天”的心态对待。
第五步：整顿
规定必需物品的摆放场所。撤走了非必需品，并不是万事大吉了。对现场的必需物品该怎样摆放？是否阻碍交通？是否阻碍技师的操作？技师拿取方便吗？我们必须根据实际条件、根据技师的工作习惯、工作要求，合理地规定摆放必需品的位置。
第六步：规定摆放方法
摆放场所规定了，我们必须要确认一下摆放的高度、宽度以及数量，以便于管理。并将这些规定形成文件，便于日后改善、整体推进和总结。
第七步：进行标识
所有的工作都做了，我们有必要做一些标识，标示规定的位置、规定的高度、规定的宽度和数量，方便员工识别，减少员工的记忆劳动。</td></tr>
</table>

笔记

续　表

推行步骤	第八步:将放置方法和识别方法对技师进行说明 　　别忘了,人是需要交流的,有了交流才能有进步。所以,我们将规定下来的放置方法和识别方法交给技师,将工作从推进人员的手中移交给作业者进行日常维护。 　　在说明时,必须注意原则性的问题。有些作业者开始时会有些不太适应或自认为不对的,但对于有必要实行的规定,一定得让他实施。告诉他在实施的途中可以提出意见,改善这个规定,但是不能擅自取消。 　　也就是说,对基本要求我们必须实施强制手段,在完善改进的领域里我们可以采取民主的手法,强制加民主可以让我们的工作做得更好。 第九步:清扫并在地板上划出区域线,明确各责任区和责任人 　　因为工厂的范围很大,所以我们必须划分责任区和明确责任人。只有规定了责任范围和责任人,我们的工作才能贯彻下去。不要相信“人是自觉的”谎言,人有很多种天性,惰性就是其中的一种
注意点	制度化,定期检查
实施要领	落实整理、整顿、清扫工作; 制订考评方法; 制订奖惩制度,加强执行; 高层领导带头巡查,以表重视
常用方法	雷达法 矩阵推移法 荣誉法
具体实例 	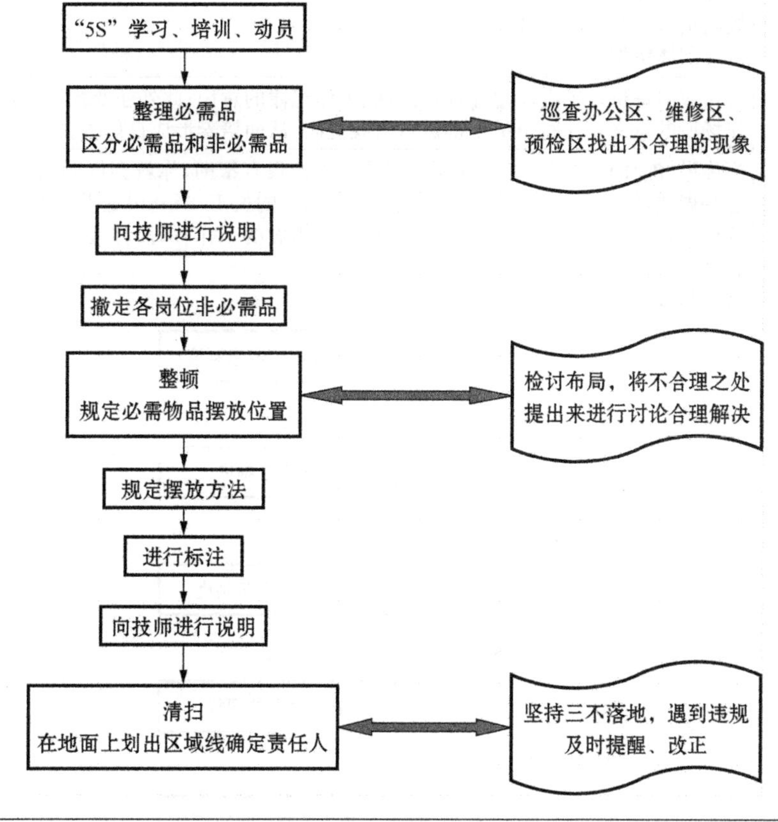

笔记

续 表

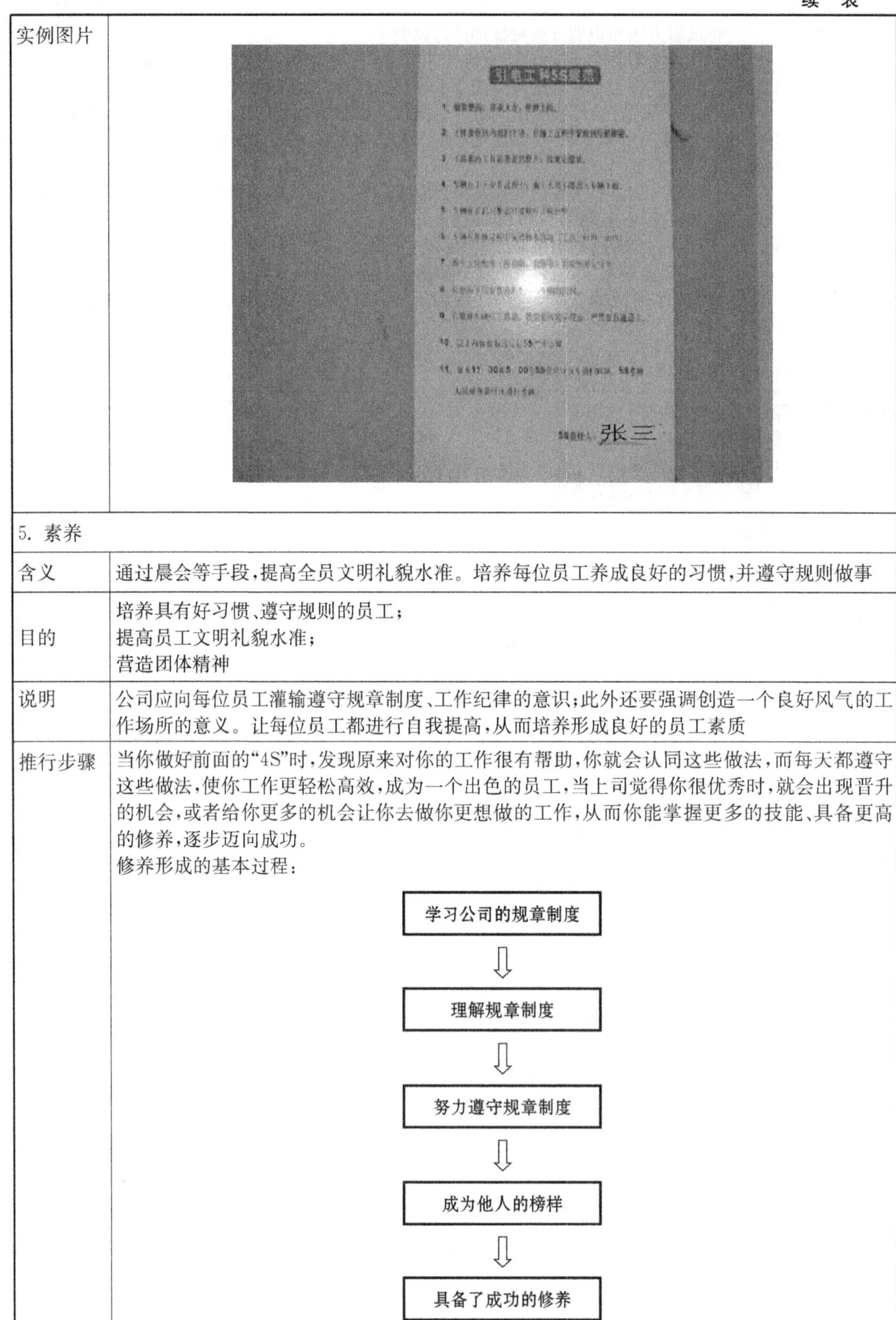

实例图片	
5. 素养	
含义	通过晨会等手段，提高全员文明礼貌水准。培养每位员工养成良好的习惯，并遵守规则做事
目的	培养具有好习惯、遵守规则的员工； 提高员工文明礼貌水准； 营造团体精神
说明	公司应向每位员工灌输遵守规章制度、工作纪律的意识；此外还要强调创造一个良好风气的工作场所的意义。让每位员工都进行自我提高，从而培养形成良好的员工素质
推行步骤	当你做好前面的“4S”时，发现原来对你的工作很有帮助，你就会认同这些做法，而每天都遵守这些做法，使你工作更轻松高效，成为一个出色的员工，当上司觉得你很优秀时，就会出现晋升的机会，或者给你更多的机会让你去做你更想做的工作，从而你能掌握更多的技能、具备更高的修养，逐步迈向成功。 修养形成的基本过程： 学习公司的规章制度 ⇩ 理解规章制度 ⇩ 努力遵守规章制度 ⇩ 成为他人的榜样 ⇩ 具备了成功的修养

笔记

续　表

注意点	长期坚持，才能养成良好的习惯
实施要领	制订服装、仪容、识别证的标准； 制订共同遵守的有关规则、规定； 制订礼仪守则； 教育训练(新进人员强化“5S”教育、实践)； 推动各种精神提升活动(晨会、礼貌运动等)
常用方法	流程再造 模式图 教练法 疏导法
具体实例	(1) 实行晨会制度： 晨会的仪容仪表； 宣传“5S”活动； 通报“5S”的落实情况； 指出“5S”工作的不足、急需改进地方。 (2) 领导带头推进“5S”工作： 领导自己区域的“5S”要起到榜样作用； 严格按相关规则执行，严惩不贷； 当天事情当天处理，绝不拖延。 (3) 制定礼仪守则，实施各种培训： 礼仪语言； 仪表礼仪； 服饰礼仪； 行为礼仪； 待客礼仪； 握手礼仪； 访问客户的礼仪
实例图片	

笔记

五、开展"5S"活动的原则(如表 5-1-5 所示)

表 5-1-5　开展"5S"活动的原则

序号	内　容	说　　明
1	自我管理的原则	良好的工作环境,不能单靠添置设备,也不能指望别人来创造。应当充分依靠现场人员,由现场的当事人员自己动手为自己创造一个整齐、清洁、方便、安全的工作环境,使他们在改造客观世界的同时,也改造自己的主观世界,产生"美"的意识,养成现代化大生产所要求的遵章守纪、严格要求的风气和习惯。因为是自己动手创造的成果,也就容易保持和坚持下去
2	勤俭办厂的原则	开展"5S"活动,会从生产现场清理出很多无用之物,其中,有的只是在现场无用,但可用于其他的地方;有的虽然是废物,但应本着废物利用、变废为宝的精神,该利用的应千方百计地利用,需要报废的也应按报废手续办理并收回其"残值",千万不可只图一时处理"痛快",不分青红皂白地当作垃圾一扔了之。对于那种大手大脚、置企业财产于不顾的"败家子"作风,应及时制止、批评、教育,情节严重的要给予适当处分
3	持之以恒的原则	"5S"活动开展起来比较容易,可以搞得轰轰烈烈,在短时间内取得明显的效果,但要坚持下去,持之以恒,不断优化就不太容易。不少企业发生过"一紧、二松、三垮台、四重来"的现象。因此,开展"5S"活动,贵在坚持,为将这项活动坚持下去,企业首先应将"5S"活动纳入岗位责任制,使每一部门、每一人员都有明确的岗位责任和工作标准;其次,要严格、认真地搞好检查、评比和考核工作,将考核结果同各部门和每一人员的经济利益挂钩;第三,要坚持 PDCA 循环,不断提高现场的"5S"水平,即要通过检查,不断发现问题、不断解决问题。因此,在检查考核后,还必须针对问题,提出改进的措施和计划,使"5S"活动坚持不断地开展下去

六、"5S"现场管理的推行步骤(如表 5-1-6 所示)

表 5-1-6　"5S"现场管理的推行步骤

<table>
<tr><th>序号</th><th>步　骤</th><th>内　　容</th><th>说　明</th></tr>
<tr><td>1</td><td>成立推行组织</td><td>成立委员会及推行办公室
确定组织职工
确定委员的主要工作
编组及责任区划分</td><td>建议由企业主要领导出任"5S"活动推行委员会主任职务,以视对此活动之支持</td></tr>
<tr><td rowspan="2">2</td><td rowspan="2">拟定推行方针及目标</td><td>方针制定:推动"5S"管理时,制定方针作为导入之指导原则
推行"5S"管理、塑造一流形象
告别昨日,挑战自我,塑造新形象
于细微之处着手,塑造公司新形象
规范现场、组织、提升人的品质</td><td>方针的制定要结合企业具体情况,要有号召力。方针一旦制定,要广为宣传</td></tr>
<tr><td>目标制定:先予设定期望之目标,做为活动努力之方向及便于活动过程中之成果检查
第 4 个月各部门考核 90 分以上
有来宾到厂参观,不必事先临时做准备</td><td>目标的制定也要同企业的具体情况相结合</td></tr>
</table>

笔记

续　表

序号	步　骤	内　　容	说　明
3	拟定工作计划及实施方法	日程计划作为推行及控制之依据 资料及借鉴他厂做法 “5S”活动实施办法 与不要的物品区分方法 “5S”活动评比的方法 “5S”活动奖惩办法 相关规定(“5S”活动时间等) 工作一定要有计划,以便大家对整个过程有一个整体的了解	项目责任者清楚自己及其他担当者的工作是什么,何时要完成,相互配合造就一种团队作战精神
4	教育	每个部门对全员进行教育 “5S”现场管理法的内容及目的 “5S”现场管理法的实施方法 “5S”现场管理法的评比方法 新进员工的“5S”现场管理法训练	教育活动非常重要,让员工了解“5S”活动能给工作及自己带来好处从而主动地去做,与被别人强迫着去做其效果是完全不同的。教育形式要多样化,讲课、放录像、观摩他厂案例或样板区域、学习推行手册等方式,均可视情况加以使用
5	活动前的宣传造势	最高领导发表宣言(晨会、内部报刊等) 海报、内部报刊宣传 宣传栏	“5S”活动要全员重视、参与才能取得良好的效果
6	实施	作业准备; “洗澡”运动(全体上下彻底大扫除); 地面划线及物品标识标准; “三定”、“三要素”展开; 摄影; “‘5S’日常确认表”及实施; 作战	
7	活动评比办法确定	系数:困难系数、人数系数、面积系数、素养系数 评分法	
8	查核	查核 问题点质疑、解答 各种活动及比赛(如征文活动等)	
9	评比及奖惩	按“5S”活动竞赛办法进行评比,公布成绩,实施奖惩	
10	检讨与修正	QC 手法在“5S”活动中,适当的导入 QC 手法、IE 手法是很有必要的,能使“5S”活动推行得更加顺利、更有成效	各责任部门对不足的项目进行改善,不断提高
11	纳入定期管理活动中	标准化、制度化的完善 实施各种“5S”现场管理法强化月活动	企业因其背景、架构、企业文化、人员素质的不同,推行时可能会有各种不同的问题出现,推行办要根据实施过程中所遇到的具体问题,采取可行的对策,才能取得满意的效果

笔记

七、"5S"管理检查要点

(1) 有没有用途不明之物。
(2) 有没有内容不明之物。
(3) 有没有闲置的容器、纸箱。
(4) 有没有不要之物。
(5) 输送带之下,物料架之下有否置放物品。
(6) 有没有乱放个人的东西。
(7) 有没有把东西放在通路上。
(8) 物品有没有和通路平行或成直角地堆放。
(9) 是否有变型的包装箱等捆包材料。
(10) 包装箱等有否破损(容器破损)。
(11) 工夹具、计测器等是否放在所定位置上。
(12) 移动是否容易。
(13) 架子的后面或上面是否置放东西。
(14) 架子及保管箱内之物,是否有按照所标示物品置放。
(15) 危险品有否明确标示,灭火器是否有定期点检。
(16) 作业员的脚边是否有零乱的零件。
(17) 相同零件是否散置在几个不同的地方。
(18) 作业员的周围是否放有必要之物(工具、零件等)。
(19) 工场是否到处保管着零件。

八、"5S"管理标语

整理,区分物品的用途,清除多余的东西。
整顿,物品分区放置,明确标识,方便取用。
清扫,清楚垃圾很污秽,防止污染。
清洁,环境洁净制定标准,形成制度。
素养,养成良好习惯,提升人格修养。
持之以恒才能做好"5S":常组织、常整顿、常清洁、常规范、常自律。

九、对"5S"管理的八大认识误区

误区 1:我们公司已经做过"5S"了。
误区 2:我们的企业这么小,搞"5S"没什么用。
误区 3:"5S"就是把现场搞干净。
误区 4:"5S"只是工厂现场的事情。
误区 5:"5S"活动看不到经济效益。
误区 6:工作太忙,没有时间做"5S"。
误区 7:我们是搞技术的,做"5S"是浪费时间。
误区 8:我们这个行业不可能做好"5S"。

笔记

十、“5S”案例分析

（一）项目背景

某著名汽车集团（以下简称A集团），为了进一步夯实内部管理基础、提升人员素养、塑造卓越企业形象，希望借助专业顾问公司全面提升集团现场管理水平。集团领导审时度势，认识到要让企业走向卓越，必须先从简单的ABC开始，从“5S”基础管理抓起。

（二）现场诊断

通过现场诊断发现，A集团经过多年的现场管理提升，管理基础扎实，多个品牌维修技术处于行业内领先地位。现场问题主要体现为三点：

(1) 工作现场较混乱。维修车间设备无定期保养及校正；配件库中配件堆积成山，仓位无明确标识，生产效率与国内一流企业相比，存在较大差距。

(2) 细节的忽略。在现场随处可以见到物料、工具、车辆搁置，手套、零件在地面随处可见，员工熟视无睹。

(3) 团队精神和跨部门协作的缺失。部门之间的工作存在大量的互相推诿、扯皮现象，工作更缺乏主动性。

（三）解决方案

“现场‘5S’与管理提升方案书”提出了以下整改思路：

(1) 将“5S”与现场效率改善结合，推行效率浪费消除活动和建立自动供料系统，彻底解决生产现场拥挤混乱和效率低的问题。

(2) 推行全员的“5S”培训，结合现场指导和督察考核，从根本上杜绝随手、随心、随意的不良习惯。

(3) 成立跨部门的专门小组，对现存的跨部门问题进行整理和专项解决；在解决的过程中梳理矛盾关系，确定新的流程，防止问题重复发生。

根据这三大思路，我们从人员意识着手，在全集团内大范围开展培训，结合各种宣传活动，营造了良好的“5S”氛围；然后从每一扇门、每一扇窗、每一个工具柜、每一个抽屉开始指导，逐步由里到外、由上到下、由难到易，经过一年多的全员努力，“5S”终于在A集团每个员工心里生根、发芽，结出了丰硕的成果。

（四）项目收益

(1) 经过一年多的全员努力，现场的脏乱差现象得到了彻底的改观，营造了一个明朗温馨、活性有序的生产环境，增强了全体员工的向心力和归属感。

(2) 员工从不理解到理解，从要我做到我要做，逐步养成了事事讲究，事事做到最好的良好习惯。

(3) 在一年多的推进工作中，从员工到管理人员都得到了严格的考验和锻炼，造就一批能独立思考、能从全局着眼，具体着手的改善型人才，从而满足企业进一步发展的需求。

(4) 配合A集团的企业愿景，夯实了基础，提高了现场管理水平，塑造了公司良好社会形象，最终达到提升人员品质的目的。

笔记

项目六 配件管理

Description 项目描述	汽车维修需要更换配件，如果你是服务顾问，你如何向顾客解释为何需要更换配件，还有配件的使用寿命和质量保修等又是如何的呢？
Objects 项目目标	1. 会识别车型与配件的关系 2. 掌握配件的分类、名称 3. 知道订货的流程与库存结构 4. "4S"店配件的质量保修与索赔
Tasks 项目任务	任务 6.1 识别车型 任务 6.2 配件的分类、名称 任务 6.3 "4S"店配件的订货流程、仓库管理 任务 6.4 "4S"店配件的质量保修与索赔
Implementation 项目实施	1. 车型识别 2. 配件的分类 3. "4S"店配件的订货流程、仓库管理 4. "4S"店配件的质量保修与索赔

任务 6.1 车型识别

汽车的型号不同，同一个部位的汽车配件也有所不同，包括配件型号功能，订货流程，质量，索赔范围，损坏的几率等都有可能不一样。因此要知道配件的一些基本知识，必须先会识别车型型号。

一、确认准确的车型和车架号

（一）铭牌的位置

（1）轿车：在防火墙上或翼子板、内衬铁上或左前门上。

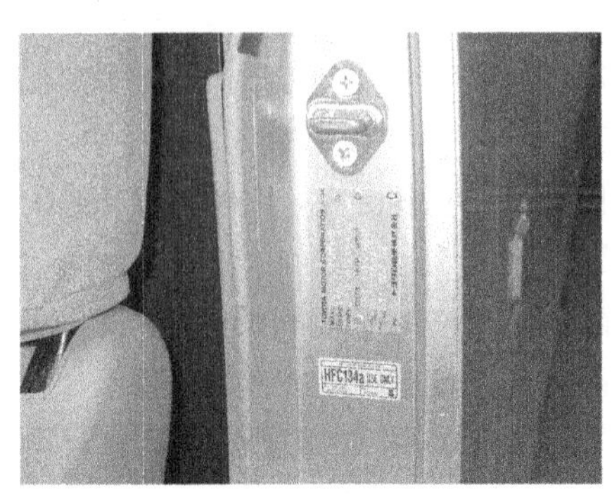

图 6-1-1 客车左前门框铭牌

（2）货车：在副驾驶安全带旁边(YY61)。

（3）商务车：驾驶员座位底下(HAICE)。

（4）客车：左前门框上(如图 6-1-1 所示)。

（二）正确认识汽车铭牌

TOYOTA MOTOR CORPORATION JAPAN

MODEL：ACV31L——AEPNKW

ENGINE：1AZ—FE 1998 CC

FRAME NO：JTDBH30K7000031112

COLOR TRIM GVM(KG)

笔记

4Q2 LC43 1935

TRANS / AXLE：U241E——03A

PLANT / BUILT：A42 APR 02

世界各国汽车公司生产的汽车大部分使用了 VIN（VEHICLE IDENTIFICATION NUMBER）车辆识别代号编码。其由一组字母和阿拉伯数字组成，共 17 位识别代号编码。它是识别汽车不可缺少的工具。

VIN 的每位代码代表着汽车的某一方面信息参数。按照识别代码顺序，从中可识别该车的生产国家、制造公司或生产厂家、该车类型、品牌名称、车型系列、车身型式、发动机型号、车型年款、安全带防护装置、检验数字、装配工厂名称和出厂顺序号码等等。

17 位代码编号经过排列组合的结果可以使车型生产在 30 年之内不会发生重号现象，就像身份证号码一样，不会发生重号现象，故又称"汽车身份证"。且现在生产的车型流水线年限缩短，一般 8～12 年就淘汰，故 17 位一般来说已足够使用。

各国政府及各汽车公司对本国或本公司生产的汽车的 17 位识别代号编码都有具体规定。各国的技术法规一般只规定识别号的基本要求，如应有 17 位代码编码组成，字母和数字的尺寸，书写形式，排列形式和安装位置都有相应规定，并且应保证 30 年内不重号，除对个别号码含义有硬性规定外，其余不作硬性规定，而由生产厂家自行规定其代码含义。各国有关车辆识别代码的技术法规各有差异，也有共同之处，如美国法规定为 VIN 的第 9 位必须是工厂检验数字，而 EEC 指令将 17 位代码分成三组（WMI、VDS、VIS），只对每一组的含义范围作了规定；美国法规要求 VIN 安装在仪表板左侧，透过风档可以看到，而 ECC 规定 VIN 安装在汽车右侧的底盘车架上或厂家铭牌上。

二、VIN（Vehicle Identification Number）车辆识别代号编制规则

（一）VIN 代码和车型代码含义

VIN 代码是区分和识别机动车的代码，具有唯一性；车型代码是描述车辆主要特征的代码；VIN 代码和车型代码包含了查询零件代码的必要信息。

（二）VIN 代码的组成

VIN 车辆识别代码，共 17 位；

VIN＝WMI＋VDS＋VIS

例如：① JT25XV3E2N3326237

② 4T1GK12E7SU092125

③ LTVBA433330034571

（三）WMI 的组成和含义

WMI 世界制造厂代码，1～3 位；

第 1 位：生产国代码

1、4—美国；J—日本；K—韩国；W—德国；V—法国；L—中国

第 2 位：制造厂代码

G—GM；F—FORD；T—TOYOTA；H—HONDA；A—AUDI；B—BMW

笔记

第3位:车型类型

1—小客车(美国);2—载人小客车;3—多功能车;4—货车;5—开发车型或非完整车型;A—货车;X—乘用小客车(美国)

举例:

JT2 | 5XV3E2 | N3326237

日本 丰田汽车公司 载人小客车

4T1 | GK12E7 | SU092125

美国 丰田汽车公司 小客车

(四) VDS车辆指示代码

VDS车辆指示代码,4～9位;

第4位:发动机型号代码

第5位:车型品牌代码

第6位:车型系列代码

第7位:车型级别代码

第8位:车身类型代码

第9位:VIN检验代码

举例:4T1 GK12E7 SU092125

VDS:GK12E7 4～9位

第4位发动机代码:G—1MZ. FE3.0L,V6型

第5位车型品牌代码:K—CAMRY 佳美

第6位车型代码:1—SXV10

第7位等级代码:2—LE级

第8位车身类型代码:E—四门轿车

第9位VIN检验代码:7—检验代码

(五) VDI车辆说明代码

VDI车辆说明代码,10～17位;第10位:年款0～9数字和A～X字母共30年

0—1970年 6—1976年 C—1982年 J—1988年 R—1994年 0—2000年

1—1971年 7—1977年 D—1983年 K—1989年 S—1995年 1—2001年

2—1972年 8—1978年 E—1984年 L—1990年 T—1996年 2—2002年

3—1973年 9—1979年 F—1985年 M—1991年 V—1997年 3—2003年

4—1974年 A—1980年 G—1986年 N—1992年 W—1998年 4—2004年

5—1975年 B—1981年 H—1987年 P—1993年 X—1999年 5—2005年

省略I、O、Q、U、Y、Z不用。

第11位:总装工厂代码

第12～17位:生产序列号

(六) 车型代码含义

举例:AE92L—AEMNUW

A—4A.FE 发动机,E92—底盘型式,L—左侧驾驶

A—花冠,E—4 门轿车,M—5 档,MT N—GL 或 LE 级,U—化油器 DOHC

销售区域代码:A—美国 W—欧洲 V—GCC 国家

中国地区车型:

佳美系列:SXV10、SXV20、ACV30

凌志系列:UCF10、UCF20、UCF30

皇冠系列:JZS133、JZS155

越野系列:UZJ90、UZJ100

威驰轿车:AXP42

(七) 零件代码:由 10 或 12 位数字和字母组成的代码组,用以标识零件

零件代码=零件组代码+零件特征代码

举例:91111-40620

91111—六角螺栓 4—4T 强度 06—直径 6mm 20—长度 20mm

(八) 零件查询方法

(1) 零件手册查询

(2) 零件目录胶片查询

(3) 零件目录电子手册(EPC)查询

(九) 零件代码编译

先在系统输入 VIN/VDS、Model name、Model、frame No,就可以查询到这辆车的相关详细信息(如图 6-1-2 所示)。

(1) VIN/VDS;17 位/8 位

举例:LTVBA433330034571

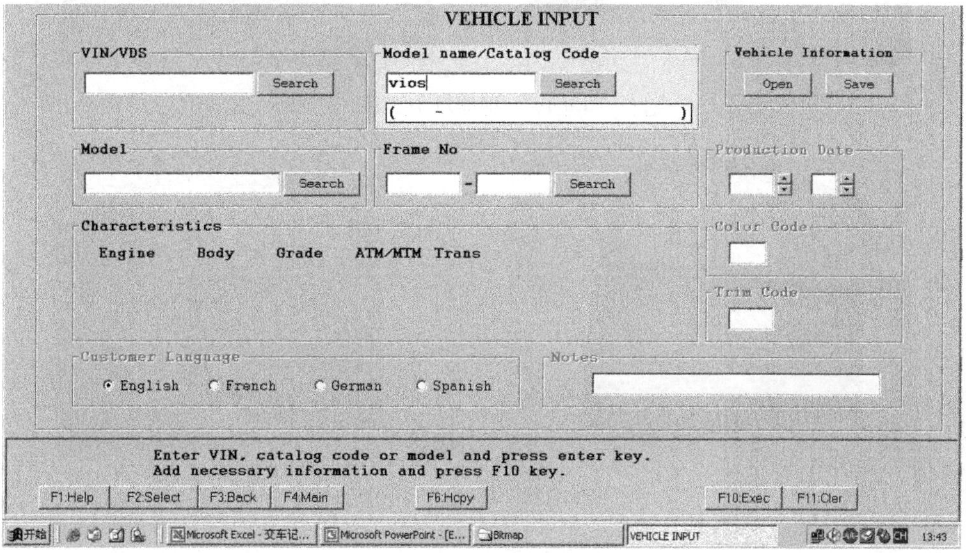

图 6-1-2 零件代码

笔记

LTVBA433

(2) Model name 车名查询

举例:CAMRY、CROWN、LEXUS

(3) Model 车型代码

举例:AXP42L-EEPGKC

(4) 车身代码 frame No(不能单独查询,不包含发动机型号、波箱型号、底盘等必要信息)

零件查询必要信息:VDS+MODEL=LTVBA433+AXP42L-EEPGKC,年款、国款

三、识别车辆信息

在实际的工作当中,不一定能有一个完善的系统可以查询汽车的相关信息,这个时候可以用车型+年款+车身外观(或发动机类型)查询。当然,这个方法不能100%准确,但如果在"4S"店工作了多年,积累了一定的经验,那么这种方法的准确率也是非常高的。

现在就举例介绍如何从外观识别车辆信息(如图 6-1-3、图 6-1-4、图 6-1-5、图 6-1-6 所示):

从前照灯、尾灯、裙边饰条识别:尾灯边框不一样、前照灯不一样、侧边饰条不一样、车窗饰调不一样,BB54、RZB54(四川丰田标准型)BB53、RZB53(四川丰田豪华型)。

图 6-1-3 前照灯不一样

图 6-1-4 后尾灯不一样

笔记

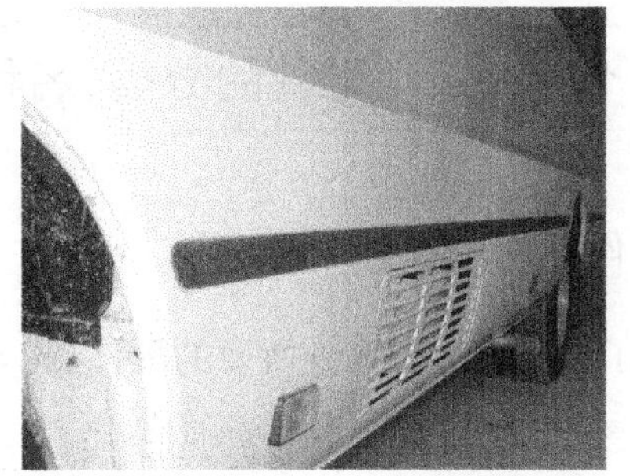

图 6-1-5　侧边饰条不一样

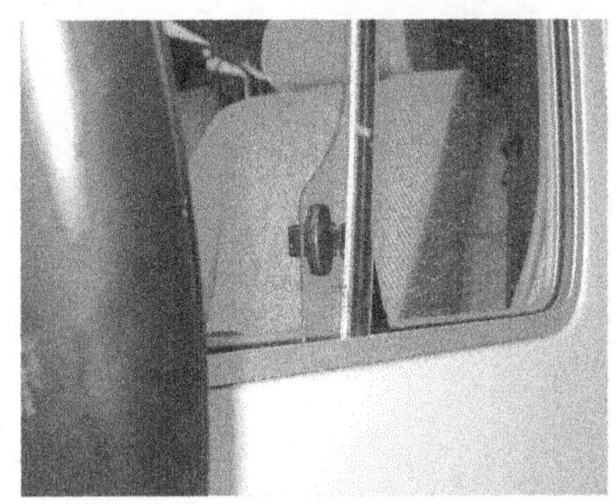

图 6-1-6　车窗饰条不一样

笔记

任务6.2　配件的分类、名称

一、配件的分类

为了更方便地查询到所要的配件，需要用到《零件目录图册》。

（一）《零件目录图册》的常见分类是：

(1) 工具/发动机/燃油供给部分。

(2) 变速箱/离合器部分。

(3) 车身部分(内、外饰部分)。

(4) 电器部分。

举例：

工具/发动机部分

09-01　标准工具

11-01　发动机总成

11-02　气缸曲柄总成

11-03　发动机大修包总成

11-04　气缸盖总成

11-05　气缸体总成

11-06　正时齿轮盖

11-07　发动机支架

12-01　PVC 阀

13-01　曲柄连杆

13-02　凸轮轴、气门部分

15-01　机油泵

15-02　机油滤清器

16-01　水泵

16-03　水箱和水管

16-05　传动皮带

17-01　进排气歧管

17-02　排气管

17-03　空气滤清器

17-08　真空阀、管

17-09　发动机标识

19-01　高压线、火花塞

19-02　分电器

19-03　发电机

19-04　起动机

22-11　燃油喷射系

（二）传统分类：两机构六系统

（1）曲柄飞轮机构、配气机构。

（2）起动系、点火系、润滑系、冷却系、转向系、制动系。

（三）零件代码

因为每辆车的配件名称几乎都一样，但是它们的结构、材料、大小都可能不一样，所以汽车生产厂家都对每个配件进行了编号，而这些编号又叫零件代码，是有规则的。掌握了零件代码就可以准确地找到所需的配件。

而每个汽车生产厂家对零件代码的编号规则又有所不一样，下面就以丰田为例，了解一下零件代码的编号规则。

丰田零件号一般由10个或12个数字或英文字母组成，其分别代表一定的含义：

基本编号：表示零件的种类　　设计编号：表示发动机类型或汽车车种　　零件的颜色或其他

1. 一般普通零件号（如图6-2-1所示）

图6-2-1　普通零件号

2. 单一件

●●●●●——●●●●●

前面5位全部没有0。

3. 半总成件（如图6-2-2所示）

图6-2-2　半成品件

第三和第四个数字有一个为 0 或两个全为 0，但第五个不为 0。

4．总成件（如图 6-2-3 所示）

由单一件或半总成件组成。

第五个为 0，组成件数越多 0 越多。

图 6-2-3　总成件

5．组件（如图 6-2-4 所示）

由一个中心件和其他几个小件组成。

第七个为 9，最后一个数字由 5～9 的数字组成。

图 6-2-4　组件

6．修理包（如图 6-2-5 所示）

前两位由 04 开头。

笔记

图 6-2-5　修理包

7. 专用工具

一般都以 09 开头，但随车工具除外。

8. 丰田零件编码第 6、7 位规则（如表 6-2-1 所示）

表 6-2-1　丰田零件编码规则（第 6、7 位规则）

车型	发动机	底盘	车身	电器
JZS133	46	30. 39	30　3A	30. 39
MS132	41. 43	30. 39	30	30
TCR10	76	28	28. 95D	28. 95D
RZH104	75	26	26. 95J	26. 95J
VCV10	62	33	32. 33	33
SXV10　SXV20	63. 74	33	32. 33	33
UCF	50	50. 59	50	50
FJ	61	60	6	6
FZJ80　FZJ100	66	60	60	60
YR21	71. 73	28	28	28
MCX10	07. 20	07. 33	07. AC	07. AC
MCV10	20	33	32. 33	33
HZJ80	17	60	60	60
UZJ	50	60	60	60
GXE10	53	53	53	53
YN8#	71. 73	35	35	35

笔 记

续 表

车型	发动机	底盘	车身	电器
RN8#	35	35	35	35
RX8#	35	22	22	22
RZB40	75	36	36. 90	36. 90
HZB50	17	36	36. 90	36. 90
AE111	16	12. 19	12	12. 1E
ST191	74	20	20. 2B	20. 2B
AXP4#	0D. 15. 16	0D. 52	0D	0D. 52
ZZE122	0D. 22	02. 12. 13. 19	02	02. 12. 0D
ACV30	28	33	33	33 60 48 41

笔记

任务 6.3 "4S"店配件的订货流程、库存结构

一、常用配件与非常用配件

(一) 常用配件

指流动较快、更换频率较高、用户发生损坏时要求即到即修的零件。通常包括保养件、外观件和易损件。如:机油滤芯、灯具、制动蹄片等。销售服务店(以下简称"4S"店)应储备足量的该类配件库存以及时满足需要。详见《销售服务店配件库存及月度订货计划表》中常用配件清单所列项目。

(二) 非常用配件

指流动较慢、更换频率较低、用户能接受一定维修周期(一周以上)的零件。如:曲轴、变速器壳体、车内饰板等。常用配件清单项目以外的配件统称为非常用配件。

(三) 非常用必备配件

指流动较慢,更换频率较低,用户一般要求即到即修或能接受维修周期非常短(一周以内)的零件。通常是影响车辆正常行驶和安全的重要或关键零件,如:发电机、起动机、制动总泵等。"4S"店应储备适量该类配件以解决用户的急需,见《销售服务店配件库存及月度订货计划表》(附件一)中非常用必备配件项目。

二、配件订货

(一) 订货性质与运输方式

(1) 常用配件仅限于一般订货(即水陆联运),不接受紧急订货(即空运或特快)。特殊情况下常用配件需发空运或特快的,"4S"店须事先进行申请。

(2) 非常用配件可根据"4S"店需要选择一般订货或紧急订货。

(3) 航空运输禁运的物品如发动机、变速箱、蓄电池、安全气囊等,及部分体积或重量特殊不适于空运的配件不接受紧急订货,仅能水陆联运。

(二) 订货次数与时间

(1) 常用配件每月订货一次,并在规定的时间内进行,以提高配件的仓储和运输效率。

(2) 非常用必备配件订货次数不限,但"4S"店必须储备适量的该类配件库存。

(3) 非常用配件的订货次数和时间不限。"4S"店应对每日订货需求进行收集和汇总后,有计划地一次性提交订单,以提高订单处理和发货效率。

(4) 为向用户提供更为及时的配件服务,厂家对"4S"店申报的特殊急缺配件实行优先处理(见图 6-3-1 所示)。

(5) 紧急配件也可以先向邻近"4S"店调货。

笔记

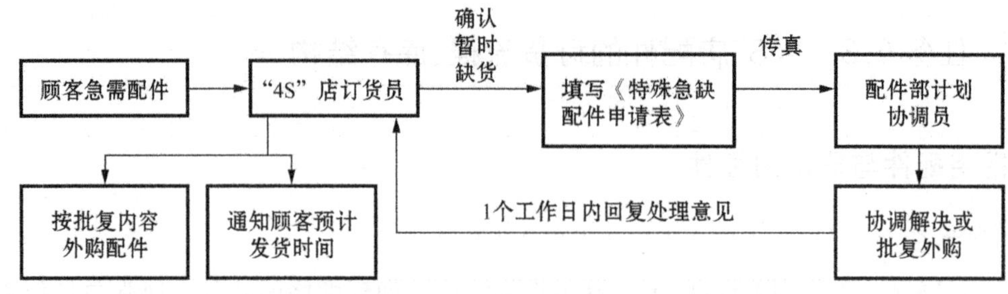

图 6-3-1 特殊急缺配件申请流程图

三、配件仓库管理

(一)"4S"店应设置符合厂家标准的专用配件仓库

配件库只能存放厂家规定的配件及维修辅料,不得与其他品牌的配件混杂存放。

(二)配件仓库应建立仓库管理制度

在配件办公室或仓库明显位置公布管理制度。仓库管理制度的内容应包含仓库安全管理、出入库管理、定期盘点等方面规定。

(三)仓库安全管理

(1) 仓库应建立严格的消防安全制度,设立安全员岗位,负责仓库全面安全管理。

(2) 各类安全防护设施和消防器材的维护应责任到人,并定期进行清洁、检查,不得擅自拆除或随意移动位置。发现消防器材有异常时,须及时更换。

(3) 应定期强化员工的消防意识,同时对消防器材的操作进行培训。

(4) 仓库区域内禁止吸烟。

(5) 合理控制顶层货物的堆放高度,以免引起安全事故。

(6) 配件仓库的消防、防潮、防腐设施应符合规定,照明和通风效果良好。

(7) 上班时间应统一着装,穿戴必要的劳保用品。

(8) 建立各环节的监督管理机制,防止内外偷盗行为的发生。

(四)配件在库管理

(1) 应设置专职人员负责仓库日常理货工作。

(2) 配件存放时应去除不必要的外包装及填充物,在货架上摆放均匀,标签朝外,便于辨识、存取及日常盘点。

(3) 仓库应建立日常卫生管理制度。及时清扫和清理空纸箱、包装物等垃圾,保持通道的畅通和库区整洁、无灰尘与杂物。

(4) 配件的存放应按照体积、重量、数量或车型等类别进行分类管理。为便于识别,对容易混淆的货物应分开放置。

(5) 配件仓库应配置规格统一的货架,货架颜色应一致且摆放整齐有序,并设置统一的标识牌进行区分(如 A、B、C 等)。

(6) 配件在货架上摆放应整齐有序、外观清洁,并设置同一种类的配件标签,清楚标识配件的仓位、编码及名称等内容。

(7) 配件的出入库管理应遵循先进先出的出库方式,应定期将早期入库货物调放至易于拿取的地方。

(五) 定期盘点管理

(1) 配件仓库应建立完善的定期盘点制度。

(2) 盘点前应准备好计划盘点区域清单,同时对该区域提前完成理库工作。

(3) 盘点期间原则上应停止实物的出入库流动。

(4) 库管人员应根据盘点清单认真清点实物数量并做好相应的记录,并进行盘点复核工作。

(5) 盘点中发现仓位与实物数量不符,以及损坏或质量问题时,应及时作好记录。

(6) 盘点后应对盘点结果进行分析,找出误差原因,并反映在盘点盈亏记录中,以保证库存记录的准确性。

(7) 配件仓库工作流程图(如图 6-3-2 所示)。

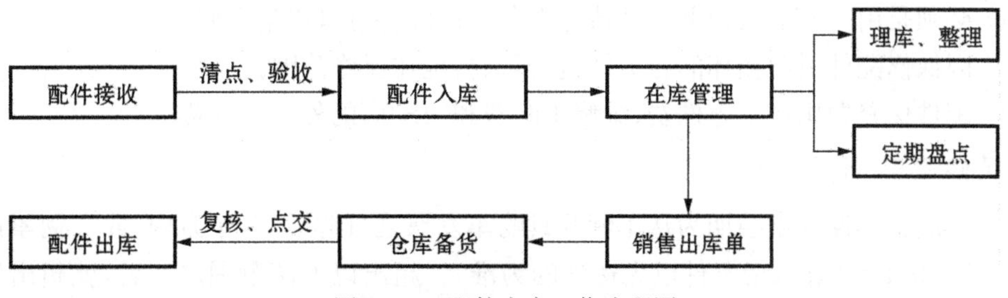

图 6-3-2 配件仓库工作流程图

(六) 配件库存标准

一般每月订货一次的"4S"店,其配件库存量必须至少满足一个月的维修用量,对于油水、电池、易损件必须能保证不缺货。但库存量不能太大,这样会让资金不能快速流通,在库配件寿命缩短。

笔记

任务6.4 "4S"店配件的质量保修与索赔

一、质量保修与索赔

由于车辆的运行条件复杂，对于车辆零部件使用过程中出现的问题是否属于质量问题，需要做出明确鉴定，并填写保修鉴定单。索赔工作不仅需要较为丰富的理论知识和实践经验，且应严格遵守合同及质量保修规定，既要满足客户的要求，又不至于使供货厂家造成不必要的损失。

（一）配件保修索赔条件与范围

(1) 必须是在规定的保修索赔期内，经服务站检查确认，需要修理或更换的不合格件。

(2) 用户必须遵守《保修保养手册》的规定，正确驾驶、保养和存放车辆。

(3) 所有保修服务工作必须由汽车制造厂设在各地的"4S"店实施。

(4) 必须是由"4S"店售出并安装或原车装有的配件方可申请保修。

(5) 因保修配件引起损坏的相关件，包括辅料也在保修范围。

(6) 配件保修费用包括零件费、维修工时费和"4S"店的外出服务费。

（二）保修索赔期限及相关规定

(1) 一般整车保修索赔期为从车辆开具购车发票之日起的24个月内，或车辆累计行使里程在40 000千米以内(两条件以先达到的为准)。超出以上两范围之一者，就超出保修索赔期。在整车保修索赔期内，特殊零部件依照特殊零部件保修期的规定执行。在整车保修赔期内由"4S"店免费更换安装的配件，随整车保修索赔期结束这种免费安装的服务也结束。

(2) 用户单独付费的配件保修索赔期的相关规定。由用户付费并由"4S"店更换和安装的配件，从车辆修竣客户验收合格日或千米数算起，其保修索赔期为12个月或40 000千米(两条件以先达到的为准)。在此期间，因为保修而免费更换的同一配件的保修索赔期，随付费配件的保修索赔期结束而结束。

(3) 易损件(如摩擦片、传动带、火花塞、灯泡、轮胎等)正常磨损及损耗发生的维修费用不属于保修索赔范围。

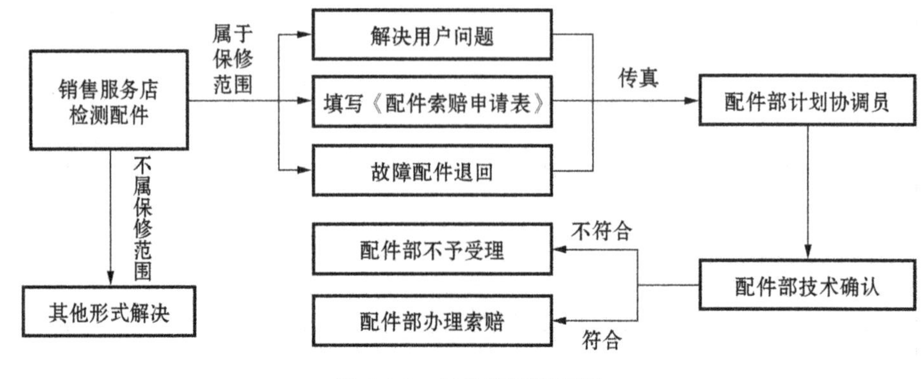

图6-4-1 质量索赔流程图

(4) 质量索赔流程图(如图 6-4-1 所示)

每个汽车生产厂家对配件质量保修与索赔的范围会有所不同,具体的要求必须按照厂家下达的文件为准。

二、配件的消耗规律

汽车配件的消耗是一定规律的,根据这些规律,确定了车辆按照行使里程的不同阶段需要对汽车分别进行小修及保养、中修、大修,并对这些等级的维修和保养项目做了详细的规定。汽车在正常使用寿命期内,零配件的损坏是随机的、具有偶发性的。如果其设计和制造质量较好,损耗率一般很低。表 6-4-1 列举了几个常换件的更换时间与里程以供参考,以先到的里程或时间为准。汽车配件一般要根据《维修保养手册》的要求进行更换。

表 6-4-1　几个常换件的更换时间与里程

配件名称		更换里程/千米、时间/月
机油滤清器		5000 或 3 个月
空气滤清器		20000 或 12 个月
燃油滤清器(油箱外)		20000 或 12 个月
火花塞(标准型)		20000 或 12 个月
发动机油		5000 或 3 个月
发动机冷却液		40000 或 24 个月
变速箱油	手动	20000 或 12 个月
	自动	40000 或 24 个月
正时皮带		80000 或 48 个月

笔记

项目七 汽车保修索赔与保险理赔

Description 项目描述	有一天，李先生把他的新买汽车开到维修公司里，他说发动机漏油需要保修索赔，以及左前门刮花了要出险。 你是一名售后服务顾问，应如何接待李先生？对李先生说提出的服务要求应如何处理？
Objects 项目目标	1. 掌握汽车保修索赔常识 2. 掌握汽车保修索赔业务流程 3. 掌握汽车保险相关知识 4. 能运用相关知识处理汽车事故出险 5. 能处理保险事故的理赔事务
Tasks 项目任务	任务 7.1 汽车保修索赔 任务 7.2 汽车保险与理赔
Implementation 项目实施	1. 运用汽车保修索赔条款解答客户的咨询 2. 汽车保修索赔业务流程的操作 3. 运用汽车保险相关知识解答客户的咨询 4. 处理汽车事故出险 5. 处理保险事故的理赔事务

任务 7.1 汽车保修索赔

一、汽车保修索赔相关概念

（一）保修索赔定义

汽车保修索赔是指在其规定的保修期限内，为其制造并经合法登记、正常使用的汽车提供免费保修服务，包括对整车、零部件及自费更换的原厂备件的免费服务承诺。

保修是指在规定的保修期限内的车辆在材料和制造加工过程中的缺陷实施纠正的过程。

（二）产品质量

1. 质量问题

质量问题是指汽车产品出现影响正常使用，或者无法正常使用，或者影响安全，或者产品质量与法律法规、标准以及企业明示的质量状况不符合的情况。质量问题包括产品缺陷和异常。

缺陷是指不符合工艺及制造规范的状况，某一部件或总成或有实际损坏，产品或产品的某一部分不能按设计要求起作用。

异常是指部件、系统或功能不能按设计要求运行，对于产品来说属于不正常状况，即与类似产品相比存在着实质性差别。

2. 汽车产品缺陷

汽车产品缺陷是指由于设计、制造等方面的原因而在某一批次、型号或类别的汽车产品中普遍存在的具有同一性质的危及人身、财产安全的不合理危险，或者不符合有关汽车安全的国家标准情形。汽车产品缺陷分类如表 7-1-1 所示。

表 7-1-1　汽车产品缺陷分类

序号	缺陷分类	说 明 内 容
1	设计上的缺陷	产品在设计上存在着不安全、不合理的因素。例如结构设置不合理，设计选用的材料不适当，没有设计附加应有的安全装置。由于制造的疏失造成车辆明显或隐性的功能不良或故障
2	制造上的缺陷	产品在加工、制作、装配等制造过程中，不符合设计规范，或者不符合加工、工艺要求，没有完善的控制和检验手段，致使产品存在不安全的因素。由于设计上的缺陷引起车辆产品出现批量或单一的异常故障发生
3	告知上的缺陷(也称指示缺陷或说明缺陷)	由于产品本身的特性而具有一定合理危险性

3. 车辆故障形成的原因(如图 7-1-1 所示)

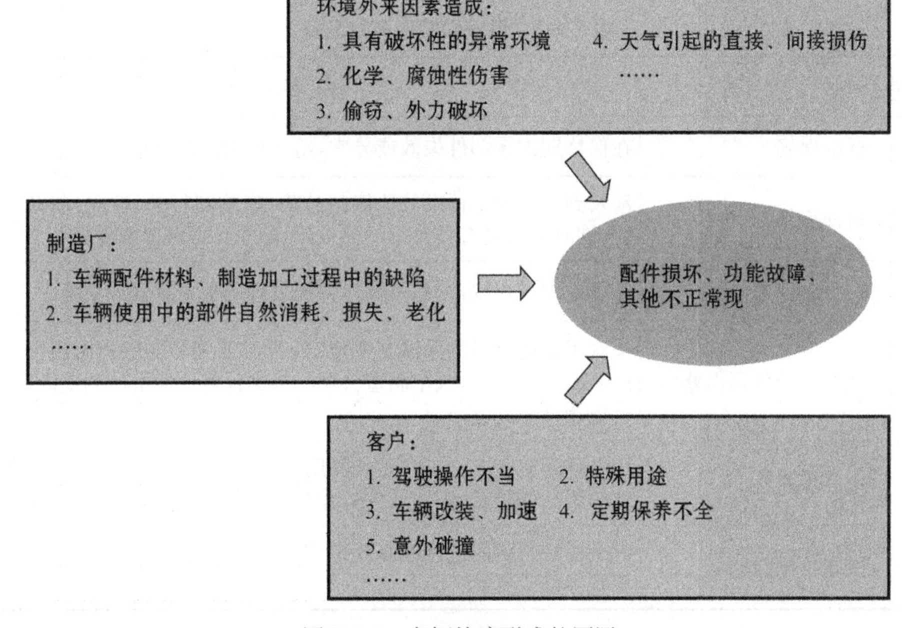

图 7-1-1　车辆故障形成的原因

(三) 汽车保修期

汽车保修期是指汽车制造商向消费者卖出商品时，承诺的对该商品因质量问题而出现故障时提供免费维修或更换的期限。

笔记

汽车保修期有两个条件：一是时间期限，以客户购买车辆开具购车发票当日开始；二是行驶里程，是以累计行驶里程数为准。此两个条件先到为准，即只要这两个条件任意达到一个，就表明车辆的保修期已过，比如"2 年或 5 万千米，以先到者为准。"即保修期为第一个是行驶时间 2 年，第二个是行驶公里数为 5 万千米，只要其中任意一个条件超过，就表明车辆的保修期已过。

不同汽车制造商、不同车型、用于不同用途所承诺的保修期也不同，比如一汽丰田保修期为 24 个月或 5 万千米；东风标致保修期对非出租车为 2 年或 4 万千米，对出租车为 1 年或 10 万千米；庆铃汽车保修期对 N 系列车型为 2 年或 5 万千米，对 T/U 系列车型为 1 年或 25 000 千米。

汽车保修期分为整车保修期、零部件保修期和自费更换原厂配件保修期。

(1) 整车保修期一般是汽车制造商对外公布的该车保修期，并非指整车任何部件都能享受的保修期。准确地说是指该车中保修期最长的零部件的保修期。

(2) 零部件保修期是指汽车制造商对该车各种零部件都设定的保修期。不同零部件的保修期也不同。比如发动机缸体保修期为 2 年或 5 万千米，各种传感器保修期为 1 年或 25 000千米，易损件刮水器等保修期更短些或不保修。

(3) 自费更换原厂配件保修期是指不在保修期内或不属于保修范围内，而客户自费在特约服务站更换的配件的保修期。比如东风本田汽车设定的保修期为 12 个月或 2 万千米。

(四) 保修索赔业务的分类(如表 7-1-2 所示)

表 7-1-2 保修索赔业务的分类

保修分类	类 别	内容说明
按保修类型分类	标准保修	在保修期内零部件失效或异常，给予免费维修或更换
	召回保修	涉及到国家安全标准等法律的故障，影响到行驶、转向、制动等基本功能，同时对市场有较大影响的故障，给予免费维修或更换
	特殊条件保修	为了保护客户权益，根据具体情况处理的免费维修或更换
按保修内容分类	汽车制造公司保修	按汽车制造公司的保修制度规定，若由于汽车制造公司制造上的责任产品出现问题时，汽车制造公司将根据保修说明书所列期间和条款，进行免费维修或更换
	用品保修	用品分为在生产汽车时安装的用品(即汽车制造公司选装件)和其后安装的用品(即特约店选装件)，在其规定保修期内，给予免费保修
	汽车维修保修	汽车在特约店内进行维修或定期保养的部分出现问题，将负责该部分免费维修或更换

(五) 保修索赔的目的

1. 获得客户的信赖

客户所购买的车辆一旦发生问题，客户对商品的期待与信任会受到影响。通过进行合适的保修，恢复客户对商品的信赖，提高客户满意度。(如图 7-1-2 所示)。

笔记

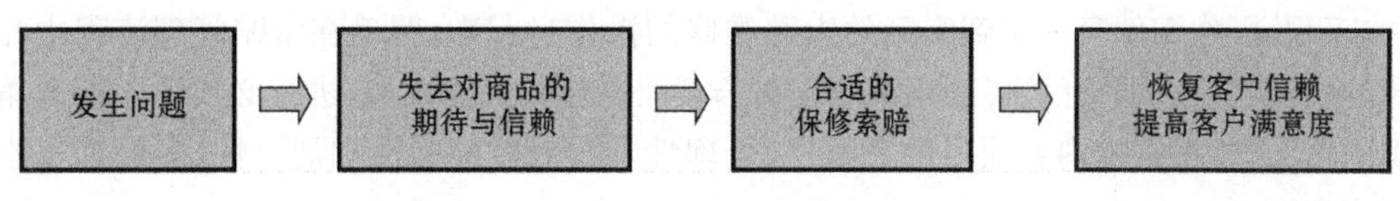

图 7-1-2

2. 收集市场的保修信息

为创造能得到客户满意的商品，收集市场的保修索赔信息，有利于推动和改善商品品质工作(如图 7-1-3 所示)。

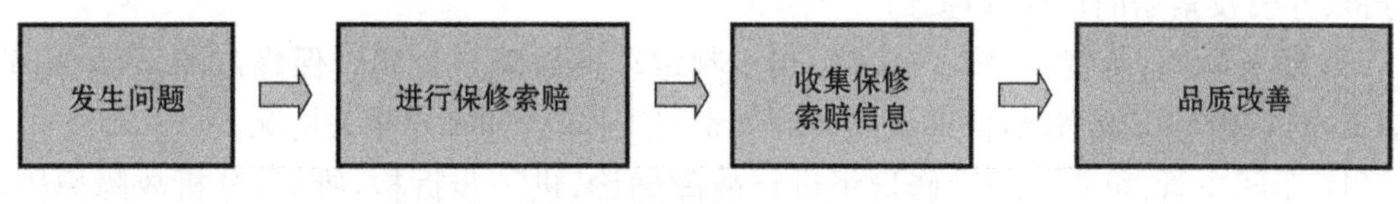

图 7-1-3

(六) 保修原则

在保修服务中以修复为主，一般不更换总成件，能通过修理恢复产品技术性能指标的，一律不更换总成件；凡车辆能行驶的，原则上进站保修。

保修期内的车辆，在质量保修期内因产品质量问题需要修复或更换零件的，填写《技术服务鉴定表》进行申报与处理。

(七) 不属保修范围

不同汽车制造公司所规定范围不一样，一般如下情况不属保修范围。

(1) 在进行保修或维修过程中，由于疏忽导致的损伤。

(2) 未按汽车制造公司规定进行定期保养所导致的故障。

(3) 非汽车制造公司指定的特约店或服务站进行维修或保养引起的部件质量缺陷。

(4) 用于赛车或在通常非行车环境中行驶所导致的损伤。

(5) 未按汽车制造公司所规定的驾驶方法使用或超过其规定的限度及标准(最大载重量、定员、发动机转速及其他)而导致的损伤。

(6) 使用汽车制造公司准许的零部件或附件及指定的润滑剂或燃料而导致的损伤。

(7) 未经汽车制造公司准许的改装而导致的损伤。

(8) 由于不妥善的保管和运输所导致的损伤。

(9) 由于交通事故或不可抗拒的自然灾害、火灾、盗窃等所导致的损伤。

(10) 消耗性零部件或自然磨损的零部件，比如机油、润滑油、机油滤清器等。

(11) 清洗、检查、调整和定期保养项目。

(12) 保修中偶然性费用，包括住宿、用餐或其他额外费用。

(13) 因全部或部分浸没在水里而造成的腐蚀。

二、汽车保修索赔业务

(一) 特约店服务人员职责

(1) 特约店服务经理：负责索赔全过程的控制及管理；建议规范、具体明确的索赔管理、

笔记

控制流程及操作文件且落实到实际的索赔维修的操作过程中；明确在索赔管理流程中相关人员的职责和所应承担的责任；组织和安排与索赔操作有关的人员，进行必要的索赔政策和知识的培训；监控索赔内容项目的完整性、合理性、符合性、准确性和规范性，定期抽查索赔工作内容。

(2) 索赔员：负责保修全过程的控制及管理，并执行《保修手册》索赔流程；处理索赔要求、鉴定索赔并区分类型、故障照片拍摄、系统程序操作、填写各类索赔申请文本、接收整理旧件、旧件的管理和返运、与汽车制造公司保修索赔部账务核对、故障分类分析、索赔数据汇总分析、办公及索赔旧件库管理等。

(3) 服务顾问：负责客户来店接待，初步判定车辆故障是否属于保修范围，收集相关保修信息，向索赔员反映情况，协助索赔员开展索赔工作，告知客户相关情况。

(4) 车间主管：负责组织维修班组进行故障确诊，进一步拆检，维修，分析故障原因，确定维修方案。

(5) 维修班组：负责实施保修车辆拆检和维修及交接旧件。

(6) 配件部：负责保修旧件以旧换新，并复核索赔件的完整性。

(7) 质检员：负责保修车辆检验，做出合格与否的判定，保证车辆恢复正常状态。

(8) 抢修/拖车员：负责保修车辆的抢修和拖带。

(二) 保修索赔业务内容介绍

车辆从厂家到特约店再销售到客户手中，发生故障后到特约店进行维修，这期间产生保修索赔业务按时间顺序可以如下排列：

(1) 车辆从厂家到特约店时需进行 PDI 检查(即新车交接检查)，如发现车辆质量缺陷可进行保修。

(2) 车辆出售时的保修登记。

(3) 车辆发生故障后客户来店要求进行保修，保修的判定。

(4) 现场报告的制作与保修申请的发送。

(5) 保修件的管理及返回。

(6) 保修的费用结算。

(三) 保修索赔服务流程图

保修索赔服务流程图如图 7-1-4 所示。

笔记

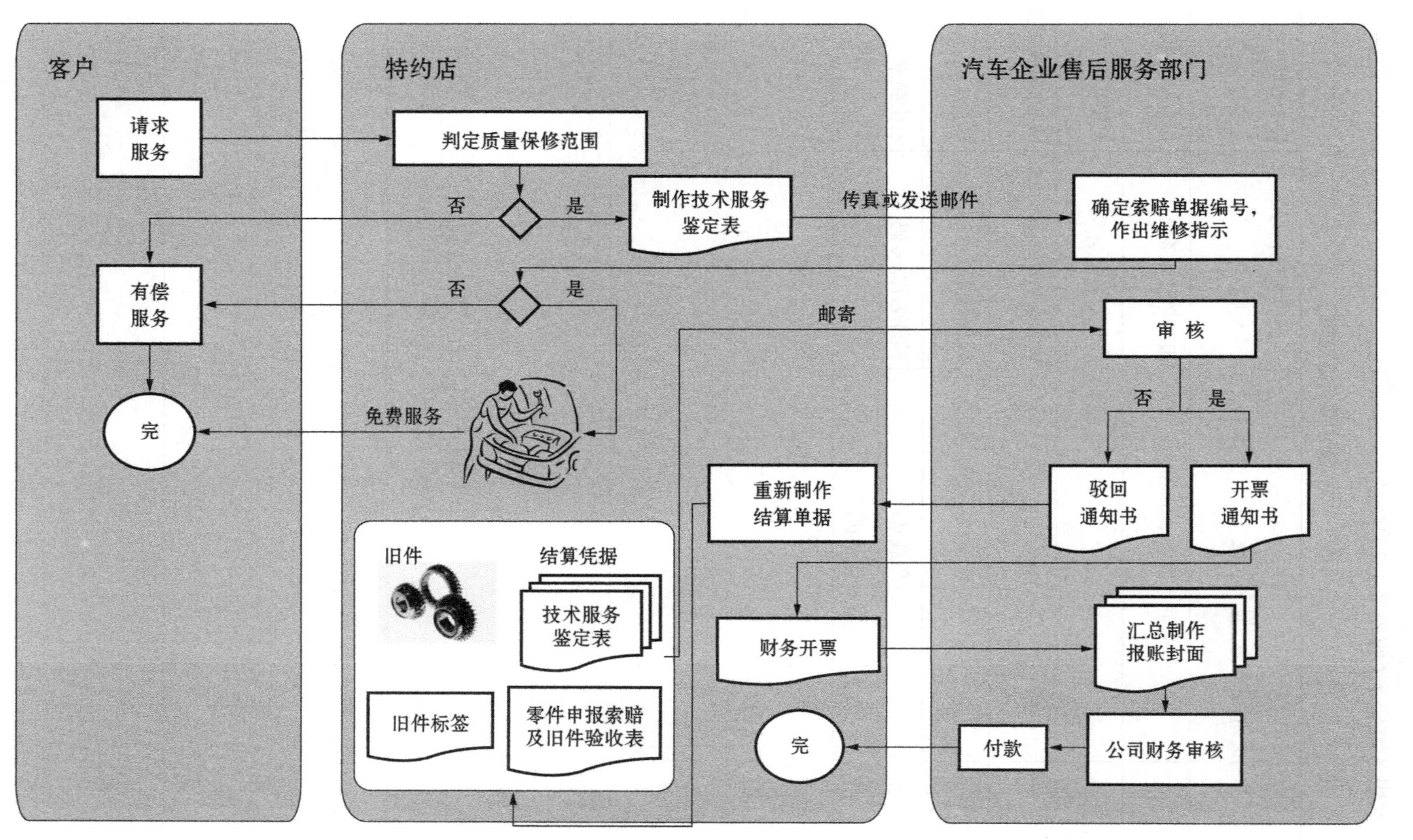

图 7-1-4　保修索赔服务流程图

笔记

（四）制作相关索赔单据

1）技术服务鉴定表(如表7-1-3所示)

表7-1-3　技术服务鉴定表

<table>
<tr><td colspan="3">技术服务鉴定表</td><td>产品质量报告号</td><td>发布日期</td></tr>
<tr><td>车辆型号</td><td></td><td>报告单位名称</td><td>报告单位联系人</td><td>报告单位电话</td></tr>
<tr><td>底盘号(VIN码)</td><td colspan="2"></td><td>客户姓名</td><td>使用</td></tr>
<tr><td>销售日期</td><td></td><td>发动机号：</td><td>省/自治区</td><td>城市/城镇广州市</td></tr>
<tr><td>故障发生日期/故障时里程数</td><td></td><td>车速/发动机转速</td><td>天气/温度</td><td>维护</td></tr>
<tr><td colspan="2" rowspan="2">主题：</td><td>负载状况</td><td rowspan="2">零件名称/号码</td><td rowspan="2">发生频率
第(　　)次数</td></tr>
<tr><td>道路状况</td></tr>
<tr><td>(1)故障描述</td><td colspan="4"></td></tr>
<tr><td>(2)故障分析及原因</td><td colspan="4"></td></tr>
<tr><td>(3)故障处理及结果</td><td colspan="4"></td></tr>
<tr><td colspan="5">厂家意见：</td></tr>
</table>

(1) 车辆信息填写标准。

车辆信息部分内容如表 7-1-4 所示。

表 7-1-4　车辆信息部分

<table>
<tr><td colspan="3">技术服务鉴定表</td><td>产品质量报告号</td><td>发布日期</td></tr>
<tr><td>车辆型号</td><td></td><td>报告单位名称</td><td>报告单位联系人</td><td>报告单位电话</td></tr>
<tr><td>底盘号(VIN 码)</td><td colspan="2"></td><td>客户姓名</td><td>使用</td></tr>
<tr><td>销售日期</td><td></td><td>发动机号:</td><td>省/自治区</td><td>城市/城镇</td></tr>
<tr><td>故障发生日期/
故障时里程数</td><td></td><td>车速/发动机转速</td><td>天气/温度</td><td>维护</td></tr>
<tr><td colspan="2" rowspan="2">主题:</td><td>负载状况</td><td rowspan="2">零件名称/号码</td><td rowspan="2">发生频率
第(　　)次数</td></tr>
<tr><td>道路状况</td></tr>
</table>

具体说明:

① 产品质量报告号:填写由汽车制造公司统一编制报告号。

② 发布日期:填写该表日期。如:2011-11-10.

③ 车辆型号:填写车辆正式的型号。

④ 报告单位名称:填写报告单位的正式名称,例:广州市××汽车销售服务有限公司。

⑤ 报告单位联系人:填写报告人的姓名,以便有问题及时联络。

⑥ 报告单位电话:填写在第一时间能联系到报告者的电话。

⑦ 报告单位发行编号:为方便报告者管理,可以自己根据单位的管理要求制定一个报告的管理编号。

⑧ 底盘号:填写完整 17 位底盘号码。

⑨ 客户名称:填写车辆的单位名称或车主姓名。

⑩ 使用:该车是公司用车还是私人用车。

⑪ 销售日期:填写开具销售发票的日期。

⑫ 发动机号:填写该车辆的发动机号码。

⑬ 省/自治区:填写该车的主要使用的省份。如:广东省。

⑭ 城市/城镇:填写该车主要使用的城市/城镇。如:广州市。

⑮ 故障发生时的日期及里程数:填写该车故障发生的日期及里程数,如:2011 年 11 月 5 日/18 235千米。

⑯ 车速/发动机转速:涉及到发动机转速及与车速相关的故障时填写。80 千米/2 000转。

⑰ 天气/温度:与外界环境及气温相关故障时请填写。如:晴/28℃。

⑱ 维护:可能有与保养不当有关的故障时填写,必要时提供保养纪录。如:良好、未及时保养。

笔 记

⑲ 主题:填写主要故障部位或部件。如:曲轴位置传感器。

⑳ 负载状况:有与负载人数或重量相关的故障时填写。如:100 千克。

㉑ 道路状况:有与道路相关的故障时填写。如:良好、颠簸。

㉒ 故障的零件名称及号码:填写故障的零件名称及其零件号码。

㉓ 发生频率:填写同样的故障在此车发生的次数或修复后再发生的次数。

(2) 故障描述部分填写标准。

故障描述部分如表 7-1-5 所示。

表 7-1-5 故障描述部分

故障描述	例:2011 年 11 月 5 日,客户打电话反映他的车发动机故障灯点亮,并且行驶中经常熄火,再次起动后又能正常行驶,此现象出现多次。11 月 6 日客户来厂检查后,确认发动机故障灯常亮,经专用检测仪检查发现一个存在的 P0355 号故障码(曲轴角度传感器系统)。专用检测仪检测及数据冻结图片请参考附件 1

故障描述应包含以下信息要点:

① 谁发现的故障?是客户使用中发现的还是维修中心检查时发现的;

② 第一次接到客户投诉的时间,或第一次客户到站检查该问题的时间;

③ 客户如何描述故障现象,维修中心确认的故障现象如何;

④ 记录检查的详细过程;

⑤ 其他需要说明的情况;

⑥ 提供能说明故障位置及状态的照片或录像文件。

(3) 故障分析部分填写标准。

故障分析部分如表 7-1-6 所示。

表 7-1-6 故障分析部分

故障分析及原因	分析可能原因如下: 1. 曲轴角度传感器故障; 2. 线路不良; 3. 发动机 ECU 故障

故障分析及原因应按以下要求填写:

① 能够明确确认的故障原因,直接写出是什么零件引起的故障。

② 不能确认的故障原因,要写出推测的可能原因。

(4) 故障处理结果部分填写标准。

故障车辆结果部分如表 7-1-7 所示。

表 7-1-7 故障处理结果部分

故障处理及结果	用专用检测仪清除故障码后,路试大约 2 千米故障灯再次点亮,并且发动机熄火,专用检测仪再次查出 P0335 号故障码,再次起动后,读取数据列表未见曲轴角度信号显示异常。按维修手册步骤检查 1、3 号端子电压为 5V,2 号端子的接地电阻也小于 2 欧姆。 更换新的曲轴角度传感器后路试 10 千米,故障没有再次出现。因此判断为曲轴角度传感器间歇性故障

笔记

故障处理及结果应包含以下信息要点：

① 记录对此故障的最终解决方案，如做了什么修复，更换了什么零件等等。

② 记录处理结果。

③ 如问题最终未能解决，记录客户的要求是什么，特约店的建议是什么。

(5) 厂家意见。

厂家意见部分如表 7-1-8 所示。

表 7-1-8　厂家意见部分

厂家意见：

此部分由汽车制造厂家填写，将根据保修规定来判定是否同意批准索赔请求，或者要求特约店继续调查提供其他信息。同时对特约店进行考核，并将处理结果回复给报告单位。

2) 保修费用申请表

保修费用申请表如表 7-1-9 所示。

表 7-1-9　保修费用申请表

<table>
<tr><td colspan="16">保修费用申请表</td></tr>
<tr><td colspan="2">修理件名</td><td colspan="10"></td><td colspan="2">编号</td><td colspan="2"></td></tr>
<tr><td colspan="2">车牌号</td><td></td><td colspan="2">车辆型号</td><td colspan="2"></td><td colspan="2">底盘号</td><td colspan="3"></td><td colspan="2">发动机号</td><td colspan="2"></td></tr>
<tr><td colspan="2">修理日期</td><td colspan="5"></td><td colspan="2">维修时车辆里程</td><td colspan="3"></td><td colspan="2" rowspan="2">用户名称及联系方式</td><td colspan="2" rowspan="2"></td></tr>
<tr><td colspan="2">厂家负责人</td><td></td><td colspan="4">报告单位联系人及手机</td><td colspan="5"></td></tr>
<tr><td rowspan="6">工时</td><td rowspan="2">序号</td><td colspan="8">状态代码</td><td rowspan="2">数量</td><td rowspan="2">工时</td><td rowspan="2">申请金额</td><td colspan="2" rowspan="2">核准金额</td><td rowspan="2">合计 1</td></tr>
<tr><td colspan="2">维修项目名称</td><td colspan="2">维修项目编码</td><td colspan="4">故障代码</td></tr>
<tr><td>1</td><td colspan="2"></td><td colspan="2"></td><td></td><td></td><td colspan="2"></td><td></td><td></td><td></td><td colspan="2"></td><td rowspan="4"></td></tr>
<tr><td>2</td><td colspan="2"></td><td colspan="2"></td><td></td><td></td><td colspan="2"></td><td></td><td></td><td></td><td colspan="2"></td></tr>
<tr><td>3</td><td colspan="2"></td><td colspan="2"></td><td></td><td></td><td colspan="2"></td><td></td><td></td><td></td><td colspan="2"></td></tr>
<tr><td>4</td><td colspan="2"></td><td colspan="2"></td><td></td><td></td><td colspan="2"></td><td></td><td></td><td></td><td colspan="2"></td></tr>
<tr><td rowspan="5">零件（含机油和防冻液）</td><td>序号</td><td colspan="4">零件名称</td><td colspan="2">零件编码</td><td colspan="3">零件来源</td><td>数量</td><td>申请金额</td><td colspan="2">核准金额</td><td>合计 2</td></tr>
<tr><td>1</td><td colspan="2"></td><td colspan="2"></td><td></td><td></td><td colspan="2"></td><td></td><td></td><td></td><td colspan="2"></td><td rowspan="4"></td></tr>
<tr><td>2</td><td colspan="2"></td><td colspan="2"></td><td></td><td></td><td colspan="2"></td><td></td><td></td><td></td><td colspan="2"></td></tr>
<tr><td>3</td><td colspan="2"></td><td colspan="2"></td><td></td><td></td><td colspan="2"></td><td></td><td></td><td></td><td colspan="2"></td></tr>
<tr><td>4</td><td colspan="2"></td><td colspan="2"></td><td></td><td></td><td colspan="2"></td><td></td><td></td><td></td><td colspan="2"></td></tr>
</table>

续 表

<table>
<tr><td rowspan="2">其他（如出差）</td><td rowspan="2"></td><td>申请金额</td><td>核准金额</td><td>合计 3</td></tr>
<tr><td></td><td></td><td></td></tr>
<tr><td colspan="2">总金额(大写)：</td><td colspan="2">总计</td><td></td></tr>
<tr><td colspan="5">公司意见：</td></tr>
</table>

(1) 维修信息部分填写标准。

维修信息部分如表 7-1-10 所示。

表 7-1-10　维修信息部分

<table>
<tr><td>修理件名</td><td colspan="5">曲轴角度传感器</td><td>编号</td><td></td></tr>
<tr><td>车牌号</td><td>粤 A12345</td><td>车辆型号</td><td></td><td>底盘号</td><td></td><td>发动机号</td><td></td></tr>
<tr><td>修理日期</td><td colspan="3">2007 年 09 月 28 日(开始)～2007 年 09 月 28 日(结束)</td><td>维修时车辆里程</td><td>6 246 千米</td><td rowspan="2">用户名及联系方式</td><td rowspan="2"></td></tr>
<tr><td>厂家负责人</td><td></td><td colspan="2">报告单位联系人及手机</td><td colspan="2"></td></tr>
</table>

具体说明：

① 修理件名：填写故障维修部件或零件名称，如：曲轴角度传感器。

② 编号：由厂家统一给出的索赔受理编号。

③ 车牌号：填写保修车辆的车牌号码。

④ 车辆型号：填写车辆正式的型号。

⑤ 底盘号：填写完整的 17 位底盘号码。

⑥ 发动机号：填写该车辆的发动机号码。

⑦ 修理时间：填写维修开始到结束的日期。

⑧ 维修时车辆里程：填写维修时车辆的行驶里程数。

⑨ 厂家负责人：填写汽车制造厂家负责此次保修的负责人姓名。

⑩ 报告单位联系人及手机：填写负责此次保修的特约店负责人姓名及联系手机号码。

⑪ 用户名及联系方式：填写车主或司机的姓名及联系方式。

(2) 维修项目工时部分填写标准。

维修项目工时部分如表 7-1-11 所示。

笔记

表 7-1-11　维修项目工时部分

	序号	状态代码					数量	工时	申请金额	核准金额	合计 1
		维修项目名称	维修项目编码	故障代码							
工时	1	更换曲轴角度传感器	544070-10	A99	B30	CA	1	0.6	39.00		
	2		A9				1	0.2	13.00		
	3										
	4										

具体说明：

① 规范填写维修项目名称。

② 查找厂家制定标准工时填写。

③ 查找厂家统一故障代码表填写。

④ 数量是指更换相同部位零件的个数。

⑤ 工时是指更换单个零件的工时。

⑥ 申请金额＝数量×工时×厂家制定工时单价。

(3) 零件及辅料申请部分的填写标准。

零件及辅料申请部分如表 7-1-12 所示。

表 7-1-12　零件及辅料申请部分

	序号	零件名称	零件编码	零件来源	数量	申请金额	核准金额	合计 2
零件（含机油和防冻液）	1	曲轴角度传感器	18650280	维修站外购	1	855.00		
	2							
	3							
	4							

具体说明：

① 零件名称和零件编码查找厂家编制的零件手册填写。

② 零件的来源要注明是特约店购买的还是厂家提供的。

③ 申请金额处填写的是零件的单价。

（五）保修旧件的管理

1）保修旧件管理原则

保修旧件是指按国家汽车三包政策及汽车制造公司的产品质量保修政策，进行保修更换下来的、需要向汽车制造公司保修索赔的配件。

所有保修更换下来的旧件，属于汽车制造公司所有，汽车制造公司要求返回其配件。

2）保修旧件存放要求

① 各特约店需按厂家要求设立专用保修旧件库。

② 符合质量保修条件的，按照相关程序办理保修手续，索赔员填写好旧件标签并将其紧固在相应保修旧件上，按类规范存放在旧件库中。

笔记

③ 在保持故障状态的基础上，清洁保修旧件并合理包装后存放。

④ 发动机、水箱等内有油、液体等易泄漏，为避免环境污染，应进行处理。

⑤ 索赔员应负责保管保修旧件及旧件库的管理工作，对旧件库定期进行维护检查工作，确保保修旧件保存完好。

⑥ 索赔旧件的缺陷、破损部位用不易脱落的颜料或记号笔作出明显标识。

3）保修旧件标签填写

索赔员应在故障件更换后，随即填写旧件标签并紧固在相应件上，标签填写规范清晰：

① 保修旧件必须是一件一签。

② 保修旧件标签固定在保修旧件上必须牢固，不易脱落。

③ 保修旧件标签上的项目应按规定要求填写准确，字迹清楚。项目包括零件编码、零件名称、故障现象、故障原因、车辆信息（车牌号码，底盘号码）等。

保修旧件标签如图 7-1-5 所示。

（正面）

保修返回零件

零件编码/名称 ____________

故障现象 ____________

____

故障原因 ____________

____

此标签应固定在旧件上

（反面）

网店名称/编号 ____________

索赔单号 ____________

车牌号码 ____________

底盘号码 ____________

销售日期 ____________

维修日期 ______ 里程数 ______

索赔类型

□一般索赔 □配件索赔

图 7-1-5 保修旧件标签

4）保修旧件返回清单

保修旧件返回清单如表 7-1-13 所示。

表 7-1-13 保修旧件返回清单

<table>
<tr><td colspan="10">保修旧件返回清单</td></tr>
<tr><td colspan="5">移交部门：</td><td colspan="3">移交人：</td><td colspan="2">接收人：</td></tr>
<tr><td>序号</td><td>零件名称</td><td>零件编码</td><td>底盘号</td><td>销售日期</td><td>故障日期</td><td>里程</td><td>故障描述</td><td>特约店编码</td><td>技术签定表报告号码</td></tr>
<tr><td>1</td><td></td><td></td><td></td><td></td><td></td><td></td><td></td><td></td><td></td></tr>
<tr><td>2</td><td></td><td></td><td></td><td></td><td></td><td></td><td></td><td></td><td></td></tr>
<tr><td>3</td><td></td><td></td><td></td><td></td><td></td><td></td><td></td><td></td><td></td></tr>
<tr><td>4</td><td></td><td></td><td></td><td></td><td></td><td></td><td></td><td></td><td></td></tr>
<tr><td>5</td><td></td><td></td><td></td><td></td><td></td><td></td><td></td><td></td><td></td></tr>
</table>

笔 记

5）保修旧件返回流程

保修旧件返回流程如图 7-1-6 所示。

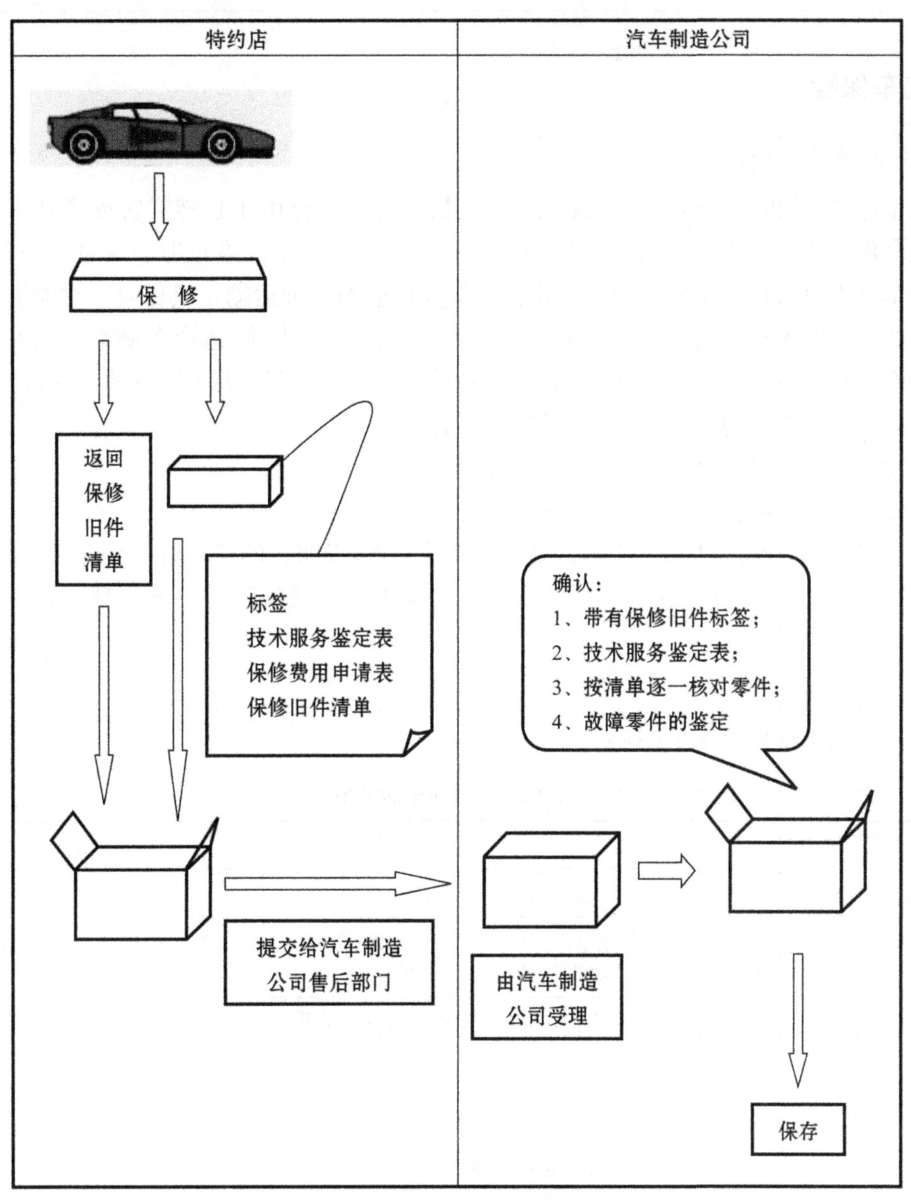

图 7-1-6 保修旧件返回流程

笔记

任务 7.2 汽车保险与理赔

一、汽车保险

(一) 汽车保险的相关概念

汽车保险,即机动车辆保险,简称车险,是指对机动车辆由于自然灾害或意外事故所造成的人身伤亡或财产损失负赔偿责任的一种商业保险。汽车保险是财产保险的一种,它是以机动车辆本身及机动车辆的第三者责任为保险标的的一种运输工具保险。它能够切实保障汽车的被保险人和交通事故受害者在车辆发生保险责任事故,造成车辆本身损失及第三者人身伤亡和财产损坏或损失时,得到经济补偿,最大限度地减少所造成的损失,能够促使交通事故损害赔偿纠纷的及时解决,促进社会的稳定。

保险人:为客户提供保险服务的保险公司。

投保人:向保险公司购买保险服务的自然人或法人。

被保险人:由投保人购买保险后,设定保险受益人,即赔款的获得者。

保险标的:指保险所要保障的对象。汽车保险中是指被保险的车辆本身或其相关的利益或责任。

(二) 机动车的类型

机动车的类型如表 7-2-1 所示。

表 7-2-1 机动车的类型

序号	类 型	说 明
1	家庭自用车	家庭或个人所有,且用途为非营业性的客车
2	非营业客车	党政机关、企事业单位、社会团体、领事馆等机构从事公务或在生产经营活动中不以直接或间接方式收取运费或租金的客车
3	营业客车	用于旅客运输或租赁,并以直接或间接方式收取运费或租金的客车。如城市公交客车、公路客运客车、出租车、租赁客车
4	非营业货车	党政机关、企事业单位、社会团体自用或仅用于个人及家庭生活,不以直接或间接方式收取运费或租金的货车(包括客货两用车)。货车是指载货机动车、厢式货车、自卸车、电瓶运输车、装有起重机械但以载重为主的起重运输车
5	营业货车	用于货物运输或租赁,并以直接或间接方式收取运费或租金的货车(包括客货两用车)。货车是指载货机动车、厢式货车、自卸车、电瓶运输车、装有起重机械但以载重为主的起重运输车
6	特种车	用于各类装载油料、气体、液体等到专用罐车,或适用于装有冷冻或加温设备的厢式机动车;或用于牵引(非集装箱拖头或货车牵引)、清障、清扫、起重、装卸、升降、搅拌、挖掘、推土、压路等的各种专用机动车;或车内装有固定专用仪器设备,从事专业工作的监测、消防、清洁、医疗、电视转播、雷达、X 光检查等机动车;或专门用于牵引集装箱箱体(货柜)的集装箱拖头
7	摩托车	以燃料或电瓶为动力的各种两轮、三轮摩托车

笔记

续 表

序号	类 型	说 明
8	拖拉机	按其使用性质分为农用型拖拉机和运输型拖拉机。农用型拖拉机是指以田间作业为主,对过铰接连接牵引挂车可进行运输作业的拖拉机,包括各种收割机。运输型拖拉机是指货箱与底盘一体,不通过牵引挂车可运输作业的拖拉机
9	挂车	其设计和技术特征需机动车牵引才能正常使用的一种无动力的道路机动车

(三) 汽车保险的职能和作用

1. 汽车保险的职能

汽车保险的基本职能是组织经济补偿和实现保险金的给付。机动车辆使用过程中的各种风险及风险损失是难以通过对风险的避免、预防、分散、抑制以及风险自留就能解决得了的,必须或最好通过保险转嫁方式将其中的风险及风险损失得以在全社会范围内分散和转移,以最大限度地抵御风险。汽车用户以缴纳保险费为条件,将自己可能遭受的风险成本全部或部分转嫁给保险人。机动车辆保险是一种重要的风险转嫁方式,在大量的风险单位集合的基础上,将少数被保险人可能遭受的损失后果转嫁到全体被保险人身上,而保险人作为被保险人之间的中介对其实行经济补偿。通过机动车辆保险,将拥有机动车辆的企业、家庭和个人所面临的种种风险及其损失后果得以在全社会范围内分散与转嫁。机动车辆保险是现代社会处理风险的一种非常重要的手段,是风险转嫁中一种最重要、最有效的技术,是不可缺少的经济补偿制度。

2. 汽车保险的作用

(1) 保障车辆所有者及受害人的经济利益,稳定了社会公共秩序。

(2) 促进了汽车安全性能的提高,有利于交通安全。

(3) 有利于生产经营和经济的发展,扩大了对汽车的需求。

3. 汽车保险的特点

1) 出险率高

汽车是陆地上主要交通工具。由于其经常处于运动状态,总是载着人或货物不断地从一个地方开往另一个地方,很容易发生碰撞及意外事故,造成人身伤亡或财产损失。由于车辆数量的迅速增加,一些国家交通设施及管理水平跟不上车辆的发展速度,再加上驾驶人的疏忽、过失等人为原因,交通事故发生频繁,汽车出险率较高。

2) 业务量大

由于汽车出险率较高,汽车的所有者需要以保险方式转嫁风险。各国政府在不断改善交通设施,严格制定交通规章的同时,为了保障受害人的利益,对第三者责任保险实施强制保险。保险人为适应投保人转嫁风险的不同需要,为被保险人提供了更全面的保障,在开展车辆损失险和第三者责任险的基础上,推出了一系列附加险,使汽车保险成为财产保险中业务量较大,投保率较高的一个险种。

3) 扩大保险利益

汽车保险中,不仅被保险人本人使用车辆时发生保险事故保险人要承担赔偿责任,而且凡是被保险人允许的合法驾驶人使用车辆时,也视为其对保险标的具有保险利益,如果发生

笔记

保险单上约定的事故，保险人同样要承担事故造成的损失。

4）责任自负与优待

为了促使被保险人注意维护、养护车辆，使其保持安全行驶技术状态，并督促驾驶人注意安全行车，以减少交通事故，保险合同上一般规定：驾驶人在交通事故中所负责任，车辆损失险和第三者责任险在符合赔偿规定的金额内实行绝对免赔率；保险车辆在保险期限内无赔款，续保时可以按保险费的一定比例享受无赔款优待。以上两项规定，虽然分别是对被保险人的惩罚和优待，但要达到的目的是一致的。

（四）汽车保险原则

1. 保险利益原则

我国《保险法》第11条规定："投保人对保险标的应当具有保险利益。投保人对保险标的不具有保险利益的，保险合同无效。保险利益是指投保人对保险标的具有的法律上承认的利益。"保险利益原则作为保险运行中的一项重要原则，它要求投保人或被保险人在保险合同订立或履行过程中必须具有保险利益，否则保险合同无效。

1）保险利益构成的条件

① 必须是法律上认可的利益。保险利益必须是符合法律规定，符合社会公共秩序要求，为法律认可并受到法律保护的利益。

② 必须是经济上的利益。保险利益必须是可以用货币计算或估价的利益。

③ 必须是确定的利益。

2）保险利益的种类

① 财产保险的保险利益。包括财产所有权，经营权，使用权，抵押权，留置权，承运权，保管权等。

② 责任保险的保险利益。责任保险是以被保险人依法应承担的民事赔偿责任为保险标的的保险。

③ 信用、保证保险的保险利益。在经济合同中，因义务人不履行合同义务，致使权利人受到经济损失，可以通过投保信用、保证保险由保险人承担经济赔偿责任。

④ 人身保险的保险利益。人身保险是以被保险人的身体或生命为保险标的的保险。

3）保险利益的转移、灭失

① 保险利益的转移。在人身保险中，一般不存在保险利益的转移问题，在财产保险中，保险利益转移主要是由于财产保险标的物的转移引起的，具体的保险标的转移有让与、继承和破产。

② 保险利益的消灭。在财产保险中，保险标的的灭失，保险利益即灭失。

4）保险利益的存在时间

财产保险的保险利益存在时间，绝大多数情况下，不仅要求在订立保险合同时存在，而且在事故发生时也必须存在。

5）保险利益原则的意义

① 消除投保人利用保险进行赌博的可能性。

② 保险道德风险的发生。

笔记

③ 限制保险补偿的程度。

2. 最大诚信原则

我国《保险法》第四条规定："从事保险活动必须遵守法律、行政法规，遵循自愿和诚实信用的原则。"所谓诚实信用，是任何一方当事人对他方不隐瞒事实、不相互欺诈，以最大诚信全面履行各自的义务，以保证对方权利的实现。要求合同双方当事人最大限度地遵守这一原则，故称最大诚信原则。

1）履行如实告知义务

它是最大诚信原则对投保人的要求。投保人在投保时，应当将足以影响保险人决定是否承保，足以影响保险人确定保险费率或增加特别条款的重要情况，向保险人如实告知。保险实务中一般以投保单为限，即投保单中询问的内容投保人必须如实填写，除此之外，投保人不承担任何告诉、告知义务。投保人因故意或过失没有履行如实告知义务，将要承担相应的法律后果，包括保险人可以据此解除保险合同；如果发生保险事故，保险人有权拒绝赔付等。

2）履行说明义务

这是最大诚信原则对保险人的要求。在订立保险合同时，保险人应当向投保人说明合同条款内容。对于保险合同的一般条款，保险人应当履行说明义务。对于保险合同的责任免除条款，保险人应当履行明确说明义务，未明确说明的，责任免除条款不发生效力。

3）履行保证义务

这里的保证，是指投保人向保险人作出承诺，保证在保险期间遵守作为或不作为的某些规则，或保证某一事项的真实性，因此，这也是最大诚信原则对投保人的要求。保险上的保证有两种，一种是明示保证，即以保险合同条款的形式出现，是保险合同的内容之一，故为明示。如机动车辆保险中有遵守交通规则、安全驾驶、做好车辆维修和保养工作等条款，一旦合同生效，即构成投保人对保险人的保证，对投保人具有作为或不作为的约束力。另一种是默示保证，即这种保证在保险合同条款中并不出现，往往以社会上普遍存在或认可的某些行为规范为准则，并将此视作投保人保证作为或不作为的承诺，故为默示。如财产保险附加盗窃险合同中，虽然没有明文规定被保险人外出时应该关闭门窗，但这是一般常识下应该做的行为，这种社会公认的常识，即构成默示保证，也成为保险人之所以承保的基础，所以，因被保险人没有关闭门窗而招致的失窃，保险人不承担保险责任。

4）弃权和禁止抗辩

这是最大诚信原则对保险人的要求。所谓弃权，是指保险人放弃法律或保险合同中规定的某项权利，如拒绝承保的权利、解除保险合同的权利等。所谓禁止抗辩，与弃权有紧密联系，是指保险人既然放弃了该项权利，就不得向被保险人或受益人再主张这种权利。

3. 损失补偿原则

1）损失补偿原则的主要内容

补偿原则是指保险标的发生保险责任范围内的损失时，按照保险合同约定的条件，依据保险标的的实际损失，在保险金额以内进行补偿的原则。

① 从无损失则无赔偿而言，补偿须以损失的发生为前提。

② 保险人补偿的损失只能是保险责任范围以内的损失，即由于保险事故所造成的保险

笔记

标的损失。

③ 保险赔偿以实际损失为限。

2）损失补偿原则在保险实务中的体现

① 补偿原则的限制条件：以实际损失为限，是补偿原则最基本的限制条件；以保险金额为限；以被保险人对保险标的具有的保险利益为限。

② 补偿原则的实施方式：赔付现金、维修、更换、重置。

3）损失补偿原则的意义

① 保障保险职能的顺利实施。

② 防止被保险人从保险中赢利。

③ 减少道德风险。

4）损失补偿原则的例外情况

损失补偿原则主要用于一般财产保险，以下险种不能运用这一原则：

① 定值保险

② 重置价值保险

③ 人寿保险

4. 近因原则

1）近因原则含义

① 近因原则是判断风险事故与保险标的损害之间的因果关系，进而确定保险赔偿责任的一项基本原则。

② 近因原则包含两个内容，一是判定致损近因，二是保险赔偿以近因属于保险事故为前提。

③ 所谓近因，是指造成事故最直接而有效的原因，具体是指造成保险标的毁损、灭失的有效原因，与实际损失之间存在因果关系，并不是指时间上和空间上与损失最为接近的原因。

2）近因原则的运用

（1）致损的原因只有一个。这里是指造成财产损失或人身伤亡的原因只有一个，这个原因就是近因。

（2）致损的原因有两个或两个以上。这里是指损失的原因有多个，它们可能同时发生，也可能连续发生，还可能间断发生。

① 多因同时发生。若同时发生的都是保险事故，则保险人承担责任；若其中既有保险事故，也有责任免除事项，保险人只承担保险事故造成的损失。

② 多因连续发生。两个以上灾害事故连续发生造成损害，一般以最近的、最有效的原因为近因，若其属于保险事故，则保险人承担赔付责任。但后果是前因直接自然的结果、合理连续或自然延续时，以前因为近因。

③ 多因间断发生。即后因与前因之间没有必然因果关系，彼此独立。这种情况的处理与单因大致相同，即保险人视各种独立的危险事故是否属于保险事故，决定是否赔付。

5. 代位求偿原则

代位求偿原则是指保险事故发生，保险人按合同约定向被保险人赔偿了保险金后，依法

笔记

取得有关保险标的所有权或向第三者的追偿权的原则。

6. 分摊原则

分摊原则是指在投保人善意重复保险的情况下，当保险事故发生时，保险人应对被保险人的损失实际分摊的原则。

(1) 比例责任分摊方式，是以保险金额为基础计算分摊责任，即各保险人按其承保的保险金额与各保险人承保保险金额总和的比例分摊责任。

(2) 限额责任分摊方式，是以赔偿限额为基础计算分摊责任，即假设在没有重复保险的条件下，各保险人以其承保的保险金额应付的最高限额与各保险人应负限额总和的比例分摊责任。

(3) 顺序责任分摊方式，是指按照各保险公司出单顺序赔偿，先出单的公司首先在其保险金额限度内负责赔偿，当损失金额超出时，由其他保险人按照承保时间的先后顺序在有效保额内依次赔偿。

(五) 汽车保险的险种

车险种类按性质可以分为交强险与商业险。

车险种类根据保障的责任范围还可以分为基本险和附加险。

不同保险公司其所承保的险种也不尽相同。下面以中国太平洋财产保险股份有限公司所承保的险种分类来说明。

1. 交强险

1) 交强险的定义

交强险全称机动车交通事故责任强制保险，是我国首个由国家法律规定实行的强制保险制度，于 2006 年 7 月 1 日正式施行。交强险是由保险公司对被保险机动车发生道路交通事故造成受害人(不包括本车人员和被保险人)的人身伤亡、财产损失，在责任限额内予以赔偿的强制性责任保险。

交强险责任限额是指被保险机动车在保险期间发生道路交通事故，保险公司对每次保险事故所有受害人的人身伤亡和财产损失所承担的最高赔偿金额。

交强险赔付类型如表 7-2-2 所示。

表 7-2-2　交强险赔付类型

赔付类型	有责限额	无责限额	赔 付 内 容
死亡伤残	110 000 元	11 000 元	丧葬费、死亡补偿费、受害人亲属办理丧葬事宜支出的交通费用、残疾赔偿金、残疾辅助器具费、护理费、康复费、交通费、被抚养人生活费、住宿费、误工费，被保险人依照法院判决或者调解承担的精神损害抚慰金
医疗费用	10 000 元	1 000 元	医药费、诊疗费、住院费、住院伙食补助费，必要的、合理的后续治疗费、整容费、营养费
财产损失	2 000 元	100 元	财产损失费用或恢复原状的费用

2) 交强险的特点

① 国家强制：是国家强制规定必需购买的一种保险；

② 只保三者：交强险亦称强三险，只保护交通事故中的第三者利益；

笔记

③ 基本保障:交强险只为受害人提供最基本的保障;

④ 以人为本:将保障受害人得到及时有效的赔偿作为首要目标;

⑤ 奖优罚劣:驾驶者享有优惠的费率,经常肇事者负担高额保费;

⑥ 社会效益:条款和基础保险费率,以不盈利不亏损的原则审批保险费率,全国统一价格;

⑦ 商业经营:商业保险公司经营。

3)交强险与商业第三者责任保险的差异

① 赔偿不同。根据《道路交通安全法》的规定,对机动车发生交通事故造成人员伤亡、财产损失的,保险公司在交强险责任限额范围内予以赔偿。而商业三责险中,保险公司是根据投保人或被保险人在交通事故中应负的责任来确定赔偿责任;

② 保障范围不同。除了《机动车交通事故责任强制保险条例》(以下简称《条例》)规定的个别事项外,交强险的赔偿范围几乎涵盖了所有道路交通责任风险。而商业三责险中,保险公司不同程度地规定有免赔额、免赔率或责任免除等事项;

③ 具有强制性。根据《条例》规定,机动车的所有人或管理人都应当投保交强险,同时,保险公司不能拒绝承保、不得拖延承保和不得随意解除合同;

④ 根据《条例》规定,交强险实行全国统一的保险条款和基础费率,保监会按照交强险业务总体上"不盈利不亏损"的原则审批费率;

⑤ 交强险实行分项责任限额。

4)下列损失和费用,交强险不负责赔偿和垫付

① 因受害人故意造成的交通事故的损失;

② 被保险人所有的财产及被保险机动车上的财产遭受的损失;

③ 被保险机动车发生交通事故,致使受害人停业、停驶、停电、停水、停气、停产、通信或者网络中断、数据丢失、电压变化等造成的损失以及受害人财产因市场价格变动造成的贬值、修理后因价值降低造成的损失等其他各种间接损失;

④ 因交通事故产生的仲裁或者诉讼费用以及其他相关费用。

5)赔偿顺序

(1)交强险在索赔时与商业险分开索赔,赔偿顺序为:先强制,再商业。如超出交强险索赔限额部份费用,由商业险赔偿;在商业险赔款中扣除强制保险应赔付金额。

(2)保险事故造成受害人财产损失,同时涉及受害人的车辆损失、受害人车辆以外的财产损失、受害人车上财产损失时,优先赔偿受害人车辆损失以外的其他财产的损失。

(3)死亡伤残、医疗费用赔偿金额超过强制保险赔偿限额的,在限额内按以下顺序赔偿:

① 死亡伤残赔偿顺序依次为:残疾赔偿金、残疾辅助器具费(丧葬费、死亡补偿费);护理费、误工费、交通费、住宿费(受害人亲属办理交通事故支出的合理交通、住宿、误工费用);被抚养人生活费。

② 医疗费用赔偿顺序依次为:抢救费用;医药费、诊疗费、住院费;住院伙食补助费;后续治疗费、整容费;必要的营养费。

(4)精神损害抚慰金。对被保险人依照法院判决或者调解承担的精神损害抚慰金,在

其他赔偿项目足额赔偿后，在死亡伤残赔偿限额内赔偿。

6) 交强险的保险期限

《条例》规定，交强险的保险期限为一年。仅有四种情形下，投保人可投保一年以内的短期交强险：

① 境外机动车临时入境的；

② 机动车临时上道路行驶的；

③ 机动车距规定的报废期限不足1年的；

④ 保监会规定的其他情形。

7) 交强险保费

交强险最终保险费＝交强险基础保险费×(1＋与道路交通事故相联系的浮动比率A)×(1＋与道路交通安全违法行为相联系的浮动比率V)。

与道路交通事故相联系的浮动比率A包括：

A1 上一个年度未发生有责任道路交通事故－10%

A2 上两个年度未发生有责任道路交通事故－15%

A3 上三个及以上年度未发生有责任道路交通事故－20%

A4 上一个年度发生一次有责任不涉及死亡的道路交通事故±0%

A5 上一个年度发生两次及两次以上有责任道路交通事故＋15%

A6 上一个年度发生有责任道路交通死亡事故＋30%

与道路交通安全违法行为相联系的浮动比率V包括：

V1 上一个年度没有道路交通安全违法行为－10%

V2 上两个年度没有道路交通安全违法行为－20%

V3 上三个及以上年度没有道路交通安全违法行为－30%

V4 上一个年度发生各类道路交通违法行为(除V5～V7)低于五次±0%

V5 上一个年度每次违反道路交通信号灯通行的；逆向行驶的(最高不超过30%)＋10%

V6 上一个年度发生驾驶与准驾车型不符的机动车的；发生机动车驾驶证被暂扣期间驾驶机动车＋20%

V7 上一个年度发生饮酒(含醉酒)后驾驶机动车＋30%

V8 上一个年度发生各类道路交通违法行为五次(含)以上＋30%

交强险基础保险费如表7-2-3所示。

表7-2-3　交强险基础保险费

家庭自用汽车		6座以下	6座及以上			
		950	1100			
非营业客车		6座以下	6～10座	10～20座	20座以上	
	企业	1000	1130	1220	1270	
	机关	950	1070	1140	1320	

笔记

续 表

		6 座以下	6～10 座	10～20 座	20～36 座	36 座以上
营业客车	出租租赁	1800	2360	2400	2560	3530
	城市公交		2250	2520	3020	3140
	公路客运		2350	2620	3420	4690
非营业货车		2 吨以下	2～5 吨	5～10 吨	10 吨以上	
		1200	1470	1650	2220	
营业货车		2 吨以下	2～5 吨	5～10 吨	10 吨以上	
		1850	3070	3450	4480	

2. 基本险

基本险包括商业第三者责任险、车辆损失险、全车盗抢险、车上人员责任险共四个独立的险种，投保人可以选择投保其中部分险种，也可以选择投保全部险种。

1）商业第三者责任险

(1) 商业第三者责任险是指在保险期间内，被保险车辆因意外事故，致使第三方遭受人身伤亡或财产的直接损失，依法应由被保险人承担的经济赔偿责任，保险人对于超过交强险各分项赔偿限额以上的部分，按照保险合同的规定负责赔偿。

(2) 商业第三者责任险中每次事故赔偿限额分以下八档，由投保人与保险人在签订保险合同时协商确定，并在保险单上载明：5 万元、10 万元、15 万元、20 万元、30 万元、50 万元、100 万元和 100 万元以上，且最高不超过 5000 万元。

(3) 被保险人或保险车辆驾驶人根据有关法律法规规定选择自行协商或由公安机关交通管理部门处理事故未确定事故责任比例的，按照下列规定确定事故责任比例：

① 保险车辆方负全部事故责任的，事故责任比例不超过 100%；

② 保险车辆方负主要事故责任的，事故责任比例不超过 70%；

③ 保险车辆方负同等事故责任的，事故责任比例不超过 50%；

④ 保险车辆方负次要事故责任的，事故责任比例不超过 30%；

⑤ 保险车辆方无事故责任的，保险人不承担赔偿责任。

(4) 商业第三者责任保险事故免赔率：

保险公司根据保险机动车一方在事故中所承担的责任比例，在符合赔偿规定的金额内实行绝对免赔率：负全部责任的免赔 20%，负主要责任的免赔 15%，负同等责任的免赔 10%，负次要责任的免赔 5%。

(5) 商业第三者责任险赔偿金额计算方法：

① 当被保险人应负赔偿金额高于赔偿限额时：

赔款＝赔偿限额×(1－事故责任免赔率)×(1－绝对免赔率)

② 当被保险人应负赔偿金额等于或低于赔偿限额时：

赔款＝应负赔偿金额×(1－事故责任免赔率)×(1－绝对免赔率)

2）车辆损失险

(1) 车辆损失险是指在保险期间内，被保险车辆遭受保险责任范围内的自然灾害或意

笔 记

外事故,造成被保险车辆本身的损失;被保险人为减少保险车辆的损失所支付的必要的、合理的施救费用,保险人按照保险合同规定负责赔偿,最高赔偿金额以保险金额为限。

(2) 保险车辆的保险金额可以按以下方式确定:

① 按投保时与保险车辆同种车型的新车购置价;

② 按投保时与保险车辆同种车型的新车购置价扣减折旧部分;

③ 投保人与保险人协商确定,但保险金额不得超过投保时同类车辆新车购置价,超过部分无效。

(3) 被保险人或保险车辆驾驶人根据有关法律法规规定选择自行协商或由公安机关交通管理部门处理事故未确定事故责任比例的,按照下列规定确定事故责任比例:

① 保险车辆方负全部事故责任的,事故责任比例不超过100%;

② 保险车辆方负主要事故责任的,事故责任比例不超过70%;

③ 保险车辆方负同等事故责任的,事故责任比例不超过50%;

④ 保险车辆方负次要事故责任的,事故责任比例不超过30%;

⑤ 保险车辆方无事故责任的,保险人不承担赔偿责任;

⑥ 单方肇事事故,事故责任比例100%。

(4) 车辆损失险事故免赔率。

保险公司根据保险机动车一方在事故中所承担的责任比例,在符合赔偿规定的金额内实行绝对免赔率:负全部责任的免赔20%,负主要责任的免赔15%,负同等责任的免赔10%,负次要责任的免赔5%。

(5) 车辆损失险的赔偿处理。

根据保险车辆的损失情况,保险人赔偿情况如表7-2-4所示。

表7-2-4 车辆损失赔偿情况

损失情况	赔偿金额计算方式
全部损失	(1) 保险车辆发生全部损失后,如果保险金额高于出险当时的实际价值,按出险当时的实际价值计算赔偿。即: 赔款=出险时保险车辆的实际价值×事故责任比例×(1-事故责任免赔率)×(1-绝对免赔率)-绝对免赔额 (2) 保险车辆发生全部损失后,如果保险金额等于或低于出险当时的实际价值,按保险金额计算赔偿。即: 赔款=保险金额×事故责任比例×(1-事故责任免赔率)×(1-绝对免赔率)-绝对免赔额
部分损失	(1) 保险车辆的保险金额按投保时新车购置价确定的,无论保险金额是否低于出险当时的新车购置价,发生部分损失按照实际修复费用赔偿。即: 赔款=实际修复费用×事故责任比例×(1-事故责任免赔率)×(1-绝对免赔率)-绝对免赔额 (2) 保险车辆的保险金额低于投保时的新车购置价,发生部分损失按照保险金额与投保时的新车购置价比例计算赔偿。即: 赔款=实际修复费用×(保险金额/新车购置价)×事故责任比例×(1-事故责任免赔率)×(1-绝对免赔率)-绝对免赔额

笔记

续 表

损失情况	赔偿金额计算方式
施救费用	施救的财产中，含有本保险合同未保险的财产，应按保险车辆出险时的实际价值占总施救财产的实际价值比例分摊施救费用。 (1) 保险车辆的保险金额按投保时新车购置价确定的，施救费用计算公式为： 赔款＝实际施救费用×(保险车辆出险时实际价值/施救财产总价值)×事故责任比例×(1－事故责任免赔率)×(1－绝对免赔率)－绝对免赔额； (2) 保险车辆的保险金额低于投保时的新车购置价，施救费用按保险金额与新车购置价的比例计算赔偿，计算公式为： 赔款＝实际施救费用×(保险车辆出险时实际价值/施救财产总价值)×(保险金额/新车购置价)×事故责任比例×(1－事故责任免赔率)×(1－绝对免赔率)－绝对免赔额

3) 全车盗抢险

(1) 全车盗抢险被保险车辆全车被盗窃、被抢劫、被抢夺，经县级以上公安刑侦部门立案证实，满60天未查明下落，全车被盗窃、被抢劫、被抢夺后被找回的受到损坏或车上零部件、附属设备丢失需要修复的合理费用或全车被抢劫、被抢夺过程中受到损坏需要修复的合理费用，保险人按照保险合同的规定在保险金额内负责赔偿。

(2) 保险金额由保险人与投保人在保险车辆的实际价值内协商确定。当保险车辆的实际价值高于购车发票金额时，以购车发票金额确定保险金额。

(3) 保险车辆发生全车盗抢险中规定的保险事故，保险赔偿时实行20%的绝对免赔率。

(4) 全车盗抢险的赔偿金额

① 保险车辆的保险金额高于出险时的实际价值：

赔款＝出险时保险车辆的实际价值×(1(绝对免赔率)

② 保险车辆的保险金额等于或低于出险时的实际价值：

赔款＝保险金额×(1－绝对免赔率)

4) 车上人员责任险

(1) 车上人员责任险是指在保险期间内，被保险车辆因意外事故，致使保险车辆车上人员人身伤亡的，对依法应由被保险人承担的经济赔偿责任，保险人按照保险合同的规定负责赔偿。

(2) 赔偿金额：根据不同座位，分为司机座位和乘客座位，投保乘客座位数按照保险车辆的核定载客数(司机座位除外)确定。司机座位最高赔偿限额和乘客座位每座最高赔偿限额由投保人和保险人在投保时协商确定。

(3) 被保险人或保险车辆驾驶人根据有关法律法规规定选择自行协商或由公安机关交通管理部门处理事故未确定事故责任比例的，按照下列规定确定事故责任比例：

① 保险车辆方负全部事故责任的，事故责任比例不超过100%；

② 保险车辆方负主要事故责任的，事故责任比例不超过70%；

③ 保险车辆方负同等事故责任的，事故责任比例不超过50%；

④ 保险车辆方负次要事故责任的，事故责任比例不超过30%；

⑤ 保险车辆方无事故责任的，保险人不承担赔偿责任。

(4) 车上人员责任险事故免赔率。

根据驾驶人在交通事故中所负事故责任比例，本保险实行相应的事故责任免赔率：负全部责任的免赔15%，负主要责任的免赔10%，负同等责任的免赔8%，负次要责任的免赔5%。单方肇事事故的事故责任免赔率为15%。

(5) 车上人员责任险赔偿金额。

发生车上人员的人身伤亡后，本保险按以下方法计算车上人员的赔偿金额：

① 当被保险人按事故责任比例应负的赔偿金额高于每座赔偿限额时：

赔款＝每座赔偿限额×(1－事故责任免赔率)×(1－绝对免赔率)

② 当被保险人按事故责任比例应负的赔偿金额等于或低于每座赔偿限额时：

赔款＝应负赔偿金额×(1－事故责任免赔率)×(1－绝对免赔率)

5) 保险责任及责任免除

(1) 保险责任。

保险期间内，被保险人或其允许的合法驾驶人在使用被保险车辆过程中，因下列原因造成被保险车辆的损失，保险公司依照保险合同的约定负责赔偿。

事故原因：碰撞、倾覆、坠落、火灾、爆炸、外界物体坠落、倒塌、暴风、龙卷风、雷击、雹灾、暴雨、洪水、海啸、地陷、冰陷、崖崩、雪崩、泥石流、滑坡、驾驶人随船载运被保险机动车的渡船遭受自然灾害。

(2) 责任免除的定义。

下列情况，不论何种原因造成被保险机动车损失，保险公司均不负责赔偿。责任免除原因：

① 地震；

② 战争、军事冲突、恐怖活动、暴乱、扣押、收缴、没收、政府征用；

③ 竞赛、测试、在营业性场所修理及养护期间；

④ 利用被保险机动车从事非法活动；

⑤ 驾驶人饮酒、吸食或注射毒品、被药物麻醉后使用被保险机动车；

⑥ 事故发生后，被保险人或其允许的驾驶人在未依法采取措施的情况下驾驶被保险机动车或者遗弃被保险机动车逃离事故现场，或故意破坏、伪装现场、毁灭证据；

⑦ 无驾驶证或驾驶证未年审；准驾车型不符；驾驶证在暂扣、扣留、吊销、注销期间驾驶被保险机动车；依照法律法规或公安机关交通管理部门有关规定不允许驾驶被保险机动车的其他情况下驾车；

⑧ 被保险机动车转让他人未向保险公司办理批改手续；

⑨ 遭受保险责任范围内的损失后，未经必要修理继续使用被保险机动车致使损失扩大的部分；

⑩ 发动机进水后导致发动机损坏；

⑪ 被保险机动车所载货物坠落、倒塌、撞击、泄漏造成的损失；

⑫ 因被盗窃、抢劫、抢夺、受到损坏或车上零部件、附属设备丢失；

⑬ 被保险人或驾驶人的故意行为造成的损失。

3. 附加险

附加险的险种很多，主要包括玻璃单独破碎险、车身划痕损失险、自燃损失险、无过失责

笔记

任险、车载货物掉落责任险、车辆停驶损失险、新增设备损失险、不计免赔特约险等。玻璃单独破碎险、车身划痕损失险、自燃损失险、新增加设备损失险等是车辆损失险的附加险，必须先投保车辆损失险后才能投保这几个附加险。车上货物责任险、车载货物掉落责任险、附加油污污染责任险、交通事故精神损害赔偿险等，是第三者责任险的附加险，必须先投保第三者责任险后才能投保这几个附加险；每个险别不计免赔是可以独立投保的。

附加险的险种如表 7-2-5 所示。

表 7-2-5 附加险险种

玻璃单独破碎险	
投保范围	车辆损失险的附加险，已投保车辆损失险的车辆方可投保本附加险
保险责任	在保险期间内，保险车辆在使用过程中，发生本车风挡玻璃或车窗玻璃的单独破碎，保险人按实际损失赔偿。投保人在与保险人协商的基础上，自愿按进口或国产玻璃选择投保，保险人根据其选择承担相应保险责任
责任免除	保险车辆的下列损失，保险人不负责赔偿： ① 灯具、车镜玻璃破碎； ② 安装、维修车辆过程中造成玻璃的破碎
车身划痕损失险	
投保范围	车辆损失险的附加险，已投保车辆损失险的车辆方可投保本附加险
保险责任	在保险期间内，保险车辆发生无明显碰撞痕迹的车身表面油漆单独划伤，保险人根据本合同的规定按实际损失负责赔偿
责任免除	保险车辆的下列损失，保险人不负责赔偿： ① 被保险人或驾驶人的故意行为造成保险车辆的损失； ② 他人因与被保险人或驾驶人及其家庭成员发生民事、经济纠纷造成保险车辆的损失； ③ 车身表面自然老化、损坏； ④ 其他不属于保险责任范围内的损失和费用
赔偿处理	① 本保险每次赔偿均实行 15%的绝对免赔率； ② 在保险期间内，保险人赔偿金额累计达到赔偿限额时，本附加险保险责任终止
自燃损失险	
投保范围	车辆损失险的附加险，已投保车辆损失险的车辆方可投保本附加险
保险责任	在保险期间内，保险车辆在使用过程中，因本车电器、线路、油路、供油系统、供气系统、货物自身发生问题、机动车运转摩擦起火引起火灾，造成保险车辆的损失，以及被保险人在发生本保险事故时，为减少保险车辆损失所支出的必要合理的施救费用，保险人负责赔偿
责任免除	下列损失，保险人不负责赔偿： ① 被保险人在使用保险车辆过程中，因人工直接供油、高温烘烤等违反车辆安全操作规则而造成的损失； ② 因自燃仅造成电器、线路、油路、供油系统、供气系统的损失； ③ 运载货物的损失； ④ 被保险人的故意行为或违法行为所造成保险车辆的损失
保险金额	保险金额由投保人和保险人在保险车辆的实际价值内协商确定
赔偿处理	① 在保险单载明的保险金额内，按保险车辆的实际损失计算赔偿； ② 本保险每次赔偿均实行 20%的绝对免赔率

笔记

续 表

车辆停驶损失险	
投保范围	车辆损失险的附加险，已投保车辆损失险的车辆方可投保本附加险
保险责任	在保险期间内，保险车辆在使用过程中，因发生车辆损失险第一条所列的保险事故，造成车身损毁，致使保险车辆需进厂修理，造成保险车辆停驶的损失，保险人按保险合同规定在赔偿限额内负责赔偿
责任免除	保险人对下列停驶损失不负责赔偿： ① 车辆被罚没、扣押、查封期间的损失； ② 因车辆修理质量不合要求，造成返修期间的损失； ③ 其他附加险项下发生保险事故时造成车辆停驶的损失
赔偿限额	赔偿限额以投保人与保险人投保时约定的赔偿天数乘以约定的日赔偿金额为准，但本保险约定的最高赔偿天数为 90 天
赔偿处理	在保险期间内，赔偿天数累计计算，累计赔偿的天数以保险单约定的最高赔偿天数为限： ① 部分损失的，在双方约定的修复时间内，按保险单约定的日赔偿金额乘以从送修并办理交车手续之日起至修复并办理完提车手续之日止的实际天数计算赔偿； ② 全部损失的，按保险单约定的最高赔偿天数计算赔偿； ③ 本保险每次事故的绝对免赔额为一天的赔偿金额
新增加设备损失险	
投保范围	车辆损失险的附加险，已投保车辆损失险的车辆方可投保本附加险
保险责任	在保险期间内，保险车辆在使用过程中，发生车辆损失险第一条所列的保险事故，造成车上新增加设备的直接损毁，保险人依据保险车辆驾驶人在事故中所负事故责任比例，在保险单该项目所载明的保险金额内负责赔偿
保险金额	保险金额按照投保时新增加设备的购置价确定
赔偿处理	① 保险车辆在使用过程中与其他机动车辆发生碰撞造成保险车辆损坏的，对应当由其他机动车辆的交强险赔偿的金额，保险人先予以扣除，再依据保险车辆驾驶人在事故中所负事故责任比例，按照本合同的规定负责赔偿； ② 根据保险车辆驾驶人在交通事故中所负事故责任比例，新增加设备损失险在符合赔偿规定的金额内实行相应的事故责任免赔率：负全部责任的免赔 15%，负主要责任的免赔 10%，负同等责任的免赔 8%，负次要责任的免赔 5%。单方肇事事故的事故责任免赔率为 15%。并按主险的约定适用绝对免赔率
其他事项	新增加设备，是指除保险车辆出厂时原有各项设备以外的，被保险人另外加装的设备及设施。办理本保险时，应列明车上新增加设备明细表及价格
车上货物责任险	
投保范围	商业第三者责任保险的附加险，已投保商业第三者责任保险的车辆方可投保本附加险
保险责任	在保险期间内，保险车辆在使用过程中发生意外事故，致使保险车辆上所载货物遭受直接损毁，依法应由被保险人承担的经济赔偿责任，保险人依据保险车辆驾驶人在事故中所负事故责任比例，在保险单载明的赔偿限额内负责赔偿
责任免除	(1) 由于以下原因引起的损失，保险人不负责赔偿： ① 货物遭哄抢、自然损耗、本身缺陷、短少、死亡、腐烂、变质； ② 违法载运或因包装、紧固不善，装载、遮盖不当； ③ 车上人员携带的私人物品或违章所载货物； ④ 由于保险车辆驾驶人的故意行为、紧急刹车。 (2) 其他不属于保险责任范围内的损失和费用，保险人也不负责赔偿

笔记

续 表

赔偿限额	本保险的最高赔偿限额由投保人和保险人在投保时协商确定
赔偿处理	① 承运的货物发生保险责任范围内的损失，保险人按起运地价格在赔偿限额内负责赔偿； ② 保险车辆在使用过程中与其他机动车辆发生碰撞，致使保险车辆上所载货物遭受直接损毁，对应当由其他机动车辆的交强险赔偿的金额，保险人先予以扣除，再依据保险车辆驾驶人在事故中所负事故责任比例，按照本合同的规定负责赔偿。 ③ 根据保险车辆驾驶人在事故中所负事故责任比例，车上货物责任险在符合赔偿规定的金额内实行相应的事故责任免赔率：负全部责任的免赔 20%，负主要责任的免赔 15%，负同等责任的免赔 10%，负次要责任的免赔 5%。单方肇事事故的事故责任免赔率为 20%。并按商业第三者责任保险的约定适用绝对免赔率
车载货物掉落责任险	
投保范围	商业第三者责任保险的附加险，已投保商业第三者责任保险的车辆方可投保本附加险
保险责任	在保险期间内，保险车辆在使用过程中，所载货物从车上掉落致使第三者遭受人身伤亡或财产的直接损毁，依法应由被保险人承担的经济赔偿责任，保险人在扣除交强险应赔偿部分后，按照本合同的规定在保险单载明的赔偿限额内计算赔偿
责任免除	(1) 下列损失，保险人不负责赔偿： ① 被保险人或驾驶人及其家庭成员的人身伤亡、财产损失； ② 驾驶人故意行为或车上所载气体、液体泄漏所造成的损失； ③ 装卸货物造成的损失。 (2) 应当由交强险赔偿的损失和费用，保险人不负责赔偿
赔偿限额	本保险每次事故的赔偿限额由投保人与保险人在投保时协商确定
赔偿处理	本保险每次赔偿均实行 20%的绝对免赔率
附加油污污染责任险	
投保范围	商业第三者责任保险的附加险，已投保商业第三者责任保险的车辆方可投保本附加险
保险责任	在保险期间内，被保险人或其允许的合法驾驶人在使用保险车辆过程中发生意外事故，由于保险车辆或其他机动车辆自身油料或所载油料泄漏造成道路路面的污染损失及清理费用，依法应由被保险人承担的经济赔偿责任，保险人在扣除交强险应赔偿部分后，依照本保险合同的规定负责赔偿
责任免除	① 道路路面以外的损失； ② 由于污染所导致的罚款及任何间接损失； ③ 应当由交强险赔偿的损失和费用
赔偿限额	每次事故赔偿限额由投保人和保险人按 5 万元、10 万元、20 万元、30 万元、50 万元的档次协商确定
赔偿处理	① 保险事故发生后，根据法院、仲裁机构依法判决、裁定、裁决或调解，或者经事故双方当事人协商一致并经保险人书面同意的，应由被保险人承担的经济赔偿责任，保险人在保险单载明的本附加险赔偿限额内给予赔偿。 ② 被保险人索赔时，应提供公安机关交通管理部门、交通行政管理部门等出具的事故证明、事故现场记录以及其他与确认保险事故的性质、原因、损失程度等有关的证明和资料。 ③ 本保险每次赔偿均实行 20%的绝对免赔率
交通事故精神损害赔偿险	
投保范围	商业第三者责任保险和车上人员责任险的附加险，已投保商业第三者责任保险或车上人员责任险的车辆方可投保本附加险

笔记

续　表

保险责任	① 在保险期间内，保险车辆在使用过程中，因发生交通事故，致使第三者的伤残、死亡或怀孕妇女意外流产，受害方据此提出精神损害赔偿请求，依照法院判决应由被保险人承担的精神损害赔偿责任，保险人在扣除交强险应赔偿部分后，按本合同约定在赔偿限额内负责赔偿； ② 在保险期间内，保险车辆在使用过程中发生意外事故，致使本车上人员的伤残、死亡或怀孕妇女意外流产，受害方据此提出精神损害赔偿请求，依照法院判决应由被保险人承担的精神损害赔偿责任，保险人按本合同约定在赔偿限额内负责赔偿
责任免除	(1) 在下列情况下，被保险人承担的精神损害赔偿，保险人不负责赔偿： ① 驾驶人在交通事故中无过错； ② 保险车辆未发生碰撞事故，仅由惊恐引起，造成第三者或车上人员的行为不当所引起的伤残、死亡或怀孕妇女意外流产； ③ 法院调解书中确定的应由被保险人承担的精神损害赔偿； ④ 其他不属于保险责任范围内的损失和费用。 (2) 应当由交强险赔偿的金额，保险人不负责赔偿
赔偿限额	本保险每次事故的最高赔偿限额由保险人和投保人在投保时协商确定
赔偿处理	① 按人民法院对交通事故责任人应承担的精神损害赔偿的判决以及保险合同的规定，保险人在保险单所载明的本保险赔偿限额内计算赔偿； ② 单独投保商业第三者责任保险的基础上投保本附加险时，保险人只对第三者的精神损害负责赔偿；单独投保车上人员责任险的基础上投保本附加险时，保险人只对车上人员的精神损害负责赔偿；同时投保商业第三者责任保险和车上人员责任险的基础上投保本附加险时，保险人对第三者及车上人员的精神损害负责赔偿； ③ 本保险每次赔偿均实行 20%的绝对免赔率
基本险不计免赔率	
保险责任	经特别约定，保险事故发生后，按照投保人选择投保的商业第三者责任保险、车辆损失险或车上人员责任险的事故责任免赔率计算的，或按照全车盗抢险的绝对免赔率计算的，应当由被保险人自行承担的免赔金额部分，保险人负责赔偿。基本险各险种的不计免赔率特约责任彼此独立存在，投保人可选择分别投保，并适用不同的费率
责任免除	下列金额，保险人不负责赔偿： ① 因违反法律法规中有关机动车辆装载规定而增加的免赔金额； ② 因保险车辆实际行驶区域超出保险单的约定范围而增加的免赔金额； ③ 因投保时指定驾驶人但保险事故发生时为非指定驾驶人驾驶保险车辆而增加的免赔金额，因提供的指定驾驶人信息不真实而增加的免赔金额； ④ 因应当由第三者负责赔偿但无法找到第三者而增加的免赔金额； ⑤ 保险车辆全车被盗窃、抢劫、抢夺，因被保险人如不能提供机动车登记证书、机动车行驶证、购车发票等机动车来历证明、车辆购置税完税证明或者免税凭证而增加的免赔金额；保险车辆全车被盗窃，因原配的全套车钥匙缺失而增加的免赔金额； ⑥ 根据多次事故免赔特约条款的绝对免赔率计算的应当由被保险人自行承担的免赔金额
附加险不计免赔率	
保险责任	经特别约定，保险事故发生后，按照投保人选择投保的附加险的事故责任免赔率和绝对免赔率计算的，应当由被保险人自行承担的免赔金额部分，保险人负责赔偿。附加险各险种的不计免赔率特约责任作为整体存在，投保人不可选择分别投保

笔记

续 表

责任免除	下列金额,保险人不负责赔偿: ① 因违反法律法规中有关机动车辆装载规定而增加的免赔金额; ② 因保险车辆实际行驶区域超出保险单的约定范围而增加的免赔金额; ③ 因投保时指定驾驶人但保险事故发生时为非指定驾驶人驾驶保险车辆而增加的免赔金额,因提供的指定驾驶人信息不真实而增加的免赔金额; ④ 因应当由第三者负责赔偿但无法找到第三者而增加的免赔金额; ⑤ 根据多次事故免赔特约条款的绝对免赔率计算的应当由被保险人自行承担的免赔金额

(六) 汽车保险投保流程

1. 机动车辆投保流程(如图 7-2-1 所示)

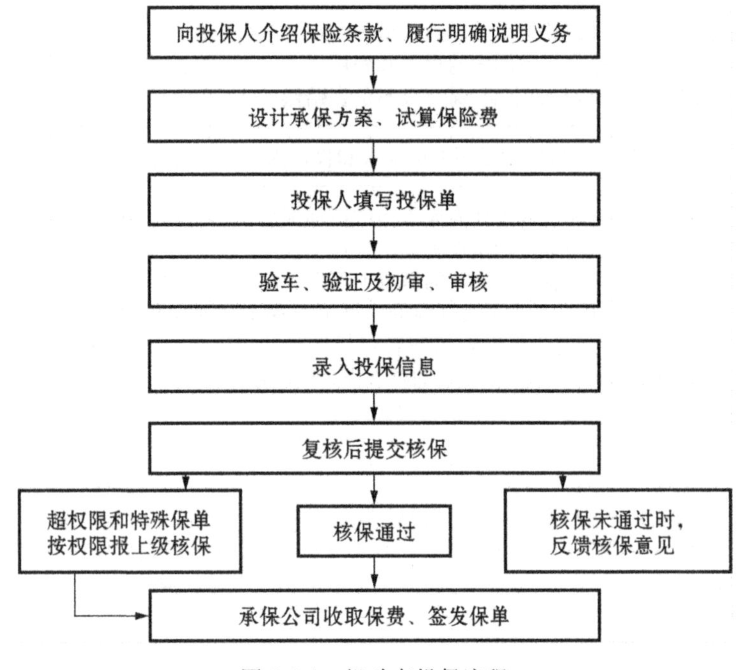

图 7-2-1 机动车投保流程

2. 申报材料

投保车辆行驶证、被保险人的组织机构代码复印件(被保险人为“法人或其他组织”的)、被保险人身份证明复印件(被保险人为“自然人”的)、投保经办人身份证明原件、车辆合格证、新车购车发票、车主出具的能够证明被保险人与投保车辆关系的证明或契约(被保险人与车主不一致的)、约定驾驶人员的《机动车驾驶证》复印件(约定驾驶人员的)、购车发票或固定资产入账凭证(个别未上牌照的特种车、拖拉机、摩托车等)、投保单、上年车险清洁保单(申请无赔款优待的)、单位证明及个人委托书(个人车辆单位使用的)。

二、汽车保险的理赔

汽车保险的理赔是指被保险车辆在发生保险责任范围内的损失后,保险人依据保险合同对被保险人提出索赔请求处理的行为。汽车保险理赔是保险公司履行合同义务的行为,它的依据是保险合同及保险相关法律同行业规定和国际惯例,其他任何理由或解释均不能

笔 记

作为保险理赔的依据。

汽车事故损失有的属于保险责任,有的属于非保险责任,即使属于保险责任,因多种因素制约,被保险人的损失不一定等于保险人的赔偿额,所以说,汽车保险理赔涉及到保险合同双方的权利和义务的实现,是保险经营中的一项重要内容。

（一）理赔流程

理赔工作的基本流程包括:报案、现场查勘、立案、定损核损、理算核赔、结案、支付等步骤,具体的理赔流程如图 7-2-2 所示。

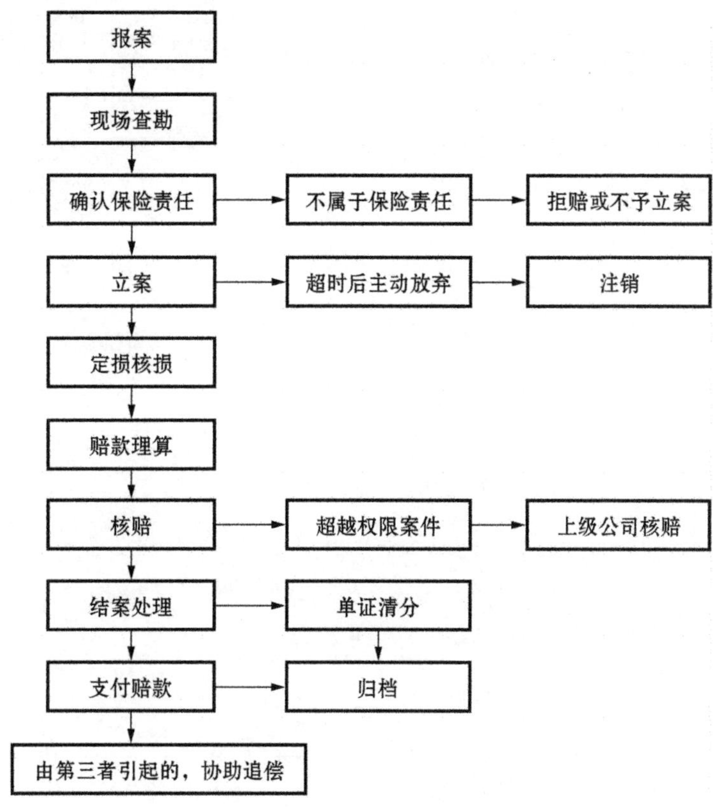

图 7-2-2　理赔流程

1. 报案

(1) 出险后,事故现场客户向保险公司报案;拨打其投保保险公司报案电话,提供保单号,车牌号码,驾驶员姓名,出险时间、地点、起因、经过等情况。

(2) 拨打公安部门交通事故报警电话 110。

(3) 如事故中有人受伤拨打急救中心电话 120。

2. 现场查勘

(1) 根据交警指示处理事故;交警开具《事故认定书》或《轻微交通事故协议书》(如图 7-2-3,图 7-2-4 所示)。

笔 记

广州市公安局交通警察支队______大队

事故认定书

编号：0377195

时间：200 年 月 日 时 分		地点：			天气：
代码	当事人姓名	驾驶证号	地址或单位	车主姓名及地址或单位	保险公司及保险凭证号
A					
B					
C	/	/	/	/	/

事故事实：A驾驶______号______车，由______往______行驶，B驾驶______号______车，由______往______行驶，C驾驶______号______车，由______往______行驶，因______，造成______车______部位与______车______部位及______相撞的事故，事故中致______受伤，受伤人员认为自己伤情轻微，各方当事人对交通事故事实和成因无争议。

当事人签名：A______ B______ C______

事故认定：

A当事人承担事故 全部 责任，签名______，联系方式______。

B当事人承担事故 无 责任，签名______，联系方式______。

C当事人承担事故 / 责任，签名 / ，联系方式 / 。

赔偿调解：

□1、由___方赔偿___方人民币___万___仟___佰___拾___元(￥___元)。

□2、由___方赔偿___方人民币___万___仟___佰___拾___元(￥___元)。

☑3、其他情况：

☑4、各方经现场协商未能达成协议。

当事人签名：A______ B______ C______

执勤民警：

（签名或盖章）

（交通警察机关印章）

年 月 日

注：本《事故认定书》一式四联，存档一联，交付各方当事人各一联。

第二联 交当事人

图 7-2-3　事故认定书

笔记

轻微交通事故协议书

时间		地点			天气	
当事人姓名	驾驶证号及身份证住址		机动车牌号	车型	保险公司名称及保单号	
A：						
B：						

事故形态：

A驾驶上述车辆，沿出事路段由____向____行驶，B驾驶上述车辆，沿出事路段由____向____行驶，因________________，致使A车________部位与B车________部位相撞，造成车物损坏的交通事故。

事故责任：□A全部责任，B无责任；□A无责任，B全部责任；□A、B各负同等责任。（在□内打√选择）

协议赔偿数额及处理方式：

□1、不需要保险理赔的，由____方当场赔偿____方人民币（大写）____仟____佰____拾____元（￥______）完结此案。

□2、事故各方需要办理保险索赔的，立即向保险公司电话报案，并持本《协议书》按照保险公司的指引，马上或在保险公司约定的时间内，共同到就近的广州市交通事故保险快速理赔服务中心服务点办理定损等理赔事宜。暂时没有服务点的，按保险公司的有关指引办理理赔事宜。

当事人签名A：__________　当事人签名B：__________

联系电话：__________　联系电话：__________

备注：1、轻微事故是指机动车在道路上发生没有人员伤亡，过失造成机动车轻微凹、刮花、机件损坏等损失金额在交强险财产损失限额以内的交通事故。当事人故意制造交通事故骗取钱财的，将依法承担相应的法律责任。

2、发生轻微交通事故后，各方当事人应当立即将车辆移至安全和不影响交通的地点，互相查验驾驶证、行驶证、身份证、保险凭证后，根据事故基本事实如实填写本《协议书》，自行协商事故损害赔偿数额和赔偿方式。当事人故意填写虚假信息的，将依法承担相应的法律责任。

3、广州市交通事故保险快速理赔服务中心各服务点的地址和服务电话如下：

	服务点名称	服务点地址	服务电话
天河区	天河区广积服务点	天河区员村西横路东侧龙田（科韵路猎德桥东侧）	85539019，85539677
海珠区	海珠区安盈服务点	海珠区广州大道南1629号之五（华南鞋业城内）	34138013，34139112
荔湾区	荔湾区芳龙服务点	荔湾区芳村龙溪大道299号（芳村车管分所西侧）	81415168
越秀区	越秀区环宇服务点	越秀区建设大马路6号（广东省党校斜对面）	83834157，83853928
白云区	白云区南粤服务点	白云区白云大道北1397号（白云堡向北1公里）	86303030，86056000
白云区	白云区广物服务点	白云区机场路888号（广东汽车市场内）	86329174

图 7-2-4　轻微交通事故协议书

(2) 保险公司现场查勘员对事故损失进行现场查勘、核定工作，开具《交通事故强制保险协助快速处理调解书》或《机动车辆保险索赔申请书》(如图 7-2-5，图 7-2-6 所示)。

① 现场查勘的主要工作：查明出险时间、出险原因、出险地点、车辆出险经过，核实保险标的、车辆使用性质、出险驾驶员姓名、驾驶证及行驶证有效情况、施救清理受损财产、初步判定保险责任及事故责任划分等；

笔记

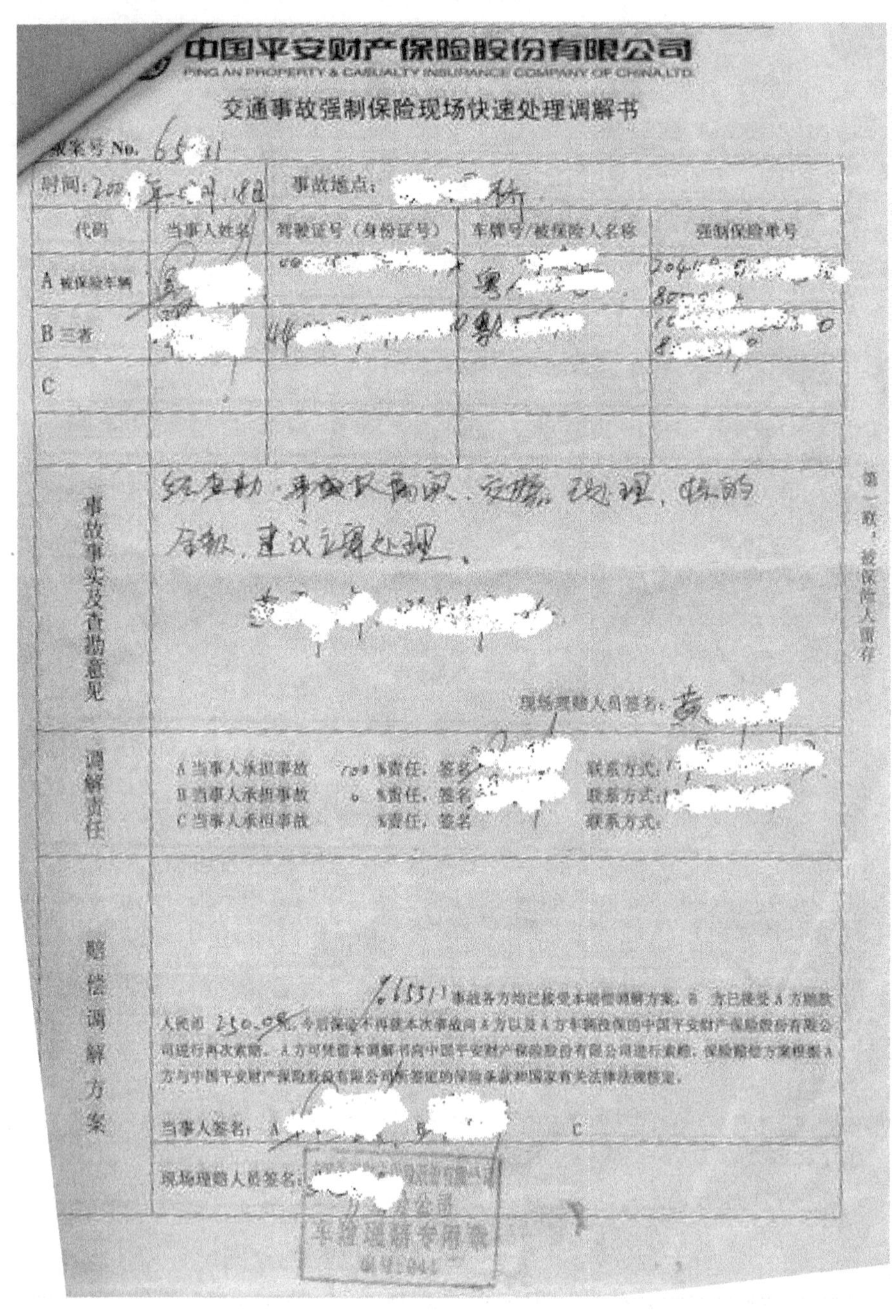

中国平安财产保险股份有限公司
PING AN PROPERTY & CASUALTY INSURANCE COMPANY OF CHINA,LTD.

交通事故强制保险现场快速处理调解书

报案号 No.

时间： 年 月 日 事故地点：

代码	当事人姓名	驾驶证号（身份证号）	车牌号/被保险人名称	强制保险单号
A 被保险车辆				
B 三者				
C				

事故事实及查勘意见

现场理赔人员签名：

调解责任

A 当事人承担事故 %责任，签名 联系方式：
B 当事人承担事故 %责任，签名 联系方式：
C 当事人承担事故 %责任，签名 联系方式：

赔偿调解方案

事故各方均已接受本赔偿调解方案，B 方已接受A方赔款人民币 元，今后保证不再就本次事故向A方以及A方车辆投保的中国平安财产保险股份有限公司进行再次索赔。A方可凭借本调解书向中国平安财产保险股份有限公司进行索赔，保险赔偿方案根据A方与中国平安财产保险股份有限公司所签定的保险条款和国家有关法律法规核定。

当事人签名：A B C

现场理赔人员签名：

第一联：被保险人留存

图 7-2-5 交通事故强制保险协助快速处理调解书

笔 记

中国平安 PING AN OF CHINA

中国平安财产保险股份有限公司
PING AN PROPERTY & CASUALTY INSURANCE COMPANY OF CHINA,LTD.

机动车辆保险索赔申请书

案件号：93 88

交强险保单号			承保公司			
商业险保单号	20428 9		承保公司	广州平安		
被保险人			号牌号码	粤	使用性质	非营业
发动机号	4G69S4N SD8		车架号	LGWH		
报案人		联系电话	驾驶员		联系电话	
出险时间	20 年 月 11日16时 分	出险地点			报案时间	20 年 月12日9时 分
出险原因	☑碰撞 □倾覆 □盗抢 □火灾 □爆炸 □台风 □自燃 □暴雨 □其他					

其他事故方交强险投保及损失信息						
车牌号码	厂牌车型	被保险人	交强险保单号	承保公司	损失金额	定损公司

开户名		开户银行		帐号	

出险原因及经过：

本车行驶时碰到一沙井，造成本车左前侧受损。已经协商赔了沙井所有人500元，不用保险公司索赔

以上信息为报案人电话报案时所描述，如需补充，请在备注栏中填写。

备注：

兹声明本人报案时所陈述以及补充填写的资料均为真实情形，没有任何虚假和隐瞒，否则，愿放弃本保险单之一切权利并承担相应的法律责任。

本人所提供的全部个人资料，仅限于平安集团（指中国平安保险（集团）股份有限公司及其直接或间接控股的公司）及其认为业务必要委托的第三方为本人提供高质量的客户服务及推荐产品之用。平安集团及必要第三方对本人的个人信息负有保密义务。

被保险人签章：　　联系电话：　　年　月　日

报案人签章：　　联系电话：　　年　月　日

特别告知：

1、本索赔申请书是被保险人就所投保险种向保险人提出索赔的书面凭证。

2、保险人受理报案、现场查勘、参与诉讼、进行抗辩、向被保险人提供专业建议等行为，均不构成保险人对赔偿责任的承诺。

3、为充分保障您的权益，根据《机动车交通事故责任强制保险条例》的相关规定，我司已书面告知您需要向保险公司提供的与赔偿有关的证明和材料（详见本页背面之《机动车交通事故责任强制保险索赔告知书》）。

被保险人签章：　　联系电话：　　年　月　日

图 7-2-6　机动车辆保险索赔申请书

笔记

现场查勘工作具体如表 7-2-6 所示。

表 7-2-6 现场查勘工作

现场查勘工作内容	说 明
1. 现场查勘方法	(1) 沿着车辆行驶路线查勘法:这种方法必须是事故发生地点痕迹清楚 (2) 从中心(接触点)向外查勘法:这种方法适用于现场范围不大,痕迹、物体集中,中心明确的现场 (3) 从外向中心查勘法:这种方法适用于范围大,痕迹分散的现场
2. 收取物证	物证是证明交通事故发生过程最客观的依据。收取物证是现场查勘的核心工作,其方法和手段均为收取物证服务。做好物证的收取,在于认识物证,发现物证,并用科学的手段和方法取得物证。物证的类型有散落物、附着物、痕迹等。常见的物证有制动痕迹、车体泥土、玻璃碎片、车上刮痕、地上血迹等
3. 现场摄影	现场的拍摄一般步骤是先拍摄现场方位,再拍摄现场概貌,然后拍摄现场重点部位,最后拍摄细节。拍摄的原则是:先拍原始,后拍变动;先拍重点,后拍一般;先拍容易的,后拍困难的;先拍容易消失和被破坏的,后拍不容易消失和被破坏的。摄影方式有方位摄影、中心摄影、细目摄影、宣传摄影。摄影方法有相向拍摄、十字交叉、连续拍摄、比例拍摄等
4. 现场丈量	现场丈量必须准确,必要的尺寸不可缺,多余的尺寸不必要,在丈量前要认定与事故有关联的物体、痕迹,然后逐项进行,并做好记录。 (1) 量方位 方向:道路走向 距离:选固定点为基准点 (2) 定现场 定位方法:三点法、垂直法、极坐标法 (3) 量路况 路面宽、路肩宽 (4) 量车辆位置 轮胎外沿与地面接触中心点到道路边缘的垂直距离 (5) 量制动印痕 (6) 量接触部位 高度、面积 (7) 量其他车、人、物的痕迹
5. 绘制现场草图	现场草图通常包括现场的位置和周围的环境以及遗留有痕迹、物证的地点,运动的关系、事故的情况等。绘制草图内容必须完整、齐全、尺寸准确,同时与现场查勘笔录记载的内容吻合。 绘图步骤: (1) 选比例 (2) 画轮廓 (3) 画车辆 (4) 标尺寸 (5) 小处理:立体图、剖面图、局部放大图、加文字 (6) 先校核 (7) 后签名:绘图人、校核人、当事人、见证人
6. 车辆检查	车辆的技术状况及乘员、载重情况,与交通事故有直接关系,必须认真地进行检查和鉴定,其内容主要包括:转向、制动、档位、轮胎、喇叭、灯光、后照镜、刮水器等,以及乘员、装载情况,有的事故必要时可检查鉴定机械内部状况,对各项检查都要做好记录,如检验内容、试车次数、试车路面、检验结果等。检查结束后检验人员签字盖章

笔记

② 根据客户类型、案件损失情况选择案件流转通道，并且积极收取单证资料；

③ 为客户提供理赔指导。

3. 立案

登录保险公司计算机系统，产生“未决赔款”；立案是在确定保险责任的前提下预估事故赔偿金额（即未决赔款），为确保未决数据的真实性，应保证立案的及时、准确。

4. 定损核损

保险事故的定损核损是保险理赔工作的重要环节，是赔款理算的前提和基础。它是对保险事故所造成的损失情况进行现场和专业的调查和查勘，对损失的项目和程度进行客观的专业描述和记录，对损失价值进行确定的过程。基于定损核损工作技术性、政策性、操作性要求均比较高的特点，在实际工作中，结合保险案例的具体情况，可以采用协商定损、公估定损、聘请专家定损的定损核损模式。协商定损是指由保险人、被保险人以及第三方协商确定保险事故造成的损失费用的过程；公估定损是指由专业的公估机构负责对保险事故造成的损失进行确定的过程，保险公司根据公估机构的检验报告进行赔款理算引入这种由没有利益关系的第三方负责定损核损工作的模式，能更好地体现保险合同公平的特点，避免了合同双方的争议和纠纷；聘请专家定损，是指对于个别技术性、专业性要求极高的案件，聘请专家进行定损，以保证全面、客观、准确地确定保险事故造成的损失费用，维护合同双方的合法权益。目前，在汽车保险实务中通常采用的是协商定损的定损核损方式。

5. 理算核赔

赔款理算是保险公司按照法律和保险合同的有关规定，根据保险事故的实际情况，核定和计算应向被保险人赔付金额的过程。在赔款理算的过程中，先划分事故责任，再根据双方责任比例，确定赔偿金额。

保险公司的理赔人员应本着认真、负责的态度做好理算工作，确保切实维护被保险人的合法利益，同时也要维护保险公司的利益。理算应遵循实事求是、公平、合法的基本原则。

赔款理算工作具体可以分为单证审核，赔款计算，缮制赔款计算书三个步骤。保险人对被保险人提交的索赔单证认真审核后，对其中不符合规定的项目和金额应予以剔除；认为有关证明和资料不完整的，及时通知被保险人补充提供有关单证，审核无误的，应根据保险事故的实际情况，结合保险条款的有关规定，按照险种分别计算应向被保险人实际支付的赔款数额，并缮制赔款计算书。

6. 结案、支付

(1) 保险公司核赔部门将已处理完成审批手续的赔案编号，将赔款计算书交财务划款。

(2) 对符合结案条件的赔案，进行结案处理，赔案归档。

(二) 理赔工作的基本原则

汽车理赔工作涉及面广，情况比较复杂。在赔偿处理过程中，特别是在对汽车事故进行查勘工作过程中，必须提出应有的要求和坚持一定的原则。

1. 树立为保户服务的指导思想，坚持实事求是原则

在整个理赔工作过程中，体现了保险的经济补偿职能作用。当发生汽车保险事故后，保险人要急被保险人所急，千方百计避免扩大损失，尽量减轻因灾害事故造成的影响，及时安

笔记

排事故车辆修复,并保证基本恢复车辆的原有技术性能,使其尽快投入生产运营。

及时处理赔案,支付赔款,以保证运输生产单位(含个体运输户)生产、经营的持续进行和人民生活的安定。

在现场查勘,事故车辆修复定损以及赔案处理方面,要坚持实事求是的原则,在尊重客观事实的基础上,具体问题作具体分析,即严格按条款办事,又结合实际情况进行适当灵活处理,使各方都比较满意。

2. 重合同,守信用,依法办事

保险人是否履行合同,就看其是否严格履行经济补偿义务。因此,保险方在处理赔案时,必须加强法制观念,严格按条款办事,该赔的一定要赔,而且要按照赔偿标准及规定赔足;不属于保险责任范围的损失,不滥赔,同时还要向被保险人讲明道理,拒赔部分要讲事实、重证据。要依法办事,坚持重合同,诚实信用,只有这样才能树立保险的信誉,扩大保险的积极影响。

3. 坚决贯彻"八字"理赔原则

"主动、迅速、准确、合理"是保险理赔人员在长期的工作实践中总结出的经验,是保险理赔工作优质服务的最基本要求。

① 主动:就是要求保险理赔人员对出险的案件,要积极、主动地进行调查、了解和勘察现场,掌握出险情况,进行事故分析确定保险责任。

② 迅速:就是要求保险理赔人员查勘、定损处理迅速、不拖沓、抓紧赔案处理,对赔案要核得准,赔款计算案卷缮制快,复核、审批快,使被保险人及时得到赔款。

③ 准确:就是要求从查勘、定损以至赔款计算,都要做到准确无误,不错赔、不滥赔、不惜赔。

④ 合理:就是要求在理赔工作过程中,要本着实事求是的精神,坚持按条款办事。在许多情况下,要结合具体案情准确定性,尤其是在对事故车辆进行定损过程中,要合理确定事故车辆维修方案。

(三) 汽车保险索赔单证

不同的事故类型的索赔单证如表 7-2-7 所示。

表 7-2-7 不同的事故类型的索赔单证

事故类型	索赔所需单证
单方肇事无人伤	(1) 索赔申请书 (2) 驾驶证(正、副本) (3) 行驶证(正、副本) (4) 交通事故证明 (5) 交通事故赔偿调解书、法院判决书(如有诉讼) (6) 修车发票、施救费及相关费用票据原件 (7) 赔款收据及身份证
单方肇事涉及人伤	(1) 索赔申请书 (2) 驾驶证(正、副本) (3) 行驶证(正、副本) (4) 交通事故证明

笔记

续　表

事故类型	索赔所需单证
单方肇事涉及人伤	(5) 交通事故赔偿调解书、法院判决书(如有诉讼) (6) 修车发票、施救费及相关费用票据原件 (7) 赔款收据及身份证 (8) 诊断证明、病历、医疗发票原件及清单 (9) 交通事故伤残鉴定书 (10) 户籍证明 (11) 交通事故死亡证明 (12) 被抚养人及家庭关系证明 (13) 伤者及护理人员工资证明
双方肇事车损	(1) 索赔申请书 (2) 驾驶证(正、副本)(双方) (3) 行驶证(正、副本)(双方) (4) 交通事故证明 (5) 交通事故赔偿调解书、法院判决书(如有诉讼) (6) 修车发票、施救费及相关费用票据原件(双方) (7) 赔款收据及身份证
双方肇事车损涉及人员伤亡	(1) 索赔申请书 (2) 驾驶证(正、副本)(双方) (3) 行驶证(正、副本)(双方) (4) 交通事故证明 (5) 交通事故赔偿调解书、法院判决书(如有诉讼) (6) 修车发票、施救费及相关费用票据原件(双方) (7) 赔款收据及身份证 (8) 诊断证明、病历、医疗发票原件及清单 (9) 交通事故伤残鉴定书 (10) 户籍证明 (11) 交通事故死亡证明 (12) 被抚养人及家庭关系证明 (13) 伤者及护理人员工资证明 (14) 被保险人营业执照或身份证复印件(破)案表
盗抢险案件	(1) 索赔申请书 (2) 保单正本 (3) 机动车辆盗抢立(破)案表 (4) 行驶证原件 (5) 车辆登记证书原件 (6) 附加费证原件(破)案表 (7) 购车发票原件(破)案表 (8) 整套车钥匙(原车配)(破)案表 (9) 县级上刑侦部门未破获证明(破)案表 (10) 养路费报停证明(破)案表 (11) 权益转让书(破)案表 (12) 被保险人营业执照或身份证复印件(破)案表 (13) 其他相关材料(破)案表 (14) 登报声明

笔记

（四）交强险互碰赔偿处理规则

1. 均投保了交强险的两辆或多辆机动车互碰，不涉及车外财产损失和人员伤亡

1）两辆机动车互碰，两车均有责

双方机动车交强险均在交强险财产损失赔偿限额内，按实际损失承担对方机动车的损害赔偿责任。

例1：A、B两车互碰，各负同等责任。A车损失3500元，B车损失3200元，则两车交强险赔付结果为：

A车保险公司在交强险项下赔偿B车损失2000元；B车保险公司在交强险项下赔偿A车损失2000元。对于A车剩余的1500元损失，按商业险条款规定，根据责任比例在商业车险项下赔偿。即如A车投保了车损险、B车投保了商业第三者险，则在B车的商业第三者险项下赔偿750元，在A车的车损险项下赔偿750元。

2）两辆机动车互碰，一方全责、一方无责

无责方机动车交强险在无责任财产损失赔偿限额内承担全责方机动车的损害赔偿责任，全责方机动车交强险在财产损失赔偿限额内承担无责方机动车的损害赔偿责任。无责方车辆对全责方车辆损失应承担的赔偿金额，由全责方在本方交强险无责任财产损失赔偿限额项下代赔。

例2：A、B两车互碰造成双方车损，A车全责（损失1000元），B车无责（损失1500元）。设B车适用的交强险无责任赔偿限额为100元，则两车交强险赔付结果为：

A车交强险赔付B车1500元，

B车交强险赔付A车100元。

B车对A车损失应承担的100元赔偿金额，由A车保险公司在本方交强险无责任财产损失赔偿限额项下代赔。

3）多辆机动车互碰，部分有责（含全责）、部分无责

① 一方全责，多方无责。所有无责方视为一个整体，在各自交强险无责任财产损失赔偿限额内，对全责方车辆损失按平均分摊的方式承担损害赔偿责任；全责方对各无责方在交强险财产损失赔偿限额内承担损害赔偿责任，无责方之间不互相赔偿。无责方车辆对全责方车辆损失应承担的赔偿金额，由全责方在本方交强险相应无责任财产损失赔偿限额内代赔。

例3：A、B、C三车互碰造成三方车损，A车全责（损失600元），B车无责（损失600元），C车无责（损失800元）。设B、C车适用的交强险无责任赔偿限额为100元，则赔付结果为：

A车交强险赔付B车600元，赔付C车800元，

B车、C车交强险分别赔付A车：100元，共赔付200元。由A车保险公司在本方交强险两个无责任财产损失赔偿限额内代赔。

② 多方有责，一方或多方无责。所有无责方视为一个整体，在各自交强险无责任财产损失赔偿限额内，对有责方损失按平均分摊的方式承担损害赔偿责任；有责方对各方车辆损失在交强险财产损失赔偿限额内承担损害赔偿责任，无责方之间不互相赔偿。无责方车辆对有责方车辆损失应承担的赔偿金额，由各有责方在本方交强险无责任财产损失赔偿限额内代赔。

多方有责，一方无责的，无责方对各有责方车辆损失应承担的赔偿金额以交强险无责任

笔记

财产损失赔偿限额为限，在各有责方车辆之间平均分配。

多方有责，多方无责的，无责方对各有责方车辆损失应承担的赔偿金额以各无责方交强险无责任财产损失赔偿限额之和为限，在各有责方车辆之间平均分配。

例4：A、B、C、D四车互碰造成各方车损，A车主责（损失1 000元），B车次责（损失600元），C车无责（损失800元）、D车无责（损失500元）。设C、D两车适用的交强险无责任赔偿限额为100元，则赔付结果为：

C车、D车交强险共应赔付200元，对A车、B车各赔偿(100＋100)/2＝100元，由A车、B车保险公司在本方交强险无责任财产损失赔偿限额内代赔。

A车交强险赔偿金额＝B车损核定承担金额＋C车损核定承担金额＋D车损核定承担金额＝(600－100)＋800/2＋500/2＝1 150元

B车交强险赔偿金额＝A车损核定承担金额＋C车损核定承担金额＋D车损核定承担金额＝(1 000－100)＋800/2＋500/2＝1 550元

2. 均投保了交强险的两辆或多辆机动车互碰，涉及车外财产损失

有责方在其适用的交强险财产损失赔偿限额内，对各方车辆损失和车外财产损失承担相应的损害赔偿责任。

所有无责方视为一个整体，在各自交强险无责任财产损失赔偿限额内，对有责方损失按平均分摊的方式承担损害赔偿责任。无责方之间不互相赔偿，无责方也不对车外财产损失进行赔偿。

无责方车辆对有责方车辆损失应承担的赔偿金额，由各有责方在本方交强险无责任财产损失赔偿限额内代赔。

例5：A、B、C三车互碰造成三方车损，A车主责（损失600元），B车无责（损失500元），C车次责（损失300元），车外财产损失400元。则A车、B车、C车的交强险赔付计算结果为：

(1) 先计算出无责方对有责方的赔款。

B车交强险应赔付A车、C车各100/2＝50元。由A车、C车在各自交强险无责任财产损失赔偿限额内代赔。

(2) 有责方再对车外财产、各方车损进行分摊。

A车交强险赔款＝(500＋400)/2＋(300－50)＝700元

C车交强险赔款＝(500＋400)/2＋(600－50)＝1 000元

(3) 计算有责方交强险和代赔款之和。

A车交强险赔款＋代赔款＝700＋50＝750元

C车交强险赔款＋代赔款＝1 000＋50＝1 050元

3. 均投保了交强险的两辆或多辆机动车发生事故，造成人员伤亡

(1) 肇事机动车均有责且适用相同责任限额的，各机动车按平均分摊的方式，在各自交强险分项赔偿限额内计算赔偿。

例6：A、B两机动车发生交通事故，两车均有事故责任，A、B车损分别为2 000元、5 000元，B车车上人员医疗费用7 000元，死亡伤残费用6万元，另造成路产损失1 000元。则A车交强险初次赔付计算结果为：

① B车车上人员死亡伤残费用核定承担金额＝60 000/(2－1)＝60 000元

笔记

② B车车上人员医疗费用核定承担金额＝7 000/(2－1)＝7 000元

③ 财产损失核定承担金额＝1 000/2＋5 000/(2－1)＝5 500元(超过财产损失赔偿限额,按限额赔偿,赔偿金额为2 000元)。

A车交强险赔偿金额＝60 000＋7 000＋2 000＝69 000元其中,

A车交强险对B车损的赔款＝2 000×[(5 000/(500＋5 000))]＝1 818.18元;

A车交强险对路产损失的赔款＝2 000×[500/(500＋5 000)]＝181.82元。

(2) 肇事机动车中有部分适用无责任赔偿限额的,按各机动车交强险赔偿限额占总赔偿限额的比例,在各自交强险分项赔偿限额内计算赔偿。

例7:A、B、C三车发生交通事故,造成第三方人员甲受伤,A、B两车各负50%的事故责任,C车和受害人甲无事故责任,受害人支出医疗费用4 500元。设适用的交强险医疗费用赔偿限额为10 000元,交强险无责任医疗费用赔偿限额为1 000元,则A、B、C三车对受害人甲应承担的赔偿金额分别为:

A车交强险医疗费用赔款＝4 500×[10 000/(10 000＋10 000＋1 000)]＝2 142.86元。

B车交强险医疗费用赔款＝4 500×[10 000/(10 000＋10 000＋1 000)]＝2 142.86元

C车交强险医疗费用赔款＝4 500×[1 000/(10 000＋10 000＋1 000)]＝214.28元

4. 交强险互碰自赔是指对事故各方均有责任,各方车辆损失均在交强险有责任财产损失赔偿限额2000元内,不涉及人员伤亡和车外财产损失的交通事故,由各保险公司在本方机动车辆交强险有责任财产损失赔偿限额内对本车损失进行赔付。此处理方式是建立在交通事故快速处理基础上的一种交强险快速理赔方式,是针对轻微交通事故造成的车辆损失,保险公司之间互不追偿,此处理方式从2009年2月1日开始实施。

(1) 交强险互碰自赔处理办法需满足以下全部条件方可处理。

① 多车互碰:两车或多车互碰;

② 有交强险:事故各方都有交强险(保险期限内);

③ 只有车损:事故只导致各方车辆损失(含车上财产、货物),没有发生人员伤亡和车外的财产损失;

④ 损失不超2 000:各方车损都不超过2 000元;

⑤ 都有责任:交警裁定或事故各方自行协商确定为各方都有责任(同责或主次责);

⑥ 各方同意:事故各方都同意采用“互碰自赔”。

(2) 交强险互碰自赔处理办法不满足以下任何一条都不可按此方式处理。

① 不属于交强险赔偿范围的单方事故;

② 任何一方损失金额超过2 000元的事故;

③ 不符合道路交通快速处理范围的事故(当事人各方意见不统一等情况);

④ 涉及人员伤亡或车外财产损失的事故。

三、汽车保险案例分析

(一) 保险公司推定为全损赔偿后车主无权转让残车的理赔

1. 案情简介

2009年6月12日,张某为其私有的庆铃牌货车向某保险公司投保了足额车辆损失险和

第三者责任险，车辆损失险保险金额为12万，保险期为1年。同年10月4日，该车同途径一险要处坠入悬崖下的河流中，该车司机(系张某亲戚)随车遇难。事故发生后，张某向保险公司报案索赔，保险公司经过现场查勘，认为地形险要，无法打捞，按推定全损处理，当即赔付张某12万元，同时声明，车内尸体及善后工作保险公司不负责任，由车主自理。到12月10日，张某发现司机尸体及车上货物均在车内，就将残车以5 000元的价格转让给王某，双方约定：由王某负责打捞，车内尸体及货物归张某，残车归王某。12月12日，残车被打捞起来，张某和王某均按约行事，保险公司知悉后，认为张某未经保险公司允许擅自处理实际所有权已转让的残车是违法的，遂成纠纷。

2. 案情分析

第一，保险公司推定该车全损，给予车主张某全额赔偿，根据《保险法》规定，保险事故发生后，保险人已支付全部保险金额，并且保险金额等于保险价值的，受损保险标的的全部权利归于保险人。保险公司已取得残车的实际所有权，只是认为地形险要而暂时没有进行打捞。因此，原车主张某未经保险公司同意转让残车是非法的。

第二，保险公司车主张某进行了全额赔偿，而张某又通过转让残车获得5 000元的收入，其所获总收入大于总损失，显然不符合财产保险中的损失补偿原则。因此，保险公司追回张某所得额外收入5 000元，正是保险损失补偿原则的体现。

第三，王某获得的是张某非法转让的残车，但由于他是受张某之托打捞尸体及货物，付出了艰辛的劳动，且获得该车是有偿的，可视为善意取得，保险公司不得请求其归还残车。

3. 结论

该案例是机动车保险中的一个典型案例，同时涉及民法的适用问题，保险公司推定全损，进行了全额赔偿，获得了对残车的实际所有权。张某打捞并转让残车，未经保险公司同意为非法，但情有可原，保险公司可追回其所获额外收入5 000元，并对其进行批评教育，王某的行为可视为善意取得，不追究其民事责任。

(二) 紧急避险的理赔

1. 案情简介

2010年3月21日17时左右，刘某(系车辆损失险及第三者责任险被保险人)驾驶本田小轿车在行驶途中，因雨天路滑，在急弯内侧(占道)处与相对而行的张某的三轮车相交会，致使三轮车方受损、一名乘客及驾驶员受伤，刘某驾驶的小轿车未受损，经交警调解处理，刘某负此次事故的全部责任，合计受损6 000余元，事故处理结案后，刘某以第三者责任险为由迅速向保险公司索赔，而保险公司在审理此案时则以“两车未发生碰撞”及“紧急避险超过必要限度”为由予以拒赔，双方遂引起纠纷。

2. 案情分析

这实际上是一起因紧急避险问题而引发的第三责任损失索赔案。根据《刑法》规定，这里的“紧急避险”是指为了国家、公民利益、本人或他人的人身财产和其他权利受正在发生的危险不得已采取的突发性行为。可见，紧急避险的产生具备的三个条件：①险情的客观存在性，而不是臆想的或根本不可能发生的危险；②为了避险不得已采取突发性行为；③紧急避险不能超过必要限度。《民法通则》规定，因紧急避险造成损害的，由引起险情发生的人承担

笔记

民事责任;如果险情是由自然原因引起的,紧急避险人不承担民事责任或者承担适当的民事责任;因紧急避险采取措施不当或者超过必要的限度,造成不应有的损害的,紧急避险人应当承担适当的民事责任。本案中,三轮车驾驶员张某实施紧急避险行为不是因自然原因引起的,而是被保险人刘某在道路急弯处占据了一定的路面,在即将发生碰撞危险时不得已而采取的突发性行为。虽然紧急避险前后被保险车辆与三轮车均未碰撞,但是如果张某未采取紧急避险则极有可能造成保险车辆受损和人员伤亡的严重交通事故,故张某行为属于紧急避险行为,所谓"两车未发生碰撞"和"紧急避险超过必要限度"的说法不成立。

3. 结论

张某因紧急避险所造成的车损人伤的损失应由引起险情的被保险人刘某承担责任。另外,在这次事故中,张某应视为第三方,可依据第三者责任方处理,根据保险合同规定,被保险人在使用保险车辆过程中发生意外事故,致使第三者遭受人身伤亡或财产直接损失,依法应由被保险人支付的赔偿金额,保险人依照保险合同给予赔偿。因此,保险公司应对被保险人刘某进行赔付。

(三) 车辆被盗后造成的损失的理赔

1. 案情简介

2011 年 5 月 10 日,李某的本田雅阁轿车在某保险公司投保机动车车辆保险,同年 7 月 9 日于一饭店门前被盗,但因盗车人驾车技术不熟练,再加上心里紧张,在饭店拐弯处与一辆上海大众帕萨特相撞,致使双方车辆严重受损,并造成对方车上一名乘客受伤,后经交警部门裁定,盗车人应负全部责任,但因盗车人暂无经济赔偿能力,交警部门让该车车主垫付。被保险人垫付后,即向保险公司提出索赔。那么,保险公司应如何赔付?

2. 案情分析

此案涉及第三者责任险和车辆损失险的索赔。对于第三者责任险的索赔,根据保险条款规定,保险人承保的是"被保险人允许的合格驾驶员在使用保险车辆过程中,发生意外事故造成第三者人身伤亡或财产损失时,依法应负的经济赔偿责任。"因此构成第三者责任险的索赔必须具备两个条件:一是保险车辆必须是由被保险人允许的合格驾驶员驾驶;二是第三者的损失必须是由被保险人允许的合格驾驶员在使用保险车辆过程中由于意外事故所致。显然本案中的撞车事故均不具备以上两个条件,属于保险除外责任范围,保险公司有权拒赔。

对于保险车辆的车身损失,由于车辆发生的是失窃,而且车身损失是在失窃过程中造成的,根据保险条款属于保险责任范围,因此保险公司应当赔偿被保险人的车身损失。但由于车身损失是由于盗车者的盗窃行为所致,而且交警部门也裁定盗车者应负全部责任,因此保险公司在赔偿被保险人的车身损失后,可以依法取得对盗车者的追偿权。

3. 结论

保险公司依据保险条款的规定赔偿被保险人的车辆损失,并依法取得对盗车者的追偿权,对于帕萨特轿车的车辆损失和其车身乘客的人身损害不负赔偿。

参考文献

[1] 丁卓.汽车售后服务管理[M].北京:机械工业出版社,2005.
[2] 林凤.汽车配件管理与营销[M].重庆:重庆大学出版社,2009.
[3] 陈文华.汽车及配件营销[M].北京:人民交通出版社,2005.
[4] 鲁植雄.汽车服务工程[M].北京:北京大学出版社,2010.

全国职业教育汽车类专业高技能人才培养论坛介绍

一、论坛介绍

全国职业教育汽车类专业高技能人才培养论坛是由中国高等职业教育汽车类专业教学委员会组织，并定期举办的汽车专业职业教育论坛。论坛旨在搭建职业教育汽车类专业交流平台，促进教学研究活动的开展，提高教育教学质量，推动我国汽车类专业高技能人才培养模式的改革和发展。

二、举行时间和地点

论坛年会将于每年 8 月份举行。每年更换年会地点。

三、论坛参与人员

政府相关主管部门领导；职业院校汽车类专业院长、系主任、教研室主任、学科带头人、骨干教师；职业教育专家；汽车相关企业专家及负责人。

四、主要议题

1. 教学交流：专业建设、培养方案、课程设置、教学改革、教学经验等。
2. 科研交流：科研立项、教改研究、教学资源库建设、立体化教材编写等。
3. 人才交流：高技能师资引进和储备、高技能人才就业与创业等。
4. 信息、资源交流：招生和就业信息、校际合作机制等。
5. 校企合作和国际交流：产学研合作机制、学生国外游学项目、教师海外进修等。

五、论文与出版物

被论坛年会录用的论文将正式出版，经专家评审后的部分优秀论文将推荐在核心期刊上发表。

六、秘书处联系方式

通信地址：上海市番禺路 951 号 505 室　邮编：200030　传真：021-64073126
联系人：张书君　电话：021-61675263
　　　　刘雪萍　电话：021-61675235
E-mail：qicheluntan@foxmail.com

七、论坛相关资料索取

请您认真填写以下表格的内容，并通过电子邮件、传真、信件等方式反馈给我们，我们将会定期向您寄送论坛邀请函、出版物等相关资料。

资　料　索　取　表					
姓　名		性别		职务/职称	
院　系					
通信地址				邮编	
联系电话			传　　真		
E-mail			手机号码		
院长/系主任姓名					